Chiara Cervoni
Dora Gatti

Livello C2

CELI 5

Test di preparazione

CERTIFICATO DI CONOSCENZA DELLA LINGUA ITALIANA

audio scaricabile
www.ornimieditions.com

ornimi EDITIONS

Dora Gatti è insegnante di italiano per stranieri. Ha conseguito certificazioni e Master per la didattica della lingua italiana L2/LS. Dopo anni di insegnamento dell'italiano L2 a Roma, insegna da dieci anni italiano in Olanda presso istituzioni pubbliche e private. Ha collaborato con il Centro Linguistico dell'Università di Amsterdam e attualmente insegna Lingua e Cultura Italiana presso l'Istituto Italiano di Cultura di Amsterdam. Svolge da anni attività di formazione per docenti di lingua italiana L2/LS e presso la scuola Alfabeto - Italiaanse Taal en Cultuur in Amsterdam organizza e gestisce corsi di preparazione alla Certificazione Ditals dell'Università per Stranieri di Siena.

"Dedicato a tutti gli studenti di italiano"

Chiara Cervoni è insegnante di italiano per stranieri, somministratrice CILS e CELI e formatrice docenti presso il Centro Linguistico Italiano Dante Alighieri di Roma, dal 2002. Laureata in Lettere, ha conseguito il Master ITALS e la DITALS di II livello. Negli anni ha approfondito la didattica rivolta a diversi profili di apprendenti: religiosi, immigrati, sinofoni e studenti Erasmus presso l'Università per Stranieri di Siena e l'Università degli studi di Roma Tre. Ha collaborato, anche, con la Caritas di Roma, specializzandosi nella didattica agli immigrati e svolgendo un'attività di alfabetizzazione primaria e funzionale. Svolge corsi di formazione docenti di lingua italiana L2/LS, organizza e gestisce i percorsi per la preparazione alla Certificazione Ditals dell'Università per Stranieri di Siena.

"Dedicato a tutti coloro che non perdono mai il desiderio d'apprendere"

Redazione: Alessandra Vitali
Impaginazione e progetto grafico: ORNIMI Editions
Progetto audio: Redwood Studio di Registrazione (Torino)

ISBN: 978-618-5554-09-5

ORNIMI Editions
Lontou 8
10681 Atene
Tel. +30 210 3300073
www.ornimieditions.com

INDICE

CELI 5

INTRODUZIONE

STRUTTURA DEL LIBRO

Questo libro è composto da 8 test, del tutto simili nella tipologia delle prove a quelli effettivamente proposti per il conseguimento del CELI 5 (Certificato che attesta la conoscenza della lingua italiana per il livello C2), rilasciato dall'Università per Stranieri di Perugia. I test sono ordinati secondo un criterio di difficoltà graduale in modo che lo studente si possa approcciare alle prove senza particolari inconvenienti.

Ogni test prevede:

Prova scritta

Parte A. Prova della comprensione della lettura
Parte B. Prova di produzione di testi scritti
Parte C. Prova di competenza linguistica
Parte D. Prova di comprensione dell'ascolto

Prova orale

Parte E. Prova di produzione orale

DESCRIZIONE DELLE PROVE

Prova scritta

1° fascicolo (PARTE A e B)

Per la **PROVA DI COMPRENSIONE DELLA LETTURA** sono previsti:
A.1 due testi con esercizi a scelta multipla a quattro opzioni (10 item 5 + 5);
A.2 un testo con cinque domande aperte (5 item).

Per la **PROVA DI PRODUZIONE DI TESTI SCRITTI** sono previste:
B.1 la stesura di una composizione a scelta tra tre diversi input (dalle 330 alle 360 parole);
B.2 la stesura di due lettere formali, tenendo conto delle informazioni fornite nelle due tracce (da 90 a 110 e da 70 a 90 parole).
Il tempo complessivo assegnato per lo svolgimento delle suddette prove contenute nel primo fascicolo è di 2 ore e 45 minuti.

2° fascicolo (PARTE C)

Per la **PROVA DI COMPETENZA LINGUISTICA** sono previsti:
C.1 un testo da completare con una sola parola (14 item);
C.2 un testo da completare con le forme verbali scegliendo tra i verbi in elenco (12 item);
C.3 un testo in cui individuare e correggere errori (14 item);
C.4 un testo da completare con una parola scegliendo tra quelle in elenco (12 item).
Il tempo complessivo assegnato per lo svolgimento delle suddette prove contenute nel secondo fascicolo è di 1 ora e 15 minuti.

3° fascicolo (PARTE D)

Per la **PROVA DI COMPRENSIONE DELL'ASCOLTO** sono previsti:
D.1 due testi d'ascolto con esercizi a scelta multipla a quattro opzioni (9 item 5 + 4);
D.2 indicare se le affermazioni contenute in una lista sono presenti oppure no nel testo ascoltato (11 item);
D.3 completamento di frasi estrapolate dal testo ascoltato con un massimo di quattro parole (10 item).
Il tempo complessivo assegnato per lo svolgimento delle suddette prove contenute nel terzo fascicolo è di 30 minuti.

Prova orale

Per la **PROVA DI PRODUZIONE ORALE** (della durata di circa 20 minuti) si prevedono:
- una foto da descrivere e utilizzata come spunto di conversazione;
- un testo da riassumere e utilizzato come spunto di conversazione;
- espressioni o massime da commentare.

***Attenzione:**
il materiale viene consegnato al candidato circa 15 minuti prima dell'inizio della prova.

PUNTEGGI DELLE PROVE

Prova scritta

1° fascicolo
A. Prova di comprensione della lettura

Il punteggio ottenuto è riportato su un punteggio complessivo di **40 punti**	Rilevanza della prova: 20% (su un totale di **200 punti**)

A.1	**3 punti** per ogni risposta corretta **0 punti** per l'astensione o per ogni risposta errata
A.2	**3 punti** per ogni risposta corretta **2 punti** per ogni risposta parzialmente corretta **1 punto** per ogni risposta incompleta **0 punti** per l'astensione o per ogni risposta errata

B. Prova di produzione scritta

Il punteggio ottenuto è riportato su un punteggio complessivo di **60 punti**	Rilevanza della prova: 30% (su un totale di **150 punti**)

B.1	Da **0 a 35 punti**, secondo le scale di competenze: • Competenza lessicale (scala da 0 a 9) • Competenza morfo-sintattica (scala da 0 a 8) • Competenza socio-culturale (scala da 0 a 9) • Coerenza (scala da 0 a 9)
B.2	Da **0 a 25 punti**, secondo le scale di competenze: • Competenza lessicale (scala da 0 a 6) • Competenza morfo-sintattica (scala da 0 a 6) • Competenza socio-culturale (scala da 0 a 7) • Coerenza (scala da 1 a 6)

2° fascicolo
C. Prova di competenza linguistica

Il punteggio ottenuto è riportato su un punteggio complessivo di **20 punti**	Rilevanza della prova: 10% (su un totale di **150 punti**)

C.1	**1 punto** per ogni completamento corretto **0 punti** per l'astensione o per ogni completamento errato
C.2	**1 punto** per ogni completamento corretto **0 punti** per l'astensione o per ogni completamento errato
C.3	**1 punto** per ogni risposta corretta **0 punti** per l'astensione o per ogni risposta errata
C.4	**2 punti** per ogni risposta corretta **0 punti** per l'astensione o per ogni risposta errata

3° fascicolo
D. Prova di comprensione dell'ascolto

Il punteggio ottenuto è riportato su un punteggio complessivo di **30 punti**	Rilevanza della prova: 15% (su un totale di **150 punti**)

D.1	**3 punti** per ogni risposta corretta **0 punti** per l'astensione o per ogni risposta errata
D.2	**1 punto** per ogni risposta corretta **0 punti** per l'astensione o per ogni risposta errata
D.3	**1 punto** per ogni completamento corretto **0 punti** per l'astensione o per ogni completamento errato

Prova orale

Il punteggio ottenuto è riportato su un punteggio complessivo di **50 punti**	Rilevanza della prova: 25% (su un totale di **200 punti**)

Da **0 a 20 punti**, secondo le scale di competenze:
- Competenza lessicale (scala da 1 a 5)
- Competenza morfo-sintattica (scala da 1 a 5)
- Competenza socio-culturale (scala da 1 a 5)
- Pronuncia e intonazione (scala da 1 a 5)

PUNTEGGIO MASSIMO E MINIMO

Punteggio massimo complessivo: 200 punti

[150 punti per la prova scritta e 50 punti per la prova orale]

Per superare l'esame del CELI 5 C2 è necessario ottenere un minimo di

a. 89 punti per la prova scritta
b. 28 punti per la prova orale

***Attenzione:**

per superare l'esame del CELI 5 è necessario ottenere il minimo indicato, in ambedue le prove: 89 per quella scritta e 28 per quella orale. Altrimenti è possibile capitalizzare (vedere di seguito).

IL RISULTATO FINALE

Si ottiene sommando il punteggio della Prova scritta e della Prova orale e viene espresso secondo una scala che prevede 5 gradi: A, B, C, D, E.
Gli ultimi due, D ed E, esprimono un punteggio negativo, rispettivamente insufficiente e gravemente insufficiente.

A = ottimo [punteggio compreso tra 173 e 200 punti]
B = buono [punteggio compreso tra 144 e 172 punti]
C = sufficiente [punteggio compreso tra 117 e 143 punti]
D = insufficiente [punteggio compreso tra 72 e 116 punti]
E = gravemente insufficiente [punteggio compreso tra 0 e 71 punti]

LA CAPITALIZZAZIONE

I candidati che non abbiano ottenuto un punteggio minimo indicato per la Prova scritta e che abbiamo invece superato la Prova orale, o viceversa, possono **capitalizzare**, cioè mantenere il risultato della parte superata, per un anno, durante il quale potranno ripetere la prova il cui risultato era insufficiente.

Non resta che augurare ai candidati un cordiale IN BOCCA AL LUPO!

Le autrici

2 ORE E 45 MINUTI

TEST 1

CELI 5

CERTIFICATO DI CONOSCENZA DELLA LINGUA ITALIANA

Livello C2

A	**Prova di Comprensione della Lettura**	*(40 punti)*
B	**Prova di Produzione di Testi Scritti**	*(60 punti)*

Nome e Cognome dello studente

____

____

Data

____

____

CELI 5

A. PROVA DI COMPRENSIONE DELLA LETTURA

A.1 **Legga i due testi. Metta una X, nei numeri da 1 a 10, vicino alla lettera A, B, C e D corrispondente all'affermazione giusta tra le quattro che Le vengono proposte.**

1° TESTO

L'arte contemporanea nei musei "classici", Strinati: "Modernità e antico non sono in antitesi, ma possono generare potenti suggestioni"

Ormai i confini tra arte classica e arte contemporanea pare non esistano più. Non tanto temporali, quanto spaziali. Accade sempre più spesso che opere di artisti viventi trovino spazio – anche solo temporaneamente – in vere e proprie cattedrali dell'arte classica. Ma perché? Forse per un deciso cambio nella gestione del patrimonio culturale? O per problemi di attrazione di pubblico (un solo spazio prova a richiamare diversi tipi di pubblico)? Oppure sono altre le ragioni. Difficile stabilire con certezza se il pubblico apprezzi fino in fondo questo diverso modo di "mostrare" le testimonianze artistiche della nostra civiltà, ma a qualcuno la presenza di opere contemporanee in spazi votati all'arte classica pare una provocazione bella e buona. Sempre per scopi artistici, ci mancherebbe.
Ma non sarà che l'arte contemporanea – in perenne ricerca di un'autorevolezza non solo commerciale – in molti casi ha "bisogno" di quella classica per mostrarsi? Soprattutto adesso, in tempo (speriamo) post-Covid? Abbiamo girato la questione ad alcuni addetti ai lavori ottenendo, in qualche caso, risposte anche sorprendenti. "Non è pensabile un luogo dell'arte che non abbia relazioni con il lavoro degli artisti viventi – dice Antonio Lampis, già direttore generale dei musei statali tra il 2017 e il 2020 -. I musei hanno in corso un rinnovato impegno per una revisione degli allestimenti e un rinnovo del racconto che sappiano parlare anche alle nuove generazioni e anche nelle tecnologie contemporanee, ben consci che la catalogazione del sapere nelle menti più giovani è ormai completamente differente da quella che si è a lungo sedimentata in altre fasce d'età ed è inarrestabile il desiderio dei nati dopo il Duemila di capire la filiera dell'organizzazione dei messaggi e i perché delle scelte curatoriali. I musei sono inoltre sempre più consapevoli dei benefici per la salute dati dall'esposizione all'arte, non più da intuizioni, ma da riconosciute ricerche scientifiche nel campo della medicina, e si distinguono sempre di più nel saper mantenere una relazione viva con il lavoro degli artisti viventi, affinché si generi la consapevolezza che il patrimonio artistico sia costantemente alimentato e che accanto al culto delle ceneri nei musei viva anche la custodia del fuoco".
Qualche lieve distinguo arriva invece da Paolo Giulierini, direttore del Museo Archeologico Nazionale di Napoli. "In realtà – dice il dirigente del museo partenopeo – i musei di archeologia sono una stratificazione di arti che furono contemporanee nel momento in cui furono prodotte. Ospitare l'arte contemporanea ha dunque senso. Tanto più per il fatto che noi vediamo l'antico con gli occhi di adesso. Tuttavia, l'entrata dell'arte contemporanea nei musei deve essere subordinata a specifici progetti di dialogo vero, non forzato, basato su temi e rimandi corretti".
E questo, com'è prevedibile, non sempre accade. Infine, più filosofica e da storico la posizione dell'ex soprintendente di Roma, noto anche al pubblico televisivo, Claudio Strinati: "Che l'arte contemporanea abbia bisogno di visibilità per affermarsi non è vero. Vi sono artisti contemporanei che hanno visibilità e un successo strepitoso anche senza accostarsi a quella classica. Diciamo che l'idea della compresenza dell'arte contemporanea in spazi antichi non è nuova, ma risale agli anni Ottanta. Questo post-modernismo era stato generato dalla crisi economica e sociale degli anni Settanta, dopodiché si era verificata la tendenza di un recupero in chiave contemporanea di arti e filosofia. La netta separazione tra arte classica e contemporanea risale al futurismo ma oggi modernità e antico non sono in antitesi, ma anzi

possono generare potenti suggestioni".
Quindi molti sono favorevoli alla vicinanza – nei percorsi museali – tra arte classica e arte contemporanea, ma nessuno chiarisce se vi sia una necessità intrinseca di appoggiarsi l'una all'altra. Se i messaggi, le suggestioni, le provocazioni dell'arte contemporanea sono così forti, potenti, dirompenti, perché non trovano spazio nelle periferie disagiate delle nostre città, nei quartieri dormitorio, nelle borgate marginali, e cercano invece musei stravisitati, piazze affollate e aree ad alto tasso turistico? Che sia la street art l'ultima vera espressione di arte contemporanea rimasta fedele alla propria natura di messaggio, invece che ennesima operazione che genera business per qualcuno?

(ilfattoquotidiano.it/2021/07/25/larte-contemporanea-nei-musei-classici-strinati-modernita-e-antico-non-sono-in-antitesi-ma-possono-generare-potenti-suggestioni/6270655/)

DOMANDE

1. **La presenza di opere d'arte contemporanea nei musei di arte classica è vista come**
   a. un modo per occupare spazio nei musei.
   b. una maniera per attirare il pubblico.
   c. una provocazione artistica.
   d. un cambiamento nella gestione del patrimonio culturale.

2. **Secondo Antonio Lampis i musei devono**
   a. ripensare gli allestimenti in accordo con gli artisti viventi.
   b. tener conto delle nuove generazioni e dell'utilizzo delle moderne tecnologie.
   c. spiegare le scelte dell'organizzazione museale.
   d. creare consapevolezza del patrimonio artistico e del suo effetto benefico.

3. **Per Giulierini ha senso ospitare nei musei di archeologia opere di arte contemporanea**
   a. perché rappresentative del momento in cui sono prodotte, come l'arte antica.
   b. per leggere le opere antiche e contemporanee in un continuo confronto.
   c. perché l'arte contemporanea è subordinata a quella classica.
   d. solo se si creano nuovi progetti di musealizzazione.

4. **L'ex soprintendente di Roma**
   a. sostiene che l'arte contemporanea non ha bisogno di quella classica.
   b. afferma che l'idea di mescolare arte classica e contemporanea è un'idea del tutto nuova.
   c. fa risalire agli anni Ottanta la tendenza al recupero delle arti e della filosofia.
   d. pensa che la separazione tra modernità e antichità generi nuove suggestioni.

5. **Il giornalista**
   a. afferma che molti ritengono necessaria una commistione tra arte classica e contemporanea.
   b. pensa che il messaggio dell'arte contemporanea non sia abbastanza forte.
   c. afferma che l'arte contemporanea ha bisogno di essere esposta in musei molti visitati.
   d. si chiede se la Street Art potrebbe essere l'unica arte contemporanea coerente.

2° TESTO

Nomofobia, cos'è e come si cura l'ansia di non essere online

Il nome è un'abbreviazione di no-mobile-phone-fobia, ovvero, la paura di non poter usare il proprio cellulare. L'eccessivo utilizzo dei nostri device personali, infatti, oltre a compromettere la profondità delle cose che stiamo facendo, a livello lavorativo ma anche relazionale, può portare a pericolosi stati d'ansia e senso di smarrimento.
Se anni fa ci avessero detto che avremmo avuto la possibilità di essere sempre rintracciati probabilmente ci saremmo spaventati. Ci sarebbe sembrato strano che una chiamata potesse interrompere una passeggiata sulla spiaggia, una festa di compleanno o una chiacchierata con gli amici. Che si potesse cenare, in famiglia, con gli occhi puntati sullo schermo oppure dormire accanto al telefono acceso. Anche trovarsi a tu per tu con il partner, dirsi cose belle e contemporaneamente essere intenti a riprendere la scena sarebbe sembrata una cosa improbabile. Eppure, adesso, con questo piccolo strumento magico sempre con noi, queste cose sono ordinarie. Non solo per i cosiddetti nativi digitali, cresciuti con un dispositivo in mano ma anche per i coloni digitali, i più grandi, assuefatti alla presenza tecnologica. Perché il cellulare, che riassume gli altri dispositivi, è ormai indispensabile. Soddisfa esigenze di apprendimento, sicurezza, vicinanza. È il nostro vero partner intimo, dal quale non ci stacchiamo neanche il tempo di una doccia.
Secondo alcune indagini tocchiamo il nostro cellulare centinaia di volte al giorno, per i risultati di una ricerca della società americana Discount addirittura oltre duemila. Uno studio Apple rivela che sblocchiamo il telefono ottanta volte, circa sei ogni ora. Altri dati dicono che la maggioranza degli utenti controlla il proprio dispositivo mentre parla con amici e familiari, che una buona parte lo fa anche nei momenti intimi, che gli adulti trascorrono in media quasi tre ore al giorno e più di cinque anni della propria vita sui social.
Questi numeri però non bastano per raccontare l'intensità della nostra vita mobile. Il cellulare è un'estensione di noi stessi, ci rende un po' tutti megalomani, in grado di raggiungere, vedere, imparare. Permette di essere là, in mezzo a quella mega rete di legami, di avere gli altri a portata di click, di gestire i rapporti, bulimici di relazioni, chiamate, messaggi. Ci fa sentire onnipotenti. Distrae dall'imbarazzo di avere a che fare con noi stessi nei momenti vuoti. Regala un rassicurante senso di controllo. La connessione, idealmente, sostituisce la relazione, la vicinanza. Al punto che se viene meno tecnicamente e il cellulare non prende, siamo fuori campo, si scarica la batteria, ecco che andiamo in tilt. Non avere copertura di rete, rimanere offline è come perdere protezione. Allora siamo come tagliati fuori, temiamo di perderci qualcosa.
Cosa è la nomofobia? Proprio questa sensazione di smarrimento e di ansia identifica la nomofobia, ovvero, la paura di non disporre, non poter usare il proprio cellulare. Una sorta di ansia da separazione. Il nome deriva dall' abbreviazione di no-mobile-phone-fobia utilizzato per la prima volta nel 2008 in un'indagine condotta dall'ufficio postale del Regno Unito dalla quale è emerso che oltre la metà degli utenti soffre di ansia se privato del proprio cellulare, soprattutto i più giovani. Ulteriori studi hanno poi evidenziato percentuali ben più alte.
La nomofobia non è inclusa nell'ultima edizione del Manuale diagnostico e statistico dei disturbi mentali. Si tratta di un disturbo controverso, che somiglia per certi versi a una fobia, a un disturbo d'ansia e a una dipendenza. È l'intensità con la quale sono espressi certi tratti a definirne il carattere patologico. Sentirsi come incatenati al telefono e angosciati se ne veniamo privati sono sensazioni piuttosto comuni, possono diventare ingestibili però per i più ansiosi, coloro che vivono il telefono come una coperta di Linus. Essere sempre connessi con lo smartphone può compromettere la profondità delle cose che stiamo facendo, a livello lavorativo ma anche relazionale, quando ad esempio interrompiamo quello che stiamo facendo per controllare notifiche e messaggi. Alcune evidenze ipotizzano inoltre che la presenza di questo dispositivo colpisca le abilità cognitive e influisca anche sulla produzione di dopamina.
Siamo tutti nomofobici. Per testare la nomofobia alcuni ricercatori della Iowa State University (Usa) hanno

stilato un questionario di autovalutazione – reperibile on line – attraverso il quale però, molto probabilmente, risulteremmo tutti più o meno nomofobici. È costruito infatti su affermazioni che mettono d'accordo tutti gli utenti (ad esempio: Sarei infastidito se non potessi accedere alle informazioni sul mio cellulare/ Cercherei di recuperare il segnale se lo perdessi/Proverei il bisogno di controllare il mio smartphone se per un po' non potessi farlo/ Se non lo avessi con me mi sentirei ansioso). Con la tecnologia che domina sempre più i nostri stili di vita, infatti, è avvenuto un grande cambiamento culturale, silenzioso.
Il cellulare ha ridefinito il modo di comunicare, di stare con gli altri. Si dice che siamo tutti soli con i nostri smarthphone anche quando stiamo insieme. Tecnicamente presenti, psicologicamente assenti. In parte forse è proprio così. Non a caso sentiamo parlare di trattamenti di depurazione tecnologica e di locali "smathphone free". Senza sottovalutare però che l'uso smodato del cellulare può davvero esprimere disturbi psicologici, quando diventa schermo per rapporti dal vivo, convoglia attenzione e interesse esclusivamente sullo schermo, aliena, annulla la socialità. Quando rimanda a problemi di dipendenza (videogiochi, shopping, pornografia, rapporti romantici) o di relazione. Quando si parla di digital addiction, infatti, ci si riferisce a una vera dipendenza.

(www.repubblica.it/moda-e beauty/2021/03/04/news/nomofobia_paura_di_non_poter_usare_il_proprio_cellulare_psicologia-291300330/amp)

DOMANDE

6. **La nomofobia**
   a. è la paura di non essere connessi.
   b. compromette le nostre abilità relazionali.
   c. riguarda le difficoltà lavorative.
   d. è relativa all'eccessivo uso del cellulare.

7. **Il cellulare**
   a. è diventato indispensabile per giovani e adulti.
   b. è lo strumento più utilizzato dai nativi digitali.
   c. crea assuefazione alla tecnologia.
   d. è più indispensabile di altri dispositivi.

8. **Alcuni studi hanno rivelato che**
   a. sblocchiamo il telefono più di cento volte al giorno.
   b. molte persone non controllano mai il cellulare in situazioni private.
   c. i giovani utilizzano il cellulare più degli adulti.
   d. trascorriamo più tempo sui social che al cellulare.

9. **La nomofobia**
   a. acuisce le capacità cognitive.
   b. porta a un disturbo mentale.
   c. diventa patologica quando è troppo intensa.
   d. colpisce soprattutto le persone ansiose.

10. **L'uso eccessivo del cellulare**
    a. favorisce la socialità virtuale.
    b. è una dipendenza.
    c. migliora la comunicazione.
    d. rende estremamente tecnici.

A.2 **Legga il testo e risponda alle domande negli spazi numerati da 11 a 15.**

Via della Spiga si prepara all'Infiorata

Nel Quadrilatero della moda di Milano la prima edizione di un evento che celebra la rinascita della città. Celebrare la rinascita e la rigenerazione urbana di Milano attraverso una tradizione antica e suggestiva, quella dell'infiorata: è l'obiettivo della prima edizione di «Semina – L'infiorata di via della Spiga», un evento organizzato dalla società di real estate Hines in collaborazione con l'Associazione Amici di Via della Spiga e con i patrocini del Comune di Milano e del Comune di Noto. Saranno proprio i maestri infioratori della città siciliana a interpretare con petali e boccioli colorati il tema dell'evento, cioè la «Semina delle idee», ispirata da 13 protagonisti della vita milanese, attivi in settori chiave come il design, la moda, la cultura, lo sport e il lifestyle. L'iniziativa si inserisce nel calendario de «La Bella Estate di Milano», palinsesto di eventi organizzati lungo tutta la stagione estiva 2021. Da giovedì primo luglio a sabato 3 luglio la storica via della Spiga, nel cuore del Quadrilatero della moda, ospiterà 60 maestri infioratori di Noto, che nel giro di 48 ore trasformeranno 100 metri della strada in uno spazio espositivo all'aperto, con 13 tele dipinte dai petali di 200.000 fiori, tra garofani, gerbere, rose e tanti altri. Ispirandosi al tema della semina, l'evento punta così a seminare simbolicamente 13 idee, raffigurate da altrettante immagini capaci di evocare pensieri che possano fiorire e trasformarsi in progetti concreti per la città. Ognuna di queste idee prende spunto da tredici protagonisti della vita di Milano, che incarnano l'identità della città e il suo potenziale artistico e imprenditoriale: dai grandi nomi del design, come Piero Lissoni, Patricia Urquiola, Gilda Bojardi ed Elena Salmistraro, passando per quelli della moda, come Vogue, Carla Sozzani e Giuliano Calza, della ristorazione come Enrico Bartolini, fino ai rappresentanti del mondo della cultura, dello sport e del lifestyle, tra cui Sveva Casati Modignani, l'AC Milan, Olivia e Gian Maurizio Fercioni, Toilet Paper e Plastic. Ognuno di essi diventa il curatore di uno dei quadranti floreali, che accompagnerà con un pensiero dedicato a Milano, sul tema della continua rigenerazione e rinascita. Attraverso questo progetto Hines vuole simboleggiare il suo impegno pluriennale verso la città di Milano, con l'obiettivo di connotarla come un luogo di cultura e interscambio tra spazi, persone e bellezza. Nel capoluogo lombardo la società sta seguendo diversi progetti di rigenerazione urbana, tra i quali spicca il restauro di Palazzo Pertusati, che si concluderà tra pochi mesi, restituendo a Milano un asset iconico con il nome del suo indirizzo: «Spiga 26». Si tratta di uno spazio totalmente rinnovato con una superficie di oltre 12.000 metri quadri, di cui tremila dedicati al retail, e una corte interna verde di 180 metri quadri, che connetterà l'altro ingresso di via Senato 19. La nuova identità del complesso sarà ispirata e contraddistinta da una grande attenzione alla sostenibilità, grazie alla certificazione internazionale, specificamente prevista per gli immobili commerciali in locazione. «Come Hines siamo orgogliosi di contribuire alla stagione di rinascita e rinnovamento di luoghi e landmark iconici di Milano e di supportare il Comune di Milano e le istituzioni locali» ha fatto sapere Mario Abbadessa, senior managing director & country head di Hines Italy. «Dopo l'evento di saluto alla Torre Velasca per l'avvio dei lavori di recupero e rigenerazione urbana dello scorso 21 giugno, oggi celebriamo la città con un altro evento inclusivo e simbolico: con l'Infiorata di Via della Spiga seminiamo nuove idee, con l'augurio che si possano concretizzare in nuove traiettorie creative per una via sinonimo di eleganza, punto di attrazione per visitatori locali ed internazionali. Crediamo fortemente nel valore che visioni, immagini e aspirazioni hanno per la collettività e siamo impegnati nella loro realizzazione con una strategia di progettualità, valorizzazione e rilancio sostenibile».

(www.panorama.it/news/cronaca/via-della-spiga)

DOMANDE

11. Qual è lo scopo dell'evento "Semina - L'infiorata di Via della Spiga"?

(da 4 a 10 parole)

12. Qual è il tema della manifestazione?

(da 8 a 15 parole)

13. Cosa rappresentano i personaggi famosi coinvolti nel progetto e perché sono stati selezionati?

(da 8 a 15 parole)

14. Perché la società Hines ha organizzato l'evento?

(da 4 a 10 parole)

15. Dopo l'evento dell'Infiorata, la società Hines di cosa vorrebbe che fosse sinonimo Via della Spiga?

(da 10 a 20 parole)

B.1 **Svolga UNO dei seguenti compiti.**

(Da un minimo di 330 ad un massimo di 360 parole)

1. Lei ha letto, su una rivista, questa frase del filosofo Seneca: "La vita è breve: evitiamo, dunque, programmi troppo estesi: ogni giorno, ogni ora ci mostra la nostra nullità e ricorda a noi smemorati, con qualche nuovo argomento, la nostra fragile natura. Allora noi, che facciamo programmi come se la nostra vita fosse eterna, siamo costretti a pensare alla morte. Si volge, infatti, ad attendere il futuro solo chi non sa vivere il presente." Siccome, qualche tempo fa, aveva avuto una discussione con un Suo amico italiano proprio su questi temi, ma non era riuscito ad esprimere appieno il Suo pensiero, prende come spunto questa citazione per scrivergli una lettera e puntualizzare le Sue posizioni in merito.

2. "La lontananza e la lunga assenza vanno a scapito di ogni amicizia". Partendo da questa affermazione, Lei deve scrivere un intervento per un blog dedicato ai giovani in cui spiega il significato del concetto di amicizia, sostenendo o criticando quanto espresso dall'autore della citazione. Per rendere più incisivo il Suo intervento, Lei riporta degli esempi tratti dall'osservazione della realtà che La circonda.

3. Scriva un racconto che inizia così: "Francesca quel mattino era spensierata e felice. Come tutti i giorni si stava vestendo per andare al lavoro, quando, a un tratto, sentì suonare il citofono. Si chiese chi mai potesse essere alle 8.00 del mattino. Rispose dubbiosa e udì in lontananza una voce maschile che le pareva nota, ma i rumori della strada le impedivano di distinguere i suoni. Decise di aprire il portone domandandosi se avesse preso la decisione giusta ma tutto era avvenuto in pochi secondi. Con il cuore in gola restò ad ascoltare il rumore dell'ascensore mentre continuava a cercare nei ricordi tracce della voce appena udita. Corse in bagno a finire di sistemarsi: si mise un velo di rossetto e si spruzzò il suo profumo preferito. Il suono del campanello la fece trasalire, con un respiro profondo andò ad aprire la porta: non credeva ai suoi occhi: davanti a lei c'era proprio Antonio..."

B.2 **Svolga i seguenti compiti:**

(Da un minimo di 90 ad un massimo di 110 parole)

1. Lei abita al primo piano di un elegante palazzo al centro di Roma. Purtroppo, ultimamente, proprio al piano terra dell'edificio hanno aperto un pub: questo Le crea notevoli disagi sia per i continui rumori che per gli odori che provengono dalla cucina. Decide di scrivere una mail all'amministratore per manifestare il Suo disappunto e spiegarne le ragioni.

(Da un minimo di 70 ad un massimo di 90 parole)

2. L'amministratore Le risponde spiegandoLe quali accordi ha preso con il proprietario del pub. La invita, poi, a rivolgersi direttamente all'interessato dicendoLe che, in ogni caso, la Sua segnalazione sarà tenuta presente e inserita all'ordine del giorno della prossima assemblea.

1 ORA E 15 MINUTI

TEST 1

CELI 5

CERTIFICATO DI CONOSCENZA DELLA LINGUA ITALIANA

Livello C2

C **Prova di Competenza Linguistica** *(20 punti)*

Nome e Cognome dello studente

Data

C.1 **Completi il testo scrivendo la parola mancante negli spazi numerati da 1 a 13. Una sola parola è possibile.**

Ad Alicudi la scuola si fa in tre (studenti)

ALICUDI (Eolie). Trecentocinquantaquattro, trecentocinquantacinque, trecentocinquantasei. E poi, **...(1)...** sotto al pergolato stretto dall'abbraccio delle viti, ecco la vista mozzafiato delle isole poggiate sul mare e, se soffia tramontana, dell'Etna innevato. **...(2)...** arrivare nella scuola più piccola d'Europa bisogna arrampicarsi su per un'isola che è **...(3)...** scale, dove il numero di gradini da salire soppianta indirizzo e numero civico. Sandro, 12 anni, già sbuffa. Il 16 settembre ricominceranno le **...(4)...** e ogni mattina **...(5)...** toccheranno 256 scalini, in salita: neanche quest'anno è forte abbastanza di gambe per venire su con la bici. Per Francesca, **...(6)...**, l'andata sarà in discesa: conterà fino a 99 e sarà arrivata. Il problema? Il ritorno.
Nella scuola più piccola d'Europa, Francesca e Sandro **... (7)...** quest'anno non potranno copiare. Gli studenti saranno tre in tutto, una pluriclasse: Francesca e Sandro, dodicenni, in terza media, e Martina, di sei, in prima elementare. Ai **...(8)...** del Covid l'assembramento, rischiano di crearlo **...(9)...** gli insegnanti, che saranno quasi il **...(10)...** degli alunni: cinque più un bidello.
"Nelle pluriclassi la didattica è innovativa" spiega la preside "e, **...(11)...** i piccoli imparano dai grandi, i grandi imparano a prendersi **...(12)...** dei piccoli". A ricreazione la merenda si fa in cucina: i prof preparano la moka e i bambini addentano un bel panino, ché per arrivare su si **...(13)...** fatica.

(www.repubblica.it/venerdi/2021/09/02/news/ad_alicudi_la_scuola_si_fa_in_tre_studenti_-315850953/amp/)

C.2 **Completi il testo scrivendo negli spazi numerati da 14 a 25 il verbo mancante (nella forma, nel modo e nel tempo opportuni) scegliendolo tra quelli sottoelencati.**

L'avventura di un lettore

Da tempo Amedeo **...(14)...** a ridurre al minimo la sua partecipazione alla vita attiva [...] L'interesse all'azione sopravviveva però nel piacere di leggere; la sua passione erano sempre la narrazione dei fatti, le storie, l'intreccio delle vicende umane. Romanzi dell'Ottocento, prima di tutto, ma anche memorie e biografie; e via via fino ad **...(15)...** fino ai gialli e alla fantascienza, che non disdegnava ma che gli davano minor soddisfazione anche perché erano libretti brevi: Amedeo amava i grossi tomi e metteva nell'affrontarli il piacere fisico dell'affrontare una grossa fatica. Nel libro trovava un'adesione alla realtà molto più piena e concreta, dove tutto aveva un significato, un'importanza, un ritmo. Amedeo **...(16)...** in una condizione perfetta: la pagina scritta gli appariva la vera vita, profonda e appassionante e, alzando gli occhi ritrovava un casuale ma gradevole accostarsi di colori e sensazioni, un mondo accessorio e decorativo, che non poteva impiegarlo in nulla. A un certo punto, vide che sulla spiaggetta di sassi, in fondo alla cala, era venuta a sdraiarsi una donna. La signora abbronzata, dal suo materassino, gli **...(17)...** un sorriso e un cenno di saluto, lui rispose pure con un sorriso e un vago cenno e **...(18)...** subito lo sguardo. Ma la signora **... (19)...** qualcosa:

- Eh?
- Legge, legge sempre?
- Eh...
- È interessante?
- Sì
- Buon proseguimento!
- Grazie. Bisognava che non **...(20)...** più gli occhi. Almeno fino alla fine del capitolo. Lo lesse d'un fiato [...]
- Ma...
- Amedeo **...(21)...** ad alzare il capo dal libro. La donna lo stava guardando, ed i suoi occhi erano amari.
- Qualche cosa che non va? - lui chiese.
- Ma non **...(22)...** mai di leggere? - disse la donna- Non sa che con le signore si deve fare conversazione? - **...(23)...** con un mezzo sorriso che forse voleva essere solo ironico, ma ad Amedeo, che in quel momento, avrebbe pagato chissà cosa per non staccarsi dal romanzo, **...(24)...** addirittura minaccioso. "Cos'ho fatto, a mettermi qui!" pensò. Ormai era chiaro che con quella donna al fianco non **...(25)...** una riga.

(Tratto da Italo Calvino "Gli amori difficili" Oscar Mondadori 2009)

Arrivare	Stancarsi	Dire	Riabbassare
Sentirsi	Tendere	Aggiungere	Leggere
Alzare	Sembrare	Costringere	Fare

C.3 **Nella maggior parte delle righe numerate da 26 a 39 ci sono errori di distrazione. Identifichi, negli spazi numerati da 26 a 39, con un √ le eventuali righe che non contengono errori; in caso contrario individui gli errori e scriva la forma corretta.**

La toga, l'amore e le vacche: Nicolette, da vegana ad allevatrice per colpa di un hamburger

26. La sorprendente storia di Nicolette Hahn Niman, per 33 anni veganna

27. persuasa, comincia a New York, dov'era avvocato ambientalista per lo

28. studio legale "Robert F. Kennedy Junior". Questo prima che mordere un

29. hamburger, più o meno un paio d'anni dopo. Il suo lavoro da avocato in

30. difesa dell'ambiente, l'ha portata ad abbattersi, un giorno, in

31. Bill Niman un agricoltore. È bastato che il contadino della Costa del Pacifico è

32. l'avvocato si incontrino a Central Park, bevendo un caffè, per

33. convincere la battagliera ambientalista a trasferirsi con il suo Bill nel

34. ranch di più di 400 ettari. Per Nicolette hanno iniziato così 7 lunghi anni di

35. lavoro nei campi. Sono stati anni di meditazione e di guerre. Soprattutto nei

36. confronti di cui sosteneva che l'unica soluzione per salvare il pianeta

37. fosse smettere di mangiare carne. Ora il suo moto è: "non è la mucca

38. ma il come" la soluzione del rebus sta nel come vengono educati gli

39. animali, che cosa e dove mangiano.

(https://www.corriere.it/pianeta2020/21_settembre_07/toga-l-amore-vacche-nicolette-vegana-ad-allevatrice-colpa-un-hamburger-d581e782-0f05-11ec-9614-5f4fa1f949f6.shtml)

C.4 **Completi il testo scegliendo la parola opportuna tra quelle proposte da 40 a 51. Indichi, vicino ad ogni numero, la lettera A, B, C o D corrispondente alla parola scelta.**

Un robot per ricostruire gli affreschi distrutti di Pompei: al via il progetto "Repair"

Napoli - La mano devastatrice dell'eruzione del 79 d.C. e, più tardi, quella dei bombardamenti della Seconda guerra mondiale, li aveva spazzati via nel tentativo di sparigliarne per sempre la **...(40)...** Adesso le braccia meccaniche di un robot metteranno insieme i migliaia di frammenti **...(41)...** dalla Casa dei Pittori e dalla Schola Armatorarum per restituire ai manufatti archeologici voce, storia e colore, sottraendoli ai depositi del Parco Archeologico di Pompei e **...(42)...** al pubblico.
A Pompei la robotica si pone al servizio dell'archeologia grazie al progetto "RePAIR" - acronimo di *Reconstruction the past: Artificial Intelligence and Robotics meet Cultural Heritage* - che ha preso il via il 1° settembre, coordinato dall'Università Ca' Foscari di Venezia.
Per la prima volta una tecnologia d'avanguardia sarà utilizzata come **...(43)...** a studiosi e ricercatori per la ricostruzione fisica di manufatti archeologici, in gran parte frammentati e di difficile ricomposizione. Migliaia di pezzetti, simili a piccole tessere di un puzzle - un immenso impianto decorativo composto da pareti, volte dipinte, cornici in stucco - saranno **...(44)...** con l'aiuto di un'infrastruttura robotica dotata di braccia e mani meccaniche in grado di scansionarli e riconoscerli tramite un sistema di digitalizzazione 3D, restituendo ai frammenti, talvolta piccolissimi, la loro giusta **...(45)...** .
Mentre i tasselli verranno riconosciuti e scansionati, le braccia di precisione meccaniche li manipoleranno e movimenteranno con l'aiuto di sensori avanzati in grado di scongiurarne il minimo **...(46)...**
"Le anfore, gli affreschi, i mosaici - spiega il direttore del Parco archeologico di Pompei, Gabriel Zuchtriegel - vengono spesso portati alla luce frammentati, solo parzialmente **...(47)...** o con molte parti mancanti. Quando il numero dei frammenti è molto **...(48)...**, con migliaia di pezzi, la ricostruzione manuale ed il riconoscimento delle connessioni tra i frammenti è quasi sempre **...(49)...** o comunque molto laborioso e lento. Il progetto RePAIR, frutto di ricerca e **...(50)...** tecnologica, grazie all'ausilio della robotica, della digitalizzazione e dell'intelligenza artificiale, si pone l'obiettivo di risolvere un problema **...(51)...**".

(https://www.arte.it/notizie/napoli/un-robot-per-ricostruire-gli-affreschi-distrutti-di-pompei-al-via-il-progetto-repair-18661

40	**A** memoria	**B** traccia	**C** testimonianza	**D** reminiscenza
41	**A** arrivati	**B** pervenuti	**C** giunti	**D** provenienti
42	**A** dandoli	**B** mandandoli	**C** consegnandoli	**D** portandoli
43	**A** aiuto	**B** supporto	**C** sostegno	**D** appoggio
44	**A** ricostruiti	**B** rifatti	**C** ricreati	**D** ricomposti
45	**A** sistemazione	**B** collocazione	**C** ubicazione	**D** installazione
46	**A** deterioramento	**B** guasto	**C** danneggiamento	**D** danno
47	**A** integri	**B** interi	**C** intatti	**D** completi
48	**A** grande	**B** vasto	**C** ampio	**D** abbondante
49	**A** difficilissimo	**B** irrealizzabile	**C** improbabile	**D** impossibile
50	**A** competenza	**B** capacità	**C** preparazione	**D** perizia
51	**A** antico	**B** atavico	**C** vecchio	**D** vetusto

25 MINUTI

CELI 5

CERTIFICATO DI CONOSCENZA DELLA LINGUA ITALIANA

Livello C2

D Prova di Comprensione dell'Ascolto *(30 punti)*

Nome e Cognome dello studente

____

____

Data

____

____

Traccia 1

D.1 **Ascolterete due testi. Indichi vicino a ogni numero da 1 a 9 la lettera A, B, C o D corrispondente alla risposta scelta.**

Ascolterete i testi due volte.

1° testo

1. I portici di Bologna

a. sono una parte poco importante della città.
b. rappresentano un luogo di incontro e di arte.
c. sono lunghi 52 chilometri.
d. sono stati candidati a patrimonio unico da associazioni nazionali.

2. I portici nascono

a. in mattoni.
b. per avere più spazio nelle case.
c. perché ospitavano botteghe.
d. per consentire ai ricchi di passeggiare.

3. La struttura dei portici

a. era destinata alle case private.
b. era adatto solo ai pedoni.
c. era soggetta a leggi precise del comune.
d. è curata dal comune della città.

4. Un grande problema dei portici

a. sono gli atti vandalici.
b. è la sporcizia.
c. è la pericolosità delle colonne.
d. è il danneggiamento di mattoni, intonaci e colonne.

5. Il riconoscimento dell'Unesco dovrebbe

a. migliorare l'accesso a non vedenti e altri disabili.
b. rinnovare il percorso.
c. eliminare i gradini e i marciapiedi.
d. migliorare la struttura e la lunghezza dei portici.

(https://www.raiplayradio.it/audio/2021/07/FAHRENHEIT--I-Portici-di-Bologna-sono-patrimonio-dellumanit-Unesco- e6e64c81-c2e0-45df-9a38-0a0d017e6a35.html)

2° testo

6. L'autrice ha scritto il libro

a. per raccontare la storia della bicicletta.
b. per parlare del ciclismo femminile.
c. per indagare il rapporto tra donne e bicicletta.
d. per spiegare idee e pregiudizi sulla bicicletta.

7. **Le donne e i preti non potevano usare la bicicletta**
   a. a causa dei vestiti non adatti al mezzo.
   b. perché davano un'immagine disdicevole.
   c. avevano una postura sbagliata.
   d. suscitavano scandalo.

8. **Era invece considerato positivo per le donne andare in bicicletta perché**
   a. potevano essere libere e autonome.
   b. rivoluzionavano l'abbigliamento femminile.
   c. potevano scaricare il nervosismo.
   d. erano più felici in famiglia.

9. **Durante la Resistenza le donne**
   a. andavano in fabbrica con la bicicletta.
   b. usavano biciclette moderne.
   c. usavano la bicicletta soprattutto con la neve.
   d. facevano in bicicletta percorsi difficili.

(https://www.radio24.ilsole24ore.com/programmi/a-ruota-libera/puntata/storie-bici-e- donne--pioniere-160523-AEUufPZ)

Traccia 2

D.2 **Ascolterete ora un'intervista a uno chef digitale. Non tutte le affermazioni da 10 a 20 sono presenti nel testo. Indichi vicino al numero dell'affermazione. SÌ, se è presente No, se non è presente. Ascolterete il testo due volte.**

10. Il digitale ha cambiato le nostre abitudini negli ultimi anni.
11. I cuochi usano esperti digitali nel lavoro in cucina.
12. Le istruzioni di molti strumenti per cucinare sono solo digitali.
13. Le nuove generazioni gestiscono il mondo del *food* attraverso i canali digitali.
14. I piatti condivisi sui social non si possono cucinare.
15. Alcuni operatori digitali consigliano come cucinare piatti complessi.
16. *Chef in Camicia* propone contenuti digitali per realizzare ricette.
17. Il guadagno di *Chef in Camicia* dipende soprattutto dalle visualizzazioni sui social.
18. Nicolò Zambelli gestisce un blog per cuochi.
19. Nicolò Zambelli ha imparato a cucinare nella cucina di casa sua.
20. Con *Chef in Camicia* si possono realizzare in casa i piatti di chef stellati.

(https://www.radio24.ilsole24ore.com/podcast-originali/lavori-domani-original/podcast/nicolo-zambello-chef- digitale--173500-ADuhrzL)

Traccia 3

D.3 **Ascolterete un testo che tratta del valore culturale del caffè. Completi le informazioni con poche parole (massimo quattro) negli spazi numerati da 21 a 30. È possibile usare le stesse parole del testo oppure dei sinonimi.**

Ascolterete il testo una sola volta.

21. Il primo serve, appunto, a svegliarti, ma il secondo serve a **...(21)...** effettivamente
22. di raccontarci miti, **...(22)...** del rito del caffè
23. tanto è vero che ancora oggi **...(23)...** si chiama Arabica
24. ad un certo momento poi nascono le **...(24)...** in Europa
25. non sarebbero stati sufficienti a farne un mito, **...(25)...**
26. dove il caffè è un **...(26)...**
27. diventa un collante delle **...(27)...**
28. Napoli è una città che ha sempre fortemente stigmatizzato **...(28)...**
29. chi perde il controllo di sé viene fortemente **...(29)...**
30. Perché Napoli è una città veloce, **...(30)...**

(https://www.repubblica.it/podcast/focus?pubdate=2021-03-28)

20 MINUTI

TEST 1

CELI 5

CERTIFICATO DI CONOSCENZA DELLA LINGUA ITALIANA

Livello C2

Prova di Produzione Orale *(30 punti)*

Lo studente esaminerà il materiale sul quale si svilupperà la conversazione con il suo insegnante.

Il materiale consiste in:

A Una foto da descrivere e utilizzare come spunto di conversazione
B Un testo da riassumere e utilizzare come spunto di conversazione
C Espressioni o massime da commentare

Nome e Cognome dello studente

____

____

Data

____

____

Domande guida

FOTO

- Descriva quello che è rappresentato nella foto.
- I cambiamenti climatici dipendono dalle scelte e dalle attività degli esseri umani. Queste hanno un impatto sulla nostra salute e su quella del pianeta. Qual è la Sua opinione?
- Cosa possiamo fare noi? Quali attenzioni dovremmo avere, secondo il Suo parere, per aiutare il nostro pianeta? È giusto protestare? Quale educazione dovremmo dare ai bambini per preservare l'ambiente?

TESTO

- Riassuma il testo.
- Cosa pensa del ruolo della lettura nella vita dei bambini e dei giovani? Quale importanza hanno avuto i libri nella Sua infanzia? Ritiene che solo la scuola debba sostenere e incentivare la lettura o anche la famiglia debba favorire l'abitudine a leggere?
- Ritiene che una fabbrica sia un luogo adeguato a incentivare la lettura? Cosa pensa del sistema di ricompensa monetaria che ha escogitato l'imprenditore per favorirla? Secondo Lei è un progetto che potrebbe avere successo ed essere esteso ad altre realtà lavorative? Motivi le Sue risposte.

ESPRESSIONI E MASSIME

- Spieghi il generico significato delle espressioni.
- Con quali delle tre affermazioni si trova d'accordo? Lei preferisce informarsi attraverso Internet e i quotidiani online o legge più volentieri i giornali cartacei?

A **Descriva la foto e risponda alle eventuali domande che Le verranno poste.**

FOTO

https://www.wired.it/scienza/ecologia/2018/11/26/grafici-cambiamento-climatico/

B **Legga e riassuma il testo. Risponda alle domande che eventualmente Le verranno poste.**

"Amo la lettura e do un buono da cento euro ai miei dipendenti per ogni libro letto e condiviso con i colleghi"

Danilo Dadda è amministratore delegato di una società di edilizia sostenibile a Mapello, in provincia di Bergamo. Appassionato di libri da sempre, ha pensato di incentivare i suoi collaboratori a leggere e condividere le loro riflessioni, ricompensandoli.

Cento euro per ogni libro letto e condiviso con i colleghi. Duecento se il testo è in inglese. A lanciare questa iniziativa non è una casa editrice ma l'azienda "Vanoncini", una moderna impresa che si occupa di edilizia sostenibile e di rivendita di materiali edili. In due mesi circa quaranta dipendenti (su 80) e alcuni dei loro partner hanno aderito all'appello lanciato Danilo Dadda, l'amministratore delegato della società di Mapello, in provincia di Bergamo.

L'iniziativa, voluta dall'imprenditore bergamasco, trova origine proprio nella sua infanzia: "Se sono un grande lettore – spiega – lo devo a mia madre. Quando frequentavo la scuola elementare la vedevo sempre con un libro in mano. Spesso trascorreva parte della notte leggendo seduta al tavolo della cucina e io le facevo compagnia condividendo con lei la passione per la letteratura".

Oggi Dadda ha 56 anni ma non ha mai smesso di comprare libri che non tiene certo a far bella mostra sugli scaffali di casa sua: "Ho letto di tutto nella mia vita: romanzi, saggi, libri che riguardano il mio lavoro. In genere alterno un romanzo ad un testo tecnico che può essere utile alla mia formazione professionale". Tra i suoi autori preferiti cita Wilbur Addison Smith, Daniel Pennac, Andrea Vitali e Andrea Camilleri. Una passione che Dadda ha pensato di condividere con i suoi collaboratori. Il progetto è stato chiamato "Book Club": "Credo fortemente nel valore della cultura e della formazione: sono il primo – sottolinea l'imprenditore- che si impegna a leggere e studiare. So però che, alle volte, la stanchezza o, forse, un pochino di pigrizia allontanano le persone dalla lettura, così ho pensato di incentivare i miei collaboratori a leggere e creato due occasioni al mese in cui possono presentare o partecipare alla presentazione di un libro. L'adesione che ho ottenuto è stata completa e anche più entusiastica di quanto mi potessi aspettare".

L'organizzazione è semplice: ogni dipendente può scegliere un libro a piacere, dai romanzi di Dostoevskij e Dumas, ai manuali di auto miglioramento, fino ai saggi. Una volta che lo ha letto, prepara una scheda di presentazione e si propone per presentarlo ai colleghi durante le due riunioni mensili che vengono fatte. A ogni appuntamento viene riconosciuto un buono d'acquisto del valore di cento euro, che raddoppia e triplica alla seconda e terza presentazione, e cresce ulteriormente se il libro che viene illustrato è in lingua inglese. Dadda ha fornito un primo elenco di sessanta proposte ma ognuno può scegliere in autonomia il testo da leggere e proporre. "L'obiettivo di questo progetto è sensibilizzare alla lettura ma allo stesso tempo puntare alla condivisione delle emozioni e delle esperienze".

Il primo libro ad essere stato presentato è stato "Il Profeta" di Khalil Gibran: a leggerlo e a mettere in comune le proprie riflessioni è stata una collaboratrice dell'ufficio commerciale che si è entusiasmata per la proposta messa in piedi dal "capo". Il calendario delle prossime presentazioni è già fitto: c'è chi ha letto "Come trattare gli altri e farseli amici" di Dale Carnegie; chi ha preso in mano "L'Alchimista" di Paulo Coelho ma c'è anche chi ha osato con "I fratelli Karamazov", l'ultimo romanzo scritto da Fëdor Dostoevskij. "Ora ci sono altri amici imprenditori che mi hanno chiamato – spiega Dadda – dicendomi che vogliono copiare la mia idea. Ben venga. Più siamo a diffondere la passione per la lettura, meglio è".

(https://www.ilfattoquotidiano.it/2021/04/17/amo-la-lettura-e-do-un-buono-da-cento-euro-ai-miei-dipendenti-per-ogni-libro-letto-e-condiviso-con-i-colleghi/6164834/)

C **Legga e commenti le espressioni e massime. Seguirà una breve conversazione.**

ESPRESSIONI E MASSIME

L'informazione

- *Il web e i quotidiani online sono troppo più comodi, più rapidi, in molti casi più economici. E soprattutto sono troppo più immediati.*
- *I giornali cartacei sono in estinzione, perché poco ecologici, occupano spazio, costano molto, richiedono tempi di ricerca e lettura troppo lunghi. Le nuove generazioni non utilizzeranno più i giornali di carta.*
- *È importante tenere a mente che tutti i documenti e le ricerche che otteniamo dal web devono essere presi "con le pinze": non sempre, infatti, la fonte che fornisce il materiale è veritiera.*

2 ORE E 45 MINUTI

TEST 2

CELI 5

CERTIFICATO DI CONOSCENZA DELLA LINGUA ITALIANA

Livello C2

A **Prova di Comprensione della Lettura** *(40 punti)*

B **Prova di Produzione di Testi Scritti** *(60 punti)*

Nome e Cognome dello studente

Data

A. PROVA DI COMPRENSIONE DELLA LETTURA

A.1 **Legga i due testi. Metta una X, nei numeri da 1 a 10, vicino alla lettera A, B, C e D corrispondente all'affermazione giusta tra le quattro che Le vengono proposte.**

1° TESTO

Creatività: una soluzione in azienda

Uno straordinario talento che, seppur in modo e misura differenti, è presente in tutti gli esseri umani. La creatività non è intelligenza. E non è per pochi eletti. Si è creativi quando si mette in atto un processo che integra elementi affettivi, cognitivi volti a supportarci nella ricerca di nuove e potenziali soluzioni. Un' esplorazione attraverso la quale ricerchiamo dentro di noi e creiamo. Immaginiamo di fare un viaggio panoramico senza tempo, in treno, con una vista mozzafiato, attraversando le colline tra girasoli che si estendono a perdita d'occhio. Dal vetro del finestrino ammiriamo increduli ciò che stiamo attraversando. Immagini uniche scorrono davanti ai nostri occhi. Osserviamo, cerchiamo, riflettiamo, ricordiamo. Fioriscono spontaneamente idee, costruiamo metafore. La curiosità ci spinge oltre e ci facciamo fecondare dalla bellezza che è fuori di noi. Ecco, quella bellezza esiste anche dentro di noi. Ed è a quella bellezza che possiamo attingere per creare il nuovo. Creare l'unicità. Essere creativi è imparare a ricercare dentro di noi, con la stessa passione con la quale guardiamo al di là del vetro, con il coraggio di uscire fuori, e con il cuore aperto alla bellezza che la vita ci propone. Dentro di noi, c'è un forziere ricco di strumenti, di talenti e di innumerevoli soluzioni possibili. Dove sviluppare e dar forma al nuovo, mediante la creatività, diviene possibile. Creatività: una soluzione in azienda. Quali ostacoli? Siamo tutti creativi allo stesso modo? Non proprio, poiché ciascuno ha i propri talenti, la propria capacità di amore, ma anche non pochi ostacoli. Essere creativi per certi versi significa uscire allo scoperto, mettersi in gioco, esporsi. Con pensieri, idee, prodotti nuovi. Esser creativi, prevede libertà di azione: un passaggio semplice? Tutt'altro. Perché la voce del giudice interiore è sempre pronta a ricordarci che non siamo abbastanza bravi, una voce sempre pronta a boicottare il nostro progetto: la crescita. Insomma, se abbiamo desiderio di creare, quel grande vuoto iniziale va attraversato. La libertà di azione comporta un rischio: il rifiuto. Probabilmente è più facile eseguire che non creare ed agire liberamente. La creatività invece libera la libertà di espressione, libera il pensiero divergente. A sua volta, il pensiero divergente crea un ambiente non più statico e passivo, ma dinamico e attivo. Un pensiero che coincide con la capacità di produrre risposte che siano allo stesso tempo originali, inusuali ed efficaci. È strettamente correlato alla creatività. Un pensiero che, secondo J.P. Guilford – noto psicologo statunitense – è misurabile sulla base di ben quattro indici: fluidità, flessibilità, originalità, elaborazione. Possiamo sviluppare quindi, quel pensiero che non converge più ad una sola ed unica soluzione, ma che al contrario diverge alle tante ed originali soluzioni possibili. Questa è la bellezza del pensiero creativo. E se dovessi immaginare uno straordinario binomio? Creatività e un pizzico di follia. Oggi il mondo del lavoro cerca persone, risorse umane, tra le cui competenze, oltre a quelle specifiche, ci siano senza dubbio quelle trasversali. Si ricerca la capacità di esser propositivi, capacità relazionali e creative che supportino, ad esempio, il manager a dar voce, a far evolvere il dato numerico. E la creatività è una tra le abilità più importanti dei nostri tempi. È l'abilità più importante, ad esempio, per i Leader. Poiché è ciò che fa la differenza, per aziende che sposano una visione volta all'innovazione e alla crescita. In un mondo oggi orientato fortemente all'automazione, la creatività, al contrario, è un elemento che non può prescindere dal contributo dell'uomo. Esperti sostengono infatti l'emergere di una precisa figura professionale: l'artista innovatore. E per essere un artista, è importante sviluppare il pensiero laterale. Poiché questo pensiero aiuta a progredire. Oltretutto divenire creativi, quindi creare, induce in noi un buon grado di soddisfazione, di arricchimento. Ancora, di consapevolezza del nostro valore, delle innate potenzialità e di quelle sviluppate, delle risorse e strumenti interiori. Il noto sociologo polacco Zygmunt Bauman afferma: "Ognuno di noi è artista della propria vita: che lo sappia o no, che lo voglia o no, che gli piaccia o no". Creatività quindi, ripensando alla metafora del viaggio in treno, non è solo saper osservare e trovare soluzioni nuove nel mondo fuori di noi, ma è anche saper guardare dentro di noi, saper trasformare dentro di noi, nella nostra vita. È imparare ad apprendere la capacità di trascendere il dolore per realizzare bellezza e pian piano osservare e godere della vita, in un modo nuovo. Trasformarsi e rinascere, ancora e ancora. La nostra vita assume una forma nuova, da noi ricreata. Così ricreiamo noi stessi, proprio come noi desideriamo. Assumendoci anche la responsabilità della nostra opera, ma senza delega alle paure. Se riusciamo a contattare i nostri talenti e ci sentiamo capaci, arriva il pieno e il divertimento è assicurato. Quindi, artisti della nostra vita, parole d'ordine alla creatività: osare, trasformare, divertirsi … e poi? Poi … Godere della bellezza realizzata!

(https://www.solaris.it/index.php/creativita-una-soluzione-in-azienda/)

DOMANDE

1. **La creatività è**
   a. diffusa tra le persone di talento.
   b. un processo alla base dell'intelletto umano.
   c. un cambiamento da attuare.
   d. l'integrazione di diversi elementi.

2. **Essere creativi in azienda comporta alcuni rischi come**
   a. essere boicottati dagli altri.
   b. uscire allo scoperto.
   c. essere rifiutati.
   d. essere giudicati.

3. **Il pensiero divergente**
   a. è in stretto rapporto con la creatività.
   b. rischia di risultare ambivalente e ambiguo.
   c. complica l'ambiente lavorativo.
   d. crea un ambiente statico e passivo.

4. **Oggi il mondo del lavoro ricerca persone**
   a. che abbiano competenze specifiche.
   b. preparate al relativo ambito lavorativo.
   c. che abbiano idee e proposte inusuali, creative.
   d. che siano in grado di trovare le giuste soluzioni.

5. **Il sociologo Bauman afferma che**
   a. è difficile fare il lavoro che si desidera veramente.
   b. dobbiamo essere in grado di trascendere il dolore.
   c. ognuno di noi è artista della propria vita e gli piace esserlo.
   d. in noi è presente l'arte di cambiare e trasformare.

2° TESTO

Halloween: perché la festa del terrore ci piace così tanto?
Halloween ci piace per lo stesso motivo per cui guardiamo i film dell'orrore: ecco le ragioni scientifiche del perché siamo così affascinati da ciò che ci spaventa

La notte di Halloween è alle porte e in men che non si dica saremo circondati da streghe, fantasmi e zucche dallo sguardo assassino. La festa più macabra dell'anno riscuote sempre successo: perché ne siamo così affascinati? Una possibile spiegazione scientifica è che questa ricorrenza - così come gli altri appuntamenti con il terrore, per esempio i film horror - ci permetta di contemplare le cose che ci terrorizzano in modo sicuro, ironico e distaccato, e senza pericoli di sorta. Nella notte di Halloween, zombie e spiriti maligni vengono quasi derisi e indeboliti della loro carica terrificante: ci bussano alla porta, possiamo prenderli in giro e criticare il loro buffo travestimento. Le incarnazioni delle nostre paure diventano, così, più vulnerabili. Che cosa succede nella nostra testa? Il cervello sembra realizzare solo in parte che quello a cui stiamo assistendo (un film dell'orrore o una parata di finti "mostri") è solo finzione. Quando qualcosa ci spaventa, viene immediatamente processato dall'amigdala, una piccola struttura cerebrale a forma di mandorla che entra in gioco in caso di forti emozioni. L'informazione terrorizzante attiva due diversi percorsi nel cervello: da un lato, lo stimolo raggiunge lentamente i lobi frontali, dove viene analizzato in modo razionale e "svuotato" della sua carica terrorizzante. In quel momento concluderemo che non stiamo rischiando alcun pericolo e che quello davanti a noi non è che un attore di qualche film truccato in modo grossolano. Allerta. Allo stesso tempo, però, l'amigdala attiva anche una reazione più rapida e primitiva, che ci tutela nel caso - remoto - che la minaccia che abbiamo visto possa rivelarsi vera. Nel giro di 3 secondi il cervello stimola il rilascio di una trentina di diversi ormoni che favoriscono lo stato di allerta: aumenta la produzione di insulina così come il livello di zuccheri nel sangue; il respiro si fa affannoso per incamerare più ossigeno, il cuore batte più velocemente per pompare sangue ai muscoli. Ci sentiamo sulle spine e pronti a scappare: le pupille si dilatano per vedere meglio al buio e iniziamo a sudare per abbassare la temperatura corporea. Preparati a soffrire. L'attrazione magnetica che esercita il mondo del terrore potrebbe derivare da questo cocktail di attivazione fisica unito alla consapevolezza che in realtà, non c'è nulla da temere. Tra gli ormoni rilasciati quando abbiamo paura troviamo anche endorfine e dopamina, che in caso di emergenza dovrebbero aiutarci ad affrontare il dolore derivante da potenziali ferite, ma quando tutto va bene contribuiscono, semplicemente, a generare uno stato di piacere ed eccitazione. Questo sistema di attivazione-rassicurazione, però, non funziona per tutti. I bambini sono per esempio molto più impressionabili davanti alle scene di terrore. Il motivo? I loro lobi frontali, responsabili dell'analisi razionale degli stimoli di paura, non sono ancora totalmente sviluppati: per i giovanissimi può quindi risultare difficile riconoscere che dietro a una maschera macabra non c'è nulla di cui aver paura. Perché abbiamo gli incubi? Il cortisolo, un ormone rilasciato dall'organismo in stato d'allerta, senza un appropriato controllo da parte dei lobi frontali rafforza le memorie dell'evento negativo e fa sì che durino a lungo anche quando la minaccia è passata. Questo potrebbe spiegare perché i bambini hanno spesso incubi terrificanti dopo aver visto un film dell'orrore. Meglio il terrore... Nonostante la maggiore sensibilità i bambini, come gli adulti, sembrano comunque apprezzare una buona dose di spavento "sicuro": Paul Bloom, professore e ricercatore dell'Università di Yale, ha sottoposto a bambini di 4-5 anni filmati di coetanei intenti a guardare film divertenti, noiosi o dell'orrore, e ha chiesto ai soggetti quale film avrebbero scelto al loro posto. Dopo i film divertenti, preferiti dalla maggioranza dei bambini, sono venuti a ruota quelli dell'orrore. Come gli adulti, anche i bambini preferiscono il terrore alla noia.

(https://www.focus.it/cultura/mistero/halloween-in-arrivo-ecco-perche-la-festa-del-terrore-ci-piace-cosi-tanto)

DOMANDE

6. **Perché siamo affascinati da Halloween?**
   a. e un'occasione per vedere da vicino quello che ci spaventa.
   b. proviamo una naturale attrazione verso il pericolo e il terrore.
   c. è una festa paurosa ma divertente in cui ci possiamo prendere in giro.
   d. è un'occasione per far festa con gli amici in leggerezza.

7. **L'amigdala è**
   a. una struttura del cervello sempre attiva.
   b. una parte reattiva del sistema nervoso.
   c. una componente cerebrale che si attiva con le sensazioni intense.
   d. una sostanza presente nel cervello.

8. **Nello stato di allerta**
   a. iniziamo a sudare per alzare la temperatura corporea.
   b. chiudiamo gli occhi per avere maggior concentrazione.
   c. le pupille si ingrossano per acuire la vista.
   d. respiriamo con calma per incamerare ossigeno.

9. **I bambini sono più impressionabili davanti alle scene di terrore perché**
   a. i lobi frontali sono molto sviluppati.
   b. sono facilmente influenzabili.
   c. vivono con molta partecipazione le emozioni.
   d. una parte del loro cervello non è del tutto sviluppata.

10. **Abbiamo gli incubi perché**
   a. sentiamo l'influenza di una minaccia passata.
   b. il nostro organismo emette troppo cortisolo.
   c. subiamo lo stress quotidiano e lo riversiamo nel sonno.
   d. mentre dormiamo non siamo in grado di gestire il cortisolo.

A.2 **Legga il testo e risponda alle domande negli spazi numerati da 11 a 15.**

Bebe Vio sfila con la bandiera dell'Italia alle Paralimpiadi

Per molti è uno dei volti più noti del panorama Paralimpico italiano, oltre a essere uno dei principali portavoce del movimento per la piena inclusività sociale di persone con disabilità. Per questo pochi sono rimasti sorpresi della scelta della Federazione italiana di assegnare a Beatrice Vio, conosciuta con il soprannome Bebe, il ruolo di portabandiera dell'Italia alle Paralimpiadi di Tokyo 2020. La storia della classe '97, che nonostante la giovane età si è già fatta vedere in ambito sportivo e sociale, merita di essere raccontata per intero, tra le difficoltà con cui ha dovuto convivere e i grandi successi ottenuti negli anni. Nata a Venezia, l'amore di Bebe Vio per la scherma sboccia a una tenera età. A cinque anni si sta già allenando con il fioretto in mano per tirare una stoccata in più delle avversarie. Nel 2008, all'età di 11 anni, l'episodio che le cambia la vita. La ragazza è vittima di forti malori, che costringono i dottori a decidere di portarla in terapia intensiva, all'ospedale di Padova. La diagnosi è terrificante: meningite fulminante, causata da un meningococco di gruppo C. Le sue condizioni peggiorano progressivamente per la formazione di necrosi e infezioni. L'unico modo per salvarla prevede l'amputazione di gambe e avambracci. Soltanto così i medici riescono a tenerla in vita. I mesi successivi sono probabilmente i più difficili. Beatrice comincia il lungo e impegnativo percorso di riabilitazione fisica, con la certezza di non poter più camminare né essere autosufficiente. I primi giorni sembra anche impossibile pensare a una carriera sportiva per lei. Grazie a delle protesi, tuttavia, riprende in mano il fioretto: è la prima atleta della storia a competere nella scherma con protesi a tutti i quattro arti. Le difficoltà non la fermano e, gareggiando su una carrozzina, nel 2011 entra nel giro della Nazionale di scherma paralimpica. Da lì la sua incredibile carriera sportiva, che procede di pari passo con il suo ruolo nel sociale. Che Bebe Vio avesse il talento e il carattere per essere un volto importante per la scherma paralimpica è già chiaro nel 2011, quando diventa campionessa italiana under-20 un solo anno dopo aver ripreso il fioretto in mano. Già l'anno successivo diventa campionessa italiana assoluta e viene selezionata come tedofora per le Paralimpiadi di Londra 2012, in rappresentanza degli atleti paralimpici del futuro. Un ruolo che sembra una profezia per i grandi successi futuri della veneta. Già nel 2014, ancora minorenne, Bebe si laurea campionessa d'Europa nel fioretto, categoria B, sia individuale che a squadre. Pochi mesi dopo si mette al collo un altro oro, ai mondiali Under 17 di Varsavia. È la nascita di una stella internazionale dello sport. L'anno dopo iniziano i grandi successi: diventa campionessa del mondo nel fioretto individuale, poi nel 2016 vince gli Europei a Casale Monferrato, davanti al pubblico italiano. Il 2016 è naturalmente anche l'anno delle Paralimpiadi di Rio de Janeiro, in cui Vio trionfa con una superiorità schiacciante, testimoniata dal 15-7 in finale contro la cinese Zhou Jingjing. Poco dopo contribuisce alla medaglia di bronzo nel fioretto a squadre, insieme a Loredana Trigilia e Andreea Mogos, al termine di un'appassionante sfida per il terzo posto contro Hong Kong, decisa all'ultima stoccata sul 45-44. La meravigliosa esperienza ai Giochi Paralimpici non placa la fame di vittorie di Bebe, che nel 2017 vince la classifica assoluta della coppa del mondo, partecipando a quattro gare e ottenendo altrettanti successi. Ai Mondiali di Roma si presenta da favorita numero uno e donna da battere, davanti al pubblico di casa in un evento che riscuote un'attenzione mediatica senza precedenti per la specialità. Bebe Vio si conferma campionessa del mondo, come farà due anni dopo in Corea del Sud. A queste Paralimpiadi, a cui si presenta anche con l'inedito ruolo di portabandiera per l'Italia, vuole portare avanti una carriera veramente straordinaria, che procede di pari passo con il suo messaggio per il sociale. Bebe Vio è sempre stata attiva anche come personaggio pubblico, diventando presto un volto noto proprio per la sua battaglia a favore dell'inclusività. Con Rizzoli ha pubblicato due libri, "Mi hanno regalato un sogno" e "Se sembra impossibile allora si può fare". Nel 2016 è stata ospite di Barack Obama alla Casa Bianca, nell'ultima cena del secondo mandato dello storico presidente statunitense. L'anno successivo ha condotto "La vita è una figata!", programma televisivo andato in onda su Rai 1, il cui titolo è ispirato a una frase che il padre le ripeteva nei momenti di maggiore difficoltà durante la riabilitazione. E, in fondo, il messaggio che sta portando al mondo.

(https://www.deejay.it/articoli/paralimpiadi-bebe-vio-carriera-malattia-fidanzato/)

DOMANDE

11. Perché la Federazione Italiana ha conferito a Bebe Vio il ruolo di portabandiera alle Paralimpiadi di Tokyo?

(da 4 a 10 parole)

12. Qual è stato l'episodio che ha cambiato la vita di Bebe Vio?

(da 8 a 15 parole)

13. Qual è il ruolo che ha avuto nelle Paralimpiadi di Londra?

(da 8 a 15 parole)

14. Quale manifestazione sportiva ha riscosso, per la presenza di Bebe Vio, un interesse mediatico particolare?

(da 4 a 10 parole)

15. Qual è il messaggio che la sportiva vuole portare al mondo?

(da 10 a 20 parole)

B. PROVA DI PRODUZIONE DI TESTI SCRITTI

B.1 **Svolga UNO dei seguenti compiti.**

(Da un minimo di 330 ad un massimo di 360 parole)

1. Le viene chiesto di scrivere su un blog di genitori un articolo sul seguente argomento: "In America li chiamano genitori "elicottero", sono quelli che non riescono a fare a meno di vigilare sui propri figli. Alla base di questo atteggiamento c'è la paura che i piccoli si possano far male fisicamente o che possano soffrire per un insuccesso. Ma perché un genitore iperprotettivo rischia di bloccare lo sviluppo del proprio figlio?"
   Esprima la Sua posizione su questo argomento, spiegando quali comportamenti dei genitori possono essere dannosi e quali al contrario favorire un sano sviluppo del bambino. Faccia riferimento alla Sua esperienza personale o di persone che conosce.

2. Una rivista di moda e attualità ha chiesto ai lettori il loro parere sulla qualità della vita nelle città di oggi. Lei decide di scrivere una lettera in cui descrive brevemente una o due esperienze personali che illustrano com'è la vita urbana per Lei e per le altre persone del Suo quartiere. Dovrebbe anche spiegare quali fattori sono cruciali per una buona qualità della vita nelle città in generale, e perché.

3. Per una raccolta di racconti per bambini Le è stato chiesto di scrivere un breve racconto che inizia così: "Andrea, io esco! Tu rimani a casa a fare i compiti, vero?" "Certo, mamma, stai tranquilla!" Non potevo certo immaginare cosa sarebbe successo quel pomeriggio..."

B.2 **Svolga i seguenti compiti.**

(Da un minimo di 90 ad un massimo di 110 parole)

1. Scriva una lettera al direttore dell'agenzia di viaggi che Le ha venduto una vacanza in Sicilia, lamentandosi del fatto che il villaggio turistico, in cui ha soggiornato, non era affatto un'oasi di relax, perché situato tra due villaggi con animazione rumorosa dalla mattina alla sera. Lei dopo due giorni ha deciso di andarsene e ora richiede la restituzione dell'intera somma versata.

(Da un minimo di 70 ad un massimo di 90 parole)

2. Il direttore dell'agenzia di viaggi Le risponde scusandosi per il disagio avuto in vacanza, assicurandoLe che farà tutti i controlli e provvederà a informarLa. Tuttavia, Le fa anche notare che la posizione del villaggio turistico era ben descritta nella pubblicità della vacanza e dunque è possibile che non Le sarà concesso il rimborso dell'intera somma pagata.

1 ORA E 15 MINUTI

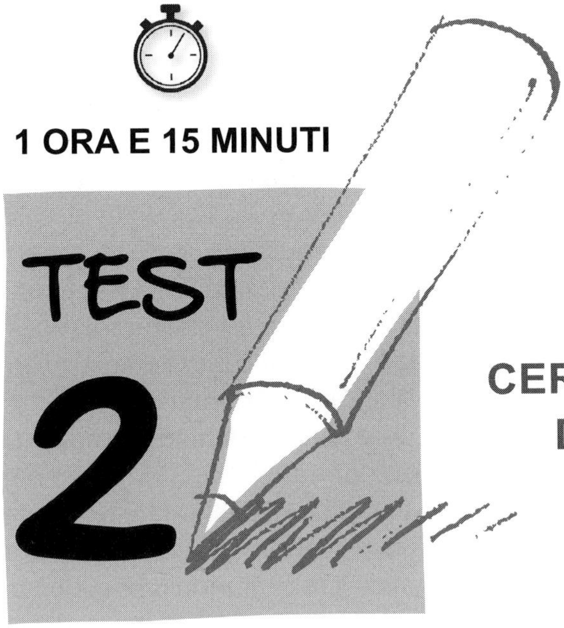

CELI 5

CERTIFICATO DI CONOSCENZA DELLA LINGUA ITALIANA

Livello C2

C **Prova di Competenza Linguistica** *(20 punti)*

Nome e Cognome dello studente

____

____

Data

____

____

C. PROVA DI COMPETENZA LINGUISTICA

C.1 **Completi il testo scrivendo la parola mancante negli spazi numerati da 1 a 13. Una sola parola è possibile.**

Da dove arriva Alessandro Barbero

Storia e storie sul professore torinese di storia medievale diventato **...(1)...** di un piccolo culto grazie a un podcast artigianale. Nei lunghi mesi di lockdown tantissime persone hanno avuto **...(2)...** per recuperare libri, serie tv, podcast di cui avevano sentito **...(3)...** ma a cui non erano mai riuscite a dare una possibilità. In molti si sono imbattuti nei podcast che raccolgono lezioni e conferenze **...(4)...** storico Alessandro Barbero, che infatti da mesi compaiono regolarmente nelle **...(5)...** dei più ascoltati. I podcast di Barbero, così **...(6)...** le centinaia di video di cui è protagonista su YouTube, sono un prodotto piuttosto unico nel panorama culturale italiano. Non sono distribuiti da alcun canale ufficiale – nella maggior parte dei **...(7)...** sono registrati in maniera amatoriale, come i concerti delle rock band negli anni Sessanta – non sono promossi da giornali o case **...(8)...**, e godono di un culto trasversale che si è diffuso soprattutto col passaparola: cosa rarissima, in un momento storico in cui la stragrande **...(9)...** dei prodotti culturali fatica ad emergere a **...(10)...** dell'enormità dell'offerta. Il **...(11)...** dei podcast e dei video di Barbero non è affatto casuale, ed è il **...(12)...** di un lavoro di divulgazione quasi trentennale e del suo eccezionale talento narrativo, oltre che dell'assenza di prodotti **...(13)...** in lingua italiana.

(https://www.ilpost.it/2020/07/26/alessandro-barbero/)

C.2 **Completi il testo scrivendo negli spazi numerati da 14 a 25 il verbo mancante (nella forma, nel modo e nel tempo opportuni) scegliendolo tra quelli sottoelencati.**

Il Pasquino

In origine sparse in diversi punti della Capitale, le cosiddette statue parlanti **...(14)...** forse una delle migliori espressioni di quell'anima tutta romana, portata per la satira e per un atteggiamento irriverente nei confronti del potere. La loro tradizione nacque in epoca pontificia, quando il popolo **...(15)...** ad appendere cartelli con scritte satiriche al collo di queste sculture. Il "nostro" Pasquino è una statua del periodo ellenista (la datazione è riconducibile al III secolo a.C.): ciò che ne rimane è in realtà un doppio frammento di due corpi, di cui uno probabilmente raffigurante un guerriero greco, ma si ipotizza anche che **...(16)...** di Menelao che sorregge il corpo morente di Patroclo. Pare che in origine la statua, **...(17)...** nel 1501 in seguito a degli scavi, **...(18)...** lo Stadio di Domiziano, ossia l'attuale Piazza Navona. A seguito del ritrovamento **...(19)...** nella posizione attuale, in quella che al tempo era Piazza di Parione e che oggi è invece, appunto, Piazza di Pasquino. Il nome stesso della statua è tanto misterioso quanto le sue origini e ciò che rappresenta. Diverse sono le ipotesi al riguardo: la più accreditata rintraccia Pasquino in un noto artigiano, un barbiere o un sarto o un calzolaio, famoso per la sua vena satirica. Secondo altri **...(20)...** di un ristoratore che **...(21)...** i suoi versi proprio in quella piazzetta, mentre altre versioni parlano di docenti di grammatica latina o di protagonisti del Decamerone di Boccaccio. Ma a noi piace pensare che una statua così popolare, che **...(22)...** voce così sapientemente al popolo romano, **...(23)...** nome da uno dei suoi rappresentanti più umili, un bottegaio, un artigiano o un ristoratore col vizio per la poesia e con l'animo pieno di satira irriverente. Le pasquinate, ossia i cartelli e manifesti satirici che venivano appesi nottetempo al collo delle statue parlanti, cominciarono a comparire in epoca papale. Sovente erano i papi stessi ad **...(24)...** bersaglio delle aspre satire romanesche, tanto che più d'un pontefice **...(25)...** di rimuovere il Pasquino, salvo essere "dissuaso" dai consigli di chi conosceva bene il popolo romano e le sue possibili, incontrollabili reazioni di fronte ad una tale censura.

(https://www.pasquinate.it/il-pasquino/)

Rinvenire	Spostare	Tentare	Dare
Trattarsi	Essere	Prendere	Trattarsi
Essere	Esporre	Cominciare	Ornare

C.3 **Nella maggior parte delle righe numerate da 26 a 39 ci sono errori di distrazione. Identifichi, negli spazi numerati da 26 a 39, con un √ le eventuali righe che non contengono errori; in caso contrario individui gli errori e scriva la forma corretta**

Terrone, la parola è un caso: Accademia della Crusca a processo

26. L'ingegnere salernitano Francesco Terrone ha inventato causa all'Accademia
27. della Crusca perché il termine "terrone" perda il suo significato dispregiativo.
28. Quello che oggi era principalmente un vero e proprio insulto, un tempo aveva un
29. significato ben più profondo. Il termine "terrone" è infatti legato alla riccezza
30. dei latifondisti, e solo nella seconda unità del '900 ha cominciato ad indicare
31. in senso dispregiativo, colori che provengono dall'Italia meridionale. Perché dunque
32. non ripristinare il suo significato originale, così da dare finalmente accezione
33. positiva ad un termine che è stato ormai snaturato? Questa è la battaglia linguistica
34. intraprenduta da Francesco Terrone, ingegnere di Mercato San Severino
35. che ha l'hobby della poesia, e quindi sappia bene quanto sia importante dare un
36. significato ad ogni parola. In questo caso, non si tratta solo di rimettere in bella
37. luminosità un termine del passato, ma anche "riconoscere un cognome i cui discendenti
38. diedero lustro all'Italia intera". Cognome di che lui è orgoglioso portatore,
39. come erede di una famiglia che affonda le sue origini avanti nei secoli.

(https://initalia.virgilio.it/terrone-battaglia-accademia-crusca-51514)

C.4 **Completi il testo scegliendo la parola opportuna tra quelle proposte da 40 a 51. Indichi, vicino ad ogni numero, la lettera A, B, C o D corrispondente alla parola scelta.**

Apple inserisce lo *schwa* nella tastiera dell'iPhone

Da lunedì, con l' **...(40)...** a iOS 15, chi ha un iPad o un iPhone lo trova sotto la lettera "e", come una è accentata qualsiasi.

La lingua è lo specchio della società. Quella parlata, e ancor più quella scritta, che ci mette sempre un po' a codificare le abitudini della comunicazione **...(41)...** Ma funziona anche il contrario, qualche volta.

Così la notizia che Apple abbia inserito lo schwa nella tastiera di iOS 15 pare cosa di poco **...(42)...**, e invece a suo modo è un cambiamento **...(43)...** Si può invocare finché si vuole la correttezza di genere, chiamare in **...(44)...** linguist* e filosof* del linguaggio: se per trovare lo schwa ci vogliono acrobazie sulla tastiera, è facile **...(45)...** che a usarla saranno in poch*. Invece, da lunedì, con l'aggiornamento a iOS 15, chi ha un iPad o un iPhone la trova sotto la lettera "e", come una "e" accentata qualsiasi.

Ci sono anche nuove emoji, tra cui facce, cuori, persone e coppie. Le nuove facce **...(46)...** una faccia semicoperta da una nuvola, una con le vertigini, una faccia che soffia, mentre tra i cuori ce n'è uno fasciato e uno in fiamme.

Con iOS 15 arrivano anche una serie di nuove emoji di persone barbute, con due diversi **...(47)...** di capelli maschili, entrambi in sei diverse tonalità di pelle. Ci sono anche otto nuove emoji di coppia, disponibili in 25 diverse **...(48)...** Oggi le emoji di Apple sono oltre 3600; nel 2008, quando furono introdotte per la prima volta, erano 471. E non è finita: altre sono allo **...(49)...** dell'organismo internazionale di standardizzazione delle emoji, tra cui quelle di un uomo incinto.

Nota: Sul sito abbiamo usato l'asterisco anziché la "e rovesciata" perché il sistema editoriale non **...(50)...** ancora il carattere schwa. Siamo al lavoro per superare questo **...(51)...** (comune a diversi software). È un impegno che prendiamo con chi ci legge.

(https://www.repubblica.it/tecnologia/2021/09/22/news/apple_inserisce_la_nella_tastiera_dell_iphone-318940845/?rss)

40	**A** ammodernamento	**B** adeguamento	**C** aggiornamento	**D** annotazione
41	**A** parlata	**B** orale	**C** tramandata	**D** detta
42	**A** calcolo	**B** pregio	**C** conteggio	**D** conto
43	**A** famoso	**B** memorabile	**C** momentaneo	**D** epocale
44	**A** causa	**B** giudizio	**C** ragione	**D** processo
45	**A** annunciare	**B** prevedere	**C** considerare	**D** anticipare
46	**A** immettono	**B** accolgono	**C** introducono	**D** includono
47	**A** stili	**B** toni	**C** tagli	**D** aspetti
48	**A** stesure	**B** mutazioni	**C** varianti	**D** modifiche
49	**A** studio	**B** sguardo	**C** esame	**D** statuto
50	**A** riconosce	**B** ammette	**C** dichiara	**D** considera
51	**A** bordo	**B** limite	**C** divieto	**D** campo

30 MINUTI

TEST 2

CELI 5

CERTIFICATO DI CONOSCENZA DELLA LINGUA ITALIANA

Livello C2

D **Prova di Comprensione dell'Ascolto** *(30 punti)*

Nome e Cognome dello studente

____

____

Data

____

____

D. PROVA DI COMPRENSIONE DELL'ASCOLTO

Traccia 4

D.1 **Ascolterete due testi. Indichi vicino a ogni numero da 1 a 9 la lettera A, B, C o D corrispondente alla risposta scelta.**

Ascolterete i testi due volte.

1° testo

1. **Il nome originale della RAI era:**
   a. URI.
   b. EIAR.
   c. RAI uno.
   d. IAR.

2. **Durante le ore della giornata, le trasmissioni televisive non si vedevano perché c'era**
   a. la pubblicità.
   b. l'annuncio dei programmi.
   c. un'immagine fissa a colori.
   d. il monoscopio RAI.

3. **Il 1957 fu importante perché**
   a. nacque "Carosello".
   b. il segnale televisivo venne ricevuto da tutta l'Italia.
   c. ci furono delle trasmissioni importanti.
   d. la RAI vietò la pubblicità.

4. **Nel 1958 vennero trasmessi programmi nati per contrastare**
   a. l'analfabetismo.
   b. l'abbandono scolastico.
   c. la disuguaglianza sociale.
   d. l'alfabetismo.

5. **Grazie al programma "Non è mai troppo tardi", molte persone conseguirono**
   a. la licenza media.
   b. il diploma di scuola superiore.
   c. la licenza elementare.
   d. la laurea.

(https://www.audiocast.it/poddetail?podid=2358#google_vignette)

2° testo

6. "I Saturnali" erano

a. giorni prima del Natale.
b. giorni in cui i romani si facevano regali.
c. giorni in cui i romani non lavoravano.
d. giorni di riposo per gli antichi romani.

7. Il solstizio d'inverno è

a. un momento in cui le giornate sono lunghe.
b. un giorno in cui cominciano ad allungarsi le giornate.
c. una giornata molto fredda.
d. un giorno di festa.

8. L'imperatore Aureliano sconfisse la regina Zenobia grazie a

a. il Dio Sole.
b. una magia.
c. un'inconsueta visione.
d. un aiuto divino.

9. L'imperatore Costantino trasformò la festa del "sol invictus"

a. nella celebrazione del Natale.
b. nel culto del sole.
c. nel festeggiamento della rinascita.
d. nel festeggiamento della fede cristiana.

(https://www.audiocast.it/poddetail?podid=2358#google_vignette)

Traccia 5

D.2 **Ascolterete ora un'intervista a un'autrice di libri di grammatica. Non tutte le affermazioni da 10 a 20 sono presenti nel testo. Indichi vicino al numero dell'affermazione. SÌ, se è presente, No, se non è presente. Ascolterete il testo due volte.**

10. Nell'introduzione del libro viene consigliato di pensare alla grammatica dal punto di vista prescrittivo.
11. Questa grammatica è adatta anche agli adulti.
12. Per ripensare la grammatica in modo nuovo, è necessario cambiare il modo di ragionare.
13. Il modo giusto per approcciare la grammatica è quello scolastico.
14. È necessario aprire lo sguardo verso le diverse possibilità espressive.
15. Scrivere un libro di grammatica significa confrontarsi con chi l'ha scritto prima di noi.
16. Nelle grammatiche tradizionali si parte dalle sezioni del discorso e poi si arriva alla sintassi.
17. Questa grammatica segue il percorso di quelle tradizionali.
18. Gli autori sono partiti da fenomeni linguistici per poi arrivare alla teoria.
19. Le definizioni del nuovo libro sono più flessibili.
20. Nel manuale è presente una sezione che si chiama "mettiamoci in gioco".

(https://www.raiplayradio.it/programmi/lalinguabatte/archivio/puntate/)

Traccia 6

D.3 **Ascolterete un testo che tratta di natura e ambiente. Completi le informazioni con poche parole (massimo quattro) negli spazi numerati da 21 a 30. È possibile usare le stesse parole del testo oppure dei sinonimi. Ascolterete il testo una sola volta.**

21. Il titolo è un po' curioso ma, effettivamente, quanto c'è ancora di **...(21)...**
22. Se ci pensate i giardini, i parchi sono, in realtà, degli **...(22)...** di piante venute da ogni parte.
23. Gli stessi animali d'allevamento, **...(23)...** vivono in specie di campi di concentramento
24. Persino gli **...(24)...** sono protetti in speciali parchi
25. i cibi che mangiamo **...(25)...** a lavorazioni industriali e frutto di lunghe selezioni
26. Oggi ci sono nuove tecniche quelle **...(26)...** disponibili per migliorare il cibo
27. Molti muoiono perché non **...(27)...** e milioni di dollari vengono spesi per controbilanciare problemi legati all'obesità.
28. Nel 2100 la popolazione della terra **...(28)...** di più.
29. Occorre che il cibo contenga **...(29)...** da un'alimentazione sana.
30. L'agricoltore del futuro dovrà prestare ancora più **...(30)...** dell'ambiente

(https://www.raiplay.it/video/2020/12/Prepararsi-al-futuro-La-natura-e-ancora-naturale-1c509588-56fb-4907-8a28-3e4a1f06243a.htm)

20 MINUTI

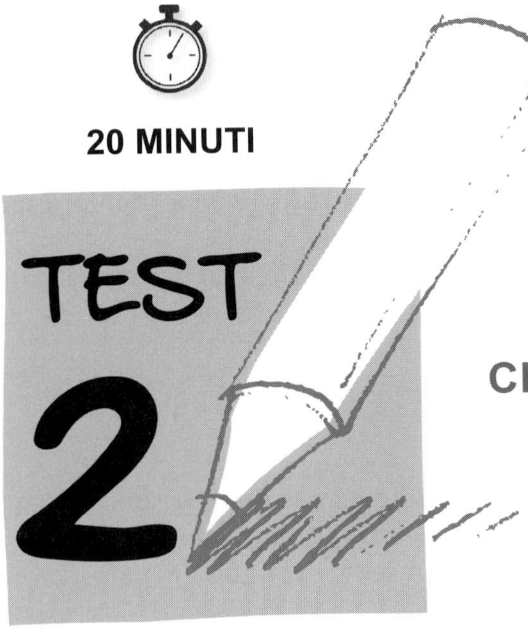

CELI 5

CERTIFICATO DI CONOSCENZA DELLA LINGUA ITALIANA

Livello C2

Prova di Produzione Orale

Lo studente esaminerà il materiale sul quale si svilupperà la conversazione con il suo insegnante.

Il materiale consiste in:

A Un testo da riassumere e utilizzare come spunto di conversazione
B Foto da descrivere e utilizzare come spunto di conversazione
C Frasi o citazioni da commentare

Il materiale (foto, testo e citazioni) viene consegnato al candidato circa 20 minuti prima dell'inizio della prova.

Nome e Cognome dello studente

____

____

Data

____

____

Domande guida

FOTO

- Descriva quello che è rappresentato nella foto.
- Pensa che sia opportuno accettare tutte le sfide, cogliere tutte le opportunità? Esprima le Sue idee in merito.
- Quando siamo impegnati a distruggere gli altri, potremmo correre il rischio di distruggere noi stessi. Si trova d'accordo con questa affermazione? Motivi la Sua risposta.

TESTO

- Riassuma il testo.
- Cosa pensa dell'articolo appena letto? Le è capitato di aver vissuto situazioni simili o di averle viste in ambienti a lei vicini? In generale, crede che la discriminazione femminile sia un fatto legato solo ad alcuni Paesi oppure sia presente ovunque e in parecchi ambiti?
- "L'uomo non è figlio delle circostanze, ma sono le circostanze le creature dell'uomo". È d'accordo con questa frase? In quale misura, a Suo avviso, le circostanze sono le creature dell'uomo? Esponga il Suo pensiero in merito.

ESPRESSIONI E MASSIME

- Spieghi il generico significato delle espressioni.
- Con quali delle tre affermazioni si trova d'accordo? Cosa significa per Lei essere felice?

A **Descriva la foto e risponda alle eventuali domande che Le verranno poste.**

(https://www.reddit.com/r/Berserk/comments/62gs2o/i_hope_guts_quest_for_vengeance_does_not_lead_to/)

B **Legga e riassuma il testo. Risponda alle domande che eventualmente Le verranno poste.**

Le circostanze pesano in alcuni Paesi

Uno stesso fatto può portare a conclusioni diverse a seconda delle circostanze e/o dei Paesi in cui ci troviamo. La coesistenza di realtà disparate in luoghi diversi è scoraggiante.

È un dato di fatto che le circostanze pesano in determinati Paesi. Un articolo pubblicato su uno dei grandi giornali a tiratura nazionale, intitolato Perché le donne saudite scappano, ha messo sotto i riflettori uno dei sistemi politici in cui gli uomini esercitano ancora il controllo su ogni aspetto della vita delle donne. In qualche modo, la natura di qualsiasi azione dipende dalle circostanze e/o dai Paesi in cui si compie. Alcune persone sono costrette a mettere da parte i propri interessi a causa delle imposizioni del luogo in cui vivono.

L'immagine della giovane donna barricata nella stanza di un hotel dell'aeroporto di Bangkok ha senza dubbio smosso gli animi. Parlando in un inglese stentato, la saudita Rahaf Mohammed ha chiesto aiuto tramite Twitter affinché le autorità non la consegnassero al padre e al fratello, da cui era fuggita ore prima. "Mi uccideranno", dichiarava, spaventata, ma risoluta.

Rahaf non scappava dalla guerra né dalla povertà, ma dagli usi e costumi che continuano a pesare sulla libertà delle donne in Arabia Saudita.

Rahaf ha raccontato che non riusciva più a sopportare le restrizioni che le venivano imposte a casa, che la madre l'aveva tenuta chiusa nella sua stanza per sei mesi dopo che si era tagliata i capelli; non voleva più coprirsi con l'hijab, pregare né essere mussulmana, ma non aveva altra scelta. Aveva approfittato di una vacanza in famiglia in Kuwait per fuggire in Australia, dove aveva intenzione di chiedere asilo. Rendendosi conto della sua assenza, il padre, che aveva diversi contatti, era riuscito a ottenere l'aiuto di diplomatici sauditi a Bangkok, dove Rahaf faceva scalo. Le aveva fatto ritirare il passaporto, in attesa di farla tornare indietro sul volo successivo. Nessuno ha considerato che la ragazza avesse 18 anni, pertanto fosse maggiorenne.

Rahaf non è la prima giovane donna a fuggire da una famiglia oppressiva; accade in tutti i Paesi.

A detta degli esperti, si tratta del sistema più restrittivo del mondo islamico e rende le donne eternamente incapaci di decidere per sé stesse.

Essere difensori dei diritti umani prescinde dai confini.

Il caso di Rahaf è sintomo della situazione delle donne in Arabia Saudita e del Paese in generale. Nonostante le riforme per lo più sociali ed economiche, le donne saudite restano indifese a causa del sistema di tutela.

Ciò significa che molte di loro lottano ancora per esercitare i propri diritti fondamentali in circostanze soffocanti, spiega Dana Ahmed, ricercatrice di Amnesty International.

Conclusioni

Rahaf Al Qunun si è recata a Bangkok temendo che i suoi parenti l'avrebbero uccisa per aver rinnegato l'islam. Grazie alle persone che lottano per i diritti umani in tutto il mondo, e in particolare all'agenzia ONU per i rifugiati, UNHCR, la donna è potuta andare in Canada, dove le è stato concesso molto più che il semplice asilo.

In questa nuova vita le circostanze rimarranno imprevedibili, ma lei sarà libera di decidere come affrontarle.

"L'uomo non è figlio delle circostanze, ma sono le circostanze le creature dell'uomo".
-Benjamin Disraeli

(https://lamenteemeravigliosa.it/le-circostanze-pesano-in-alcuni-paesi/)

C **Legga attentamente e commenti le seguenti espressioni e massime su cui si svolgerà parte della conversazione.**

ESPRESSIONI E MASSIME

La felicità

- *I tre elementi essenziali per la felicità: qualcosa da fare, qualcosa da amare, qualcosa da sperare.*

- *La felicità è un percorso, non una destinazione.*

- *La vera felicità è non avere bisogno di felicità.*

2 ORE E 45 MINUTI

TEST 3

CELI 5

CERTIFICATO DI CONOSCENZA DELLA LINGUA ITALIANA

Livello C2

A	**Prova di Comprensione della Lettura**	*(40 punti)*
B	**Prova di Produzione di Testi Scritti**	*(60 punti)*

Nome e Cognome dello studente

____

____

Data

____

____

A. PROVA DI COMPRENSIONE DELLA LETTURA

A.1 **Legga i due testi. Metta una X, nei numeri da 1 a 10, vicino alla lettera A, B, C e D corrispondente all'affermazione giusta tra le quattro che Le vengono proposte.**

1° TESTO

World Food Day: Bottura, Ambassador contro lo spreco alimentare

Grundig si è unita alle Nazioni Unite per combattere lo spreco alimentare, lanciando una campagna di comunicazione e sensibilizzazione volta a promuovere una migliore consapevolezza su questo tema globale. La campagna di sensibilizzazione si è snodata attorno a due giornate di celebrazioni riconosciute a livello mondiale istituite dalla FAO (l'Organizzazione delle Nazioni Unite per l'alimentazione e l'agricoltura): la Giornata internazionale di sensibilizzazione sulle perdite e gli sprechi alimentari, che si è celebrata il 29 settembre e la Giornata mondiale dell'alimentazione, che si svolge oggi. Questa giornata è volta a sensibilizzare l'opinione pubblica sui temi della povertà, della fame e della malnutrizione.
Si mira quindi a creare una coscienza comune per evidenziare lo spreco alimentare come tema strettamente legato all'emissione dei gas serra e, di conseguenza, al cambiamento climatico. Secondo i dati ufficiali sul tema dello spreco alimentare diffusi dall'ONU nel suo "The Food Waste Index Report 2021", l'8-10% delle emissioni globali di gas serra sono associate al cibo non consumato: lo spreco alimentare è, quindi, un problema di tutti e comincia dall'ambiente domestico. Con una decisa Call to Action, Grundig invita tutti ad aderire alla campagna "THE MORE WE ARE, THE MORE WE HALVE" ovvero "PIU' SIAMO, PIU' DIMEZZIAMO". Come riportano le Nazioni Unite, siamo tutti responsabili del nostro pianeta: solo andando insieme nella direzione della responsabilità si potrà attuare un cambiamento globale. La campagna mira a ispirare, educare, sensibilizzare e coinvolgere le persone, incoraggiandole ad agire. È una call to action che vuole incoraggiare tutti a unirsi alla causa, intraprendendo quotidianamente piccole azioni responsabili, a partire dal proprio ambiente domestico. È Massimo Bottura il Brand Ambassador di questa campagna. Lo chef patron dell'Osteria Francescana, attivista sociale, è il portavoce più rappresentativo dell'appello: Bottura è stato infatti recentemente nominato Goodwill Ambassador dell'UNEP (Ambasciatore di buona volontà del Programma delle Nazioni Unite per l'Ambiente) con l'obiettivo di intensificare la lotta contro lo spreco e la perdita di cibo in tutto il mondo. La Campagna di sensibilizzazione si è sviluppata su canali digitali e social dell'HQ e dei paesi in cui opera il brand il 29 settembre, in cui è stato lanciato il video annuncio di Massimo Bottura con 7 video-animazioni contenenti alcune riflessioni sullo spreco alimentare e suggerimenti semplici, ma fondamentali, su come è possibile combatterlo a partire dal proprio piccolo. Ogni pillola video ha evidenziato una sfaccettatura diversa dello spreco alimentare domestico: ovvero il problema degli scarti e degli avanzi di cibo, l'enorme quantità di cibo che viene buttata via perché esteticamente poco attraente o perchè troppo prossima alla data di scadenza. In questi contenuti, il consumatore viene a conoscenza dell'urgenza del problema, attraverso i dati ufficiali diffusi dall'ONU: scopriamo così che riducendo gli sprechi alimentari, potremmo eliminare più dell'8% delle emissioni globali di gas, che ogni persona spreca 121 kg di cibo all'anno, che il 17% del cibo destinato al consumo va sprecato e altri dati sconcertanti. L'idea è anche quella di suggerire soluzioni ispirando le persone ad attuare piccoli gesti consapevoli. L'impegno di Grundig. L'azienda impegnata nel settore dell'elettronica di consumo, che dal 1945 sviluppa prodotti dal design distintivo e dalla tecnologia all'avanguardia, mira a sostenere il 12° Obiettivo di Sviluppo Sostenibile (SDG) dell'Agenda 2030 delle Nazioni Unite, volto a dimezzare lo spreco alimentare entro il 2030. Grundig è un'azienda storicamente impegnata nel rispetto e nella tutela delle risorse ambientali. L'azienda può infatti vantare un impegno

concreto e l'attuazione di molti progetti sul tema dello spreco alimentare: primo fra tutti "Respect Food" il movimento culturale nato per sensibilizzare ed educare sul problema globale dei rifiuti alimentari, con cui l'azienda è partner ufficiale, sin dalle sue origini nel 2016 di Food for Soul, l'organizzazione no profit ideata da Massimo Bottura, che promuove l'inclusione sociale e la sostenibilità alimentare attraverso l'apertura di refettori in tutto il mondo.

(https://www.lacucinaitaliana.it/lifestyle/ambiente/world-food-day-bottura-grundig/)

DOMANDE

1. **Il World Food Day è stato deciso**
   a. dall'Organizzazione delle Nazioni Unite.
   b. dall'Organizzazione per l'alimentazione e l'agricoltura.
   c. dall'azienda Grundig.
   d. dalla Comunità Europea.

2. **Lo scopo della Campagna è**
   a. agire per ridurre i gas serra.
   b. eliminare la fame e la malnutrizione.
   c. responsabilizzare le persone sui temi ambientali.
   d. creare una consapevolezza sulle conseguenze dello spreco alimentare.

3. **Massimo Bottura**
   a. consiglia come ridurre lo spreco alimentare.
   b. mostra come cucinare con gli avanzi di cibo.
   c. è presente sui social per parlare di problemi ambientali.
   d. è ambasciatore della FAO.

4. **Attraverso i video della Campagna le persone scoprono**
   a. che i nostri comportamenti quotidiani possono ridurre lo spreco alimentare.
   b. che più dell'8% del cibo viene buttato.
   c. che ogni anno aumentano le emissioni di gas serra.
   d. quanto sia importante riflettere sul problema degli sprechi.

5. **L'azienda Grundig**
   a. è impegnata da anni in progetti per la protezione dell'ambiente.
   b. sostiene le Nazioni Unite nella campagna contro gli sprechi alimentari.
   c. collabora con Massimo Bottura nell'apertura di ristoranti in tutto il mondo.
   d. è un'azienda che si occupa di design e tecnologia.

2° TESTO

Nasce la prima Scuola di Alta Formazione per la Transizione Ecologica

È la prima Scuola di Alta Formazione per la Transizione Ecologica in Italia ed è pensata per chi all'interno delle aziende ricopre il ruolo di manager per i settori sostenibilità, energia o spreco. Ma anche per i direttori qualità e risorse umane, o ancora avvocati e professionisti: tutte quelle figure che oggi più che mai devono essere in grado di traghettare l'industria verso uno sviluppo sostenibile secondo i target fissati da Unione Europea e Nazioni Unite. Nata su iniziativa di Italian Exhibition Group/Ecomondo, da un accordo triennale con l'Università di Bologna, partirà tra poco meno di un mese, dal 26 novembre, per otto settimane, con corsi che verranno svolti prevalentemente tramite e-learning. Se ne è parlato a Ecomondo e Key Energy, organizzato a Rimini dal 26 al 29 ottobre, evento di riferimento in Europa per la transizione ecologica e i nuovi modelli di economia circolare e rigenerativa. Lo scopo della Scuola è guidare le aziende verso uno sviluppo innovativo e sostenibile, fornendo loro gli strumenti per raggiungere e implementare gli obiettivi fissati dai trattati internazionali, leggendoli come driver di crescita. E per poterlo fare, è necessario che tutte le figure siano formate. Dai geologi ai chimici, agli ingegneri, ai soggetti coinvolti nella gestione dei rifiuti, tanto nella Pubblica amministrazione, quanto nel settore privato. Un progetto che è stato definito «Fondamentale sia per i manager di oggi che di domani» dalla sottosegretaria all'istruzione Barbara Floridia, presente alla presentazione del corso a Rimini. Mentre Anna Re, responsabile delle relazioni esterne e rapporti istituzionali di Reteambiente, partner dell'iniziativa, ha sottolineato che «Le nostre imprese devono essere pronte a questo passaggio. Questa è una grande occasione per formare persone sempre più competenti e capaci». La scuola, diretta dal professor Fabrizio Passarini, del dipartimento di Chimica Industriale "Toso Montanari", si suddivide in quattro unità tematiche da due settimane ciascuna, per un totale di 128 ore di attività formativa con incontri interattivi con i docenti e altre attività che i partecipanti potranno gestire autonomamente attraverso un servizio streaming dalla piattaforma dedicata. Il programma comprende: Principi e regole dell'economia circolare in chiave di transizione ecologica, Gestione dei rifiuti e sistemi di responsabilità estesa del produttore (EPR), Modelli organizzativi e formule di integrazione per una transizione ecologica, fino a Incentivi, agevolazioni e strumenti di controllo. Le 16 ore di lezioni settimanali sono suddivise in 4 ore di conferenze live e 12 video registrate, che affrontano i temi specifici di ogni unità; le video registrazioni saranno rese disponibili a partire dalla conclusione di ogni conferenza live, corredate da materiali di studio e da test di verifica. Al termine della scuola verrà rilasciato un attestato.

(https://www.corriere.it/economia/aziende/21_ottobre_29/nasce-prima-scuola-alta-formazione-la-transizione-ecologica-a40059b4-389f-11ec-8ce2-c94918111ac8.shtml)

DOMANDE

6. La Scuola di Alta Formazione per la Transazione Ecologica si rivolge

a. a manager delle aziende.
b. a tutti i professionisti.
c. a chi si occupa di sostenibilità.
d. a chi si occupa di sviluppo sostenibile nell'industria.

7. La Scuola

a. fornisce gli strumenti alle industrie per migliorare i profitti.
b. provvede alla formazione della Pubblica Amministrazione.
c. aiuta le aziende nel campo della innovazione e sostenibilità.
d. guida le aziende a rispettare i trattati internazionali.

8. La formazione

a. avviene in presenza con i docenti.
b. è suddivisa in 8 moduli.
c. si segue su una piattaforma streaming.
d. si svolge durante un mese.

9. Nel programma delle attività formative troviamo

a. economia circolare e regole dell'industria.
b. organizzazione del lavoro.
c. incentivi e agevolazioni per i lavoratori.
d. transizione ecologica e smaltimento dei rifiuti.

10. Al termine della scuola

a. si ottiene un certificato di frequenza.
b. si ricevono le videoregistrazioni.
c. bisogna consegnare il materiale di studio.
d. si deve fare un test.

A.2 **Legga il testo e risponda alle domande negli spazi numerati da 11 a 15.**

I nuovi viandanti

Camminare per avere tempo di pensare. Camminare per non pensare. Camminare per contare i passi, senza la fretta di dover fare altro. In Italia esistono più di un centinaio di cammini, cioè di viaggi a piedi, dov'è importante la meta ma di più ciò che s'incontra sul percorso e la storia che c'è dietro. Certo, il più noto è quello spagnolo di Santiago. Ma anche da noi ce ne sono di suggestivi: itinerari costruiti sopra leggende, vite di santi, ricostruzioni culturali. Zaino in spalla, si può arrivare dal centro storico di Bologna a quello di Firenze. Si chiama Via degli Dei ed è uno dei cammini più frequentati d'Italia. Lo possono fare tutti, a ogni età. «È uno stile di vita», mi spiega Luca Gianotti, di La Compagnia dei Cammini (un'associazione che da 25 anni lavora per diffondere la cultura del camminare in Italia). «Insegna a riscoprire la lentezza, a godersi un passo dopo l'altro». Si tratta di una rivoluzione turistica: «I cammini hanno cambiato la cultura del viaggio», dice Gianotti, «si sta nella natura ma soprattutto si seguono le emozioni e le suggestioni, più che una tabella di marcia». Il nome del cammino rappresenta la sua identità e percorrendolo si entra a contatto con la storia che vuole raccontare e si crea una connessione con il luogo. C'è, per esempio, il Cammino dei Briganti, uno dei più quotati per la "prima volta", che in 6 giorni ricostruisce l'epoca del brigantaggio. O il Cammino di Dante. O il Sentiero dell'inglese nel Parco dell'Aspromonte, che ripercorre il viaggio fatto nell'Ottocento dal paesaggista inglese Edward Lear. Per un totale che cresce di anno in anno, e che ormai ha ben superato quello che era stato rilevato dall'Atlante digitale dei Cammini, promosso dal MiBACT nel 2017, che contava una quarantina di itinerari. Ogni cammino viene ideato da un gruppo di persone, spesso da un'associazione, e poi sostenuto e concretizzato da comuni, regioni, enti del turismo: perché, essendo un viaggio a piedi, deve rispettare tutti i criteri di messa in sicurezza e di segnaletica e prevedere possibilità di alloggio e sosta lungo il percorso. «Il bello del cammino», dice Luca, «è proprio l'avere il tempo di godersi le piccole cose che accadono, le soste, le persone». Non c'è nessun ritmo scadenzato, della vita quotidiana o del turismo veloce, da rispettare. «Si vive nel qui e ora e, soprattutto, ci si può permettere l'imprevisto, che sia un temporale o un incontro improvviso». «Chi inizia non riesce a smettere», racconta Fabrizio Ardito, giornalista e fotografo. Il suo primo cammino, quello di Santiago, l'ha fatto per mestiere, un po' scettico, nel 2004. «Da lì mi sono appassionato». Si ha tempo di parlare con persone mai viste prima, ma soprattutto «vai a 4 km all'ora e questo vuol dire riuscire a vedere qualunque piccola cosa che attraversi». Nel suo ultimo lavoro, Italia a piedi, traccia le linee di cammini, tutti differenti, che attraversano il Paese. «È una cosa diversa dall'escursionismo», spiega. «Si tratta di itinerari che hanno una meta forte». Anche se non necessaria.

(https://www.repubblica.it/d-repubblica-donne/2021/10/02/news/i_nuovi_viandanti-320087262/amp/)

DOMANDE

11. In Italia è possibile fare turismo a piedi?

(da 4 a 10 parole)

12. Come è cambiato il turismo grazie ai cammini?

(da 8 a 15 parole)

13. Quali sono i cammini d'Italia?

(da 8 a 15 parole)

14. Chi si occupa di organizzare i cammini in Italia?

(da 4 a 10 parole)

15. Perché le persone sono attratte dai cammini?

(da 10 a 20 parole)

B. PROVA DI PRODUZIONE DI TESTI SCRITTI

B.1 **Svolga UNO dei seguenti compiti.**

(Da un minimo di 330 ad un massimo di 360 parole)

1. "Educare vuol dire togliere. Quando un genitore dice: "io non ho mai fatto mancare niente a mio figlio esprime la sua totale idiozia. Perché il compito di un genitore è di far mancare qualcosa, perché se non ti manca niente a che ti deve servire la curiosità, a che ti serve l'ingegno, a che ti serve il talento, a che ti serve tutto quello che abbiamo in questa scatola magica, non ti serve a niente no? Quando credi in un ragazzo non lo devi aiutare, se è bravo ce la fa. Perché lo dobbiamo aiutare? Educare non ha nulla a che fare con la democrazia. Un genitore è un istruttore di volo, deve insegnarti a volare. Non è uno che spera che devi restare a casa fino a sessant'anni, così diventi una specie di badante gratis. Questo è egoismo, non c'entra niente con l'amore. L'amore è vederli volare." Lei ha letto questa frase di Paolo Crepet, famoso psichiatra e sociologo italiano, su un blog dedicato alla famiglia. Dato che, a questo proposito, ha avuto recentemente una discussione con un Suo amico italiano prende spunto da questa citazione per scrivergli una lettera e chiarire la Sua posizione in merito al ruolo dei genitori e all'importanza dell'educazione.

2. Al giorno d'oggi, capita frequentemente di ascoltare o leggere, per un certo periodo di tempo, sempre le stesse notizie. Per qualche tempo non si fa che discutere, scrivere di un certo argomento poi, però, lo si lascia da parte senza averlo realmente approfondito o senza aver risolto nulla. Lei, in un articolo da pubblicare su un giornale locale, si dice stufo di questa situazione e affronta un problema di interesse generale a cui tiene particolarmente e di cui, inspiegabilmente, si parla poco.

3. Scriva un racconto che inizia così: "Giovanni si era trasferito a malincuore a Brescia, perché non aveva avuto scelta: suo padre, dopo una promozione, era diventato un pezzo grosso della provincia. A scuola si era inserito subito ma i suoi l'avevano presto ritirato perché avevano avuto paura che fosse nuovamente bocciato. Il ragazzo si era ritrovato, quindi, in una scuola privata per recuperare l'anno. Si sentiva a disagio, stupido: quell'ambiente non gli piaceva ma quel giorno, quando entrò in classe capì che qualcosa stava cambiando…

B.2 **Svolga i seguenti compiti.**

(Da un minimo di 90 ad un massimo di 110 parole)

1. Lei ha sottoscritto un abbonamento a un periodico. Nonostante sia soddisfatto decide di non rinnovare il contratto. Benché abbia dato regolare preavviso si vede addebitata sul Suo conto corrente la somma che pagava mensilmente e recapitata a casa la copia del giornale. Contrariato per l'accaduto decide di scrivere una mail al Direttore della rivista raccontando quanto successo.

(Da un minimo di 70 ad un massimo di 90 parole)

2. Il Direttore Le risponde dicendosi dispiaciuto e sorpreso per l'accaduto, declina, però, ogni responsabilità in merito. Le offre, comunque, il rimborso della cifra erroneamente addebitataLe e la proroga gratuita di due mesi di abbonamento alla rivista.

1 ORA E 15 MINUTI

TEST 3

CELI 5

CERTIFICATO DI CONOSCENZA DELLA LINGUA ITALIANA

Livello C2

C **Prova di Competenza Linguistica** *(20 punti)*

Nome e Cognome dello studente

____

____

Data

____

____

C. PROVA DI COMPETENZA LINGUISTICA

C.1 **Completi il testo scrivendo la parola mancante negli spazi numerati da 1 a 13. Una sola parola è possibile.**

La città invisibile si vede ancora benissimo. A Ivrea

IVREA. Il simulacro è una passeggiata lunga due chilometri sull'asse di via Jervis, dalle parti della stazione, non lontano dalla "cerulea Dora". Qui Adriano Olivetti si ricollegò alla prima visione di suo padre Camillo e le diede corpo, forma, mattoni, cristalli, cemento e anima. Non esiste al mondo un luogo così. Ora lo hanno chiamato MAM, l'acronimo per Museo a cielo aperto dell'Architettura Moderna. È la porzione di territorio che, da sola, vale il viaggio nell'antica Eporedia (gli abitanti di Ivrea si chiamano infatti eporediesi), fondata dai romani attorno all'anno 100 avanti Cristo su un abitato celtico, e famosissima per il suo Carnevale e per la battaglia delle arance. Ma la storia accelerò con Adriano Olivetti, che nel 1932 prese a governare l'azienda del padre, quel socialista barbuto come Tolstoj, e **...(1)...** resse fino al 1960, quando morì d'infarto su un treno per la Svizzera. Qui, lungo via Jervis, Adriano chiamò i più grandi architetti e chiese **...(2)...** di realizzare un intero universo sotto l'ala del Razionalismo. Ne nacque quasi una "città invisibile" alla Italo Calvino, però ancora visibilissima oggi, attorno alla "fabbrica di vetro" e a un'idea portante: che il lavoro, la produzione, la manualità operaia, la creatività tecnica, insomma, quell'arco teso dal tecnigrafo alla chiave inglese e ai **...(3)...** di una macchina per scrivere, e poi di un computer, potessero incontrarsi con una migliore qualità della vita. E la qualità della vita s'incarna anche nei luoghi **...(4)...** viviamo. Per questo si spalancano ancora gli occhi, passeggiando nelle strade di un antichissimo futuro dove una teoria di "totem" ci svela la destinazione originaria di ognuno dei diciotto edifici presenti. Ed ecco, come nella sfilata di grandi attori al termine dello spettacolo in attesa dell'ultimo applauso, le Officine Ico, il centro dei servizi sociali, il leggendario asilo nido, le case popolari di Borgo Olivetti, la centrale termica, il centro studi ed esperienze, la falegnameria, l'Officina H, la mensa aziendale col circolo ricreativo, le case dei dirigenti, la casa per famiglie numerose con i piccoli giardini di pertinenza, il palazzo degli uffici e l'incredibile Unità Residenza Ovest, meglio conosciuta come Talponia. Il nome ricorda Walt Disney, non solo Calvino. E gli oblò che sbucano tra l'erba come periscopi **...(5)...** suggeriscono la presenza del mitico condominio interrato che campeggia nei manuali di architettura: vale a dire 13 alloggi "duplex" e 72 "simplex", collegati **...(6)...** una strada coperta. C'è chi li ha acquistati e adesso abita una porzione di storia del design e della sociologia, dell'urbanistica e dell'antropologia. Alcuni di questi palazzi Olivetti funzionano **...(7)...**: sono corpi vivi, non soltanto testimonianze. Sull'asse di via Jervis troviamo le aule universitarie di Scienze infermieristiche e il teatro nell'ex Officina H; invece, l'asilo è stato chiuso per la messa a norma. Ma **...(8)...** guardarlo così, tra tavoli colorati e blocchi di pietra, con tutto quel verde che circonda pure la fabbrica dove gli operai lavoravano con gli alberi negli occhi, è sempre un conforto. «La civiltà di un popolo» scrisse Adriano Olivetti «si riconosce dal numero, dall'importanza, dall'inadeguatezza delle strutture sociali, dalla misura in cui è esaltato e protetto tutto ciò che serve alla cultura, e, in una parola, all'elevamento spirituale e materiale dei nostri figli: ma questo apparato sociale è ancora il privilegio di **...(9)...**» Non è un caso che il 1° luglio 2018 Ivrea sia diventata Città industriale del XX secolo e patrimonio mondiale dell'Unesco, proprio per l'unicità della sua proposta. Ancora sorprendono le pareti di cristallo della fabbrica, dove tutto sembra riflettere tutto. Non appaiono di questo mondo, e meno che mai del mondo del lavoro, i portici e le fontane, le pergole e le panchine. Insomma, Ivrea come autentico laboratorio urbanistico, industriale e sociale che **...(10)...** essere davvero compreso non può prescindere da quella che fu la mensa aziendale, un esagono immerso nel verde: tre piani sfalsati tra collinette, balconate, passerelle e scale dove si servivano 9 mila pasti al giorno, e gli operai potevano sostare all'ombra delle fioriere per ammirare il paesaggio. C'era anche lo spazio per la lettura: una pausa e poi si **...(11)...** al lavoro senza il sospetto di essere soltanto macchine produttive, robot al **...(12)...** del capitale. Una sensazione, o forse una suggestione **...(13)...** a Ivrea ancora resiste, in questa bellissima luce d'inverno.

(https://www.repubblica.it/venerdi/2021/11/26/news/la_ivrea_di_adriano_olivetti_architettura_unesco-327364490/)

C.2 **Completi il testo scrivendo negli spazi numerati da 14 a 25 il verbo mancante (nella forma, nel modo e nel tempo opportuni) scegliendolo tra quelli sottoelencati.**

Non approfondire

Agnese poteva avvertirmi invece di andarsene così, senza neppure dire: crepa. Non pretendo di essere perfetto e se lei mi **...(14)...** che cosa le mancava, **...(15)...** discuterne. Invece no: per due anni di matrimonio, non una parola; e poi, una mattina, **...(16)...** di un momento che non c'ero, se n'è andata di soppiatto, proprio come fanno le serve che hanno trovato un posto migliore. Se n'è andata e ancora adesso, dopo sei mesi che mi **...(17)...**, non ho capito perché. Quella mattina, dopo aver fatto la spesa al mercato rionale, ero uscito di nuovo per comprare un metro e mezzo di frangia da cucire alla tenda, in sala da pranzo. **...(18)...** a casa che erano le undici e venti, entrai in sala da pranzo e subito vidi sulla tavola il calamaio, la penna e una lettera, era indirizzata a me: Alfredo. L'aprii e **...(19)...**: "Ho fatto le pulizie. Il pranzo te lo cucini da te, tanto ci sei abituato. Addio. Io torno da mamma. Agnese." Non sapevo che pensare, non ci ero preparato e quasi non ci credevo. Presi il cappello e uscii di casa. Camminando, **...(20)...** a domandarmi cosa avessi potuto farle, perché avesse a lasciarmi con tanta cattiveria, quasi con l'intenzione dello sfregio. Incompatibilità di carattere? Stavamo sempre insieme, Agnese non mi contraddiceva mai, anzi, si può dire neppure **...(21)....** Certe serate che passavamo al caffè o in casa, a malapena apriva bocca, parlavo sempre io. Non lo nego, mi piace parlare e sentirmi parlare, specie se sono con una persona con la quale sto in confidenza. I mariti di solito hanno l'ufficio o il negozio o magari non hanno niente e **...(22)...** a spasso con gli amici. Ma per me, il mio ufficio, il mio negozio, i miei amici erano Agnese. Non la lasciavo un momento sola, le stavo accanto perfino, forse stupirete, quando cucinava.Ho la passione per la cucina e ogni giorno, prima dei pasti mi infilavo un grembiule e aiutavo Agnese in cucina. Una volta lei mi disse, così per scherzo: "hai sbagliato a nascere uomo... tu sei una donna, anzi una massaia...". Debbo riconoscere che in questa frase c'era qualcosa di vero: infatti, oltre a cucinare, mi piace anche lavare, stirare, cucire e, magari, nelle ore di ozio, rifare gli orli dei fazzoletti. Pensando a queste cose, ero giunto al negozio di mio padre e gli dissi trafelato: "Papà, Agnese mi ha lasciato, certo mi dispiace ma soprattutto vorrei sapere perché." Lui tentennò con la testa: "Al tuo posto non **...(23)....** Lascia stare che t'importa di sapere i motivi?" Capii che da lui non potevo aspettarmi altro ed uscii. La casa della madre di Agnese non era lontana, in corso Vittorio. Pensai che la sola persona che potesse spiegarmi il mistero della sua partenza **...(24)...** proprio Agnese; e ci andai. Salii di corsa le scale, mi feci introdurre in salotto. Ma invece di Agnese **...(25)...** la madre, una donna che non potevo soffrire: sorniona, falsa. Era in vestaglia, con una rosa sul petto. Disse, vedendomi, con finta cordialità: "Oh, Alfredo, come mai da queste parti?" Risposi: "Lo sapete il perché, mamma, Agnese mi ha lasciato." Lei mi considerò un momento e poi domandò: "Ai tuoi gliel'hai detto?" "Sì, a mio padre." "E lui che ha detto?" Ma che cosa poteva importarle di sapere quel che avesse detto mio padre? Risposi malvolentieri: "Lo sapete com'è papà... lui dice che non debbo approfondire." "Ha detto bene, figlio mio... non approfondire."

(Alberto Moravia "Racconti romani" Tascabili Bompiani, 2004)

Tornare	Andarsene	Venire	Potere
Approfondire	Cominciare	Approfittare	Parlare
Leggere	Essere	Lasciare	Dire

C.3 **Nella maggior parte delle righe numerate da 26 a 39 ci sono errori di distrazione. Identifichi, negli spazi numerati da 26 a 39, con un √ le eventuali righe che non contengono errori; in caso contrario individui gli errori e scriva la forma corretta.**

Nobel 2021 per la pace

26. Il Nobel per la Pace 2021 è stato segnato a due giornalisti, Maria Ressa e Dmitry Muratov

27. per i suoi sforzi per salvaguardare la libertà di espressione, alla base della democrazia e

28. di una pace persistente. Ressa (Filippine, 1963) e Muratov (Russia, 1961) sono il simbolo di

29. un giornalismo coraggioso che combatte per dire la verità, in un mondo in cui democrazia e

30. libertà di stampa sono sempre meno a rischio.

31. Maria Ressa ha utilizzato la sua penna per denunciare abusi di potenza, violenza e

32. autoritarismo nel loro Paese, le Filippine. Nel 2012 è stata co-fondatrice di Rappler,

33. un'azienda di comunicazione digitale che si occupa di giornalismo investigativo,

34. concentrandosi in particolare sulla violenza campagna antidroga condotta dal regime di Duterte.

35. Dmitry Muratov nel 1993 ha fondato in Russia il giornale dipendente

36. Novaja Gazeta, ancora ieri il più libero del Paese. Novaja Gazeta fa un giornalismo

37. preciso e basato sui fati, pubblicando articoli critici contro il governo e denunciandone

38. la corruzione, la violenza della polizia, gli arresti legali e le frodi elettorali.

39. Nel procedere degli anni sei giornalisti del giornale sono stati uccisi.

(https://www.focus.it/comportamento/psicologia/nobel-2021-per-la-pace)

C.4 **Completi il testo scegliendo la parola opportuna tra quelle proposte da 40 a 51. Indichi, vicino ad ogni numero, la lettera A, B, C o D corrispondente alla parola scelta.**

Metà mucca e metà sirena: salviamo il dugongo

A guardarlo in foto proprio non si direbbe, ma la **...(40)...** vuole che, quando appariva sporgendo dall'acqua, i marinai stremati dai lunghi viaggi lo scambiassero per una fanciulla. Non stupisca perciò che questo mammifero marino lungo quattro metri per quattrocento chili si chiami dugongo, che in malese significa sirena, e appartenga all'ordine dei Sirenia. Il suo **...(41)...** antico non sembra però averlo protetto granché: secondo le previsioni dell'Unione internazionale per la conservazione della natura entro quaranta anni potrebbe essere del tutto estinto. Per fortuna, qualcuno sta cercando di **...(42)...** : il Qatar ha deciso di tutelare questo animale, che da sempre popola le sue acque costiere e le leggende delle tribù nomadi. Per cominciare, quest'estate (data ancora incerta) inaugurerà una mostra dal titolo Seagrass Tales, Dugongs Trails (Racconti di piante marine, sentieri dei dugonghi), presso il Museo nazionale del Qatar a Doha, in collaborazione con ExxonMobil Research Qatar, l'Università del Qatar, l'Unesco Office for the Arab States of the Gulf, l'Università del Texas A&M e il Ministero dell'ambiente del Qatar. "Ci auguriamo che questa **...(43)...** non solo faccia avanzare lo studio sui dugonghi, ma **...(44)...** anche la consapevolezza sul loro stato e coinvolga le generazioni future nella loro **...(45)...**" dice Lina Patmali, ricercatrice e curatrice del museo, di cui il dugongo è diventato la mascotte ufficiale. "Per far conoscere al mondo questi **...(46)...** mammiferi erbivori avremo esperienze 3D, workshop, osservazioni ravvicinate". Il dugongo è parente stretto dei lamantini - altri grandi mammiferi marini dell'ordine Sirenia, all'origine del mito delle sirene - dai quali si distingue soprattutto perché ha la coda biforcuta invece che a forma di pala arrotondata, e vive soltanto nei mari, con temperature superiori ai 20°C, e non anche in acqua dolce. È timidissimo ed evita qualunque **...(47)...** con tutte le altre specie, incluso l'uomo. La bocca larga e le labbra spesse dotate di setole vistose hanno la funzione di organi sensoriali e gli servono per brucare sul fondale, da cui il soprannome di mucca di mare. Non esistono dati certi sul numero di dugonghi nel mondo, ma i **...(48)...** ipotizzano che in totale non siano più di 25 mila, distribuiti nelle acque di 37 Paesi dell'Oceano Indiano e Pacifico, dall'Indonesia alla Thailandia, sulle coste dell'Australia e della Nuova Guinea, nel Sud-Est della Cina e fino al Mar Rosso e al Golfo Persico. "Proteggere il dugongo significa anche contribuire alla **...(49)...** al cambiamento climatico" spiega Stefania Oppes Pinna, biologa specializzata in educazione ambientale all'Università di Sassari e consulente scientifica di diverse associazioni (come Eco-logica-mente e Mla-Ripple Effect). "L'habitat ottimale di questo animale è rappresentato dalle praterie di fanerogame marine, che sono vere piante e svolgono la stessa funzione di quelle terrestri: assorbire anidride carbonica e rilasciare ossigeno. Proteggere il dugongo e il sistema di cui fa parte è un'importante **...(50)...** per mitigare gli effetti del cambiamento climatico". Per fortuna il Qatar non è l'unico Paese che sta prendendo provvedimenti in favore dei dugonghi. Anche l'Australia sta inasprendo i controlli, mentre le Filippine hanno introdotto di recente regole più severe in loro difesa. Di certo resta parecchio da fare per proteggere questi animali poco conosciuti, ma di cui è noto un comportamento insolito: durante l'allattamento le femmine, che hanno le mammelle sul torace nella stessa posizione degli umani, si portano in posizione **...(51)...** con testa e tronco fuori dall'acqua, ed emettono lamenti, abbracciando quasi il cucciolo con le pinne anteriori. Non è difficile immaginare che una visione del genere abbia acceso la fantasia di antichi esploratori e marinai.

(https://www.repubblica.it/venerdi/articoli/2021/05/28/news/meta_mucca_e_meta_sirena_salviamo_il_dugongo-301456179/)

40	**A** storia	**B** favola	**C** fiaba	**D** leggenda
41	**A** fascino	**B** incanto	**C** carisma	**D** influsso
42	**A** ovviare	**B** riparare	**C** rimediare	**D** sistemare
43	**A** cooperazione	**B** collaborazione	**C** assistenza	**D** partecipazione
44	**A** espanda	**B** diminuisca	**C** aumenti	**D** estenda
45	**A** tutela	**B** difesa	**C** protezione	**D** salvaguardia
46	**A** innocenti	**B** calmi	**C** protettivi	**D** innocui
47	**A** rapporto	**B** contatto	**C** relazione	**D** vicinanza
48	**A** chimici	**B** professori	**C** ricercatori	**D** cercatori
49	**A** battaglia	**B** guerra	**C** lotta	**D** gara
50	**A** azione	**B** attività	**C** opera	**D** impresa
51	**A** orizzontale	**B** perpendicolare	**C** diritta	**D** eretta

30 MINUTI

TEST 3

CELI 5

CERTIFICATO DI CONOSCENZA DELLA LINGUA ITALIANA

Livello C2

D **Prova di Comprensione dell'Ascolto** *(30 punti)*

Nome e Cognome dello studente

____

____

Data

____

____

D. PROVA DI COMPRENSIONE DELL'ASCOLTO

Traccia 7

D.1 **Ascolterete due testi. Indichi vicino a ogni numero da 1 a 9 la lettera A, B, C o D corrispondente alla risposta scelta. Ascolterete i testi due volte.**

1° testo

1. **Un Interactive Stories Specialist**
   a. scrive storie per il teatro.
   b. crea materiale da condividere con attori.
   c. coinvolge le persone a partecipare a una recitazione.
   d. stimola i fruitori a prendere decisioni e interpretare la storia.

2. **L'interactive Stories Specialist Daniele Milani**
   a. è un attore.
   b. ha ottenuto diversi Master.
   c. si è formato come autore di storie.
   d. ha studiato alla scuola Holden come autore di audiovisivi.

3. **I fruitori delle storie create da Milani**
   a. sono direttori di scuole.
   b. sono impiegati che lavorano a distanza.
   c. sono manager che lavorano insieme da diverse parti del mondo.
   d. sono manager di un'azienda.

4. **Lo scopo delle storie è**
   a. sostituire la vicinanza fisica.
   b. creare uno spirito di gruppo a distanza.
   c. divertirsi a recitare la storia.
   d. agire sull'emotività dei partecipanti.

5. **Durante l'interazione nella storia i partecipanti**
   a. devono interagire per raggiungere un obiettivo comune.
   b. si suddividono diversi ruoli.
   c. giocano insieme un'intera giornata.
   d. creano un programma informatico.

(https://www.radio24.ilsole24ore.com/programmi/i-lavori-di-domani)

2° testo

6. Carmelo Melilli

a. è un costruttore di strumenti musicali.
b. è suonatore di fiati.
c. ripara strumenti a fiato.
d. suona in una banda.

7. Chi fa questo lavoro di Carmelo Melilli

a. collabora con i musicisti.
b. lavora con le orchestre.
c. accorda gli strumenti.
d. lavoro per molto tempo su uno strumento.

8. Oltre alla revisione, Carmelo Melilli

a. ripara pianoforti.
b. restaura antichi strumenti.
c. recupera vecchi sassofoni e clarinetti.
d. è musicista di professione.

9. Per contattare Carmelo Melilli bisogna

a. condividere l'hashtag dato dall'intervistatore.
b. cercare Melilli in internet.
c. scrivere a Radionews24.
d. condividere l'intervista.

(Canale YouTube Carmelo Melilli: https://www.youtube.com/watch?v=dLlkHJZFUHw)

Traccia 8

D.2 **Ascolterete ora un'intervista a un formatore di un' Accademia di Design Industriale. Non tutte le affermazioni da 10 a 20 sono presenti nel testo. Indichi vicino al numero dell'affermazione. SÌ, se è presente, No, se non è presente. Ascolterete il testo due volte.**

10. Nell'Accademia del design si impara a progettare l'aspetto esteriore di automobili.

11. L'Accademia del design industriale è rivolta a studenti universitari.

12. Completati gli studi tradizionali i ragazzi sono pronti a intraprendere questa professione.

13. In Accademia i ragazzi lavorano con istruttori del settore del design industriale.

14. Oltre a realizzare progetti di design i ragazzi imparano anche a trattare con i clienti.

15. Imparano le tecniche del design industriale per entrare nel mondo del lavoro.

16. Nella formazione molto lavoro è dedicato a imparare le piattaforme online.

17. Quando incontrano i clienti, i ragazzi spiegano il loro progetto.

18. Al termine della formazione possono restare a lavorare nell'Accademia.

19. Alla fine del corso gli studenti presentano al cliente un progetto originale.

20. Una delle qualità richieste oggi nel mondo del lavoro è la flessibilità.

(https://www.raiplay.it/video/2021/11/TG2-Week-End-del-27112021-ef85fcb6-0192-40ec-b6f4-80f9f28badf9.html)

Traccia 9

D.3 **Ascolterete un testo che parla della cantante italiana Mina. Completi le informazioni con poche parole (massimo quattro) negli spazi numerati da 21 a 30. È possibile usare le stesse parole del testo oppure dei sinonimi. Ascolterete il testo una sola volta.**

21. da pronunciare, impossibili **...(21)...** legate a una voce unica, perfetta, inconfondibile
22. due sillabe e solo quattro lettere che costituiscono **...(22)...** della canzone italiana
23. Domenico Modugno **...(23)...** per iniziare il suo volo "nel blu dipinto di blu"
24. la colonna sonora delle nostre vite e dato forma alla nostra **...(24)...**
25. tutte le melodie, antiche, **...(25)...** tutte le storie, d'amore ovviamente
26. e altro ancora **...(26)...** persino la sua biografia è adatta a contenere mille altre vicende umane
27. superati **...(27)...** gli ottant'anni, Mina è oggi seduta sul trono che la vede ancora regina
28. in quel tempo perfetto racconta l'amore come nessuno **...(28)...** prima
29. in quel perfetto **...(29)...** di sensualità, poesia, amore, trova il sua perfetta espressione
30. ascoltatela con attenzione e provate a capire perché **...(30)...** destinata all'eternità

(https://www.repubblica.it/podcast/audio-rubrica/your-song)

20 MINUTI

TEST 3

CELI 5

CERTIFICATO DI CONOSCENZA DELLA LINGUA ITALIANA

Livello C2

Prova di Produzione Orale

Lo studente esaminerà il materiale sul quale si svilupperà la conversazione con il suo insegnante.

Il materiale consiste in:

A Un testo da riassumere e utilizzare come spunto di conversazione
B Foto da descrivere e utilizzare come spunto di conversazione
C Frasi o citazioni da commentare

Il materiale (foto, testo e citazioni) viene consegnato al candidato circa 20 minuti prima dell'inizio della prova.

Nome e Cognome dello studente

____

____

Data

____

____

Domande guida

FOTO

- Commenti il grafico.
- Cosa pensa dei trattamenti estetici? Quali i possibili rischi?
- Ritiene che l'idea di bellezza sia cambiata nel tempo e sia differente nelle diverse società? A Suo avviso quanto conta l'aspetto fisico per avere successo nella vita sociale e nel lavoro?

TESTO

- Riassuma il testo.
- Quali sono, secondo Lei, le principali motivazioni per le quali molte persone oggi arrivano alla soglia di povertà? Quali sono i principali rischi e pericoli a cui sono esposte?
- Quale è la situazione nel Suo paese in merito al problema dei "senzatetto" e quali provvedimenti vengono adottati?

ESPRESSIONI E MASSIME

- Spieghi il generico significato delle espressioni.
- Qual è il Suo rapporto con la lettura? Si considera un lettore/lettrice che si lascia influenzare dalle atmosfere e dalle storie raccontate nei libri?
- Ha un genere letterario preferito, quale? Considera la lettura una maniera per evadere o imparare qualcosa di nuovo?

A **Descriva la foto e risponda alle eventuali domande che Le verranno poste**

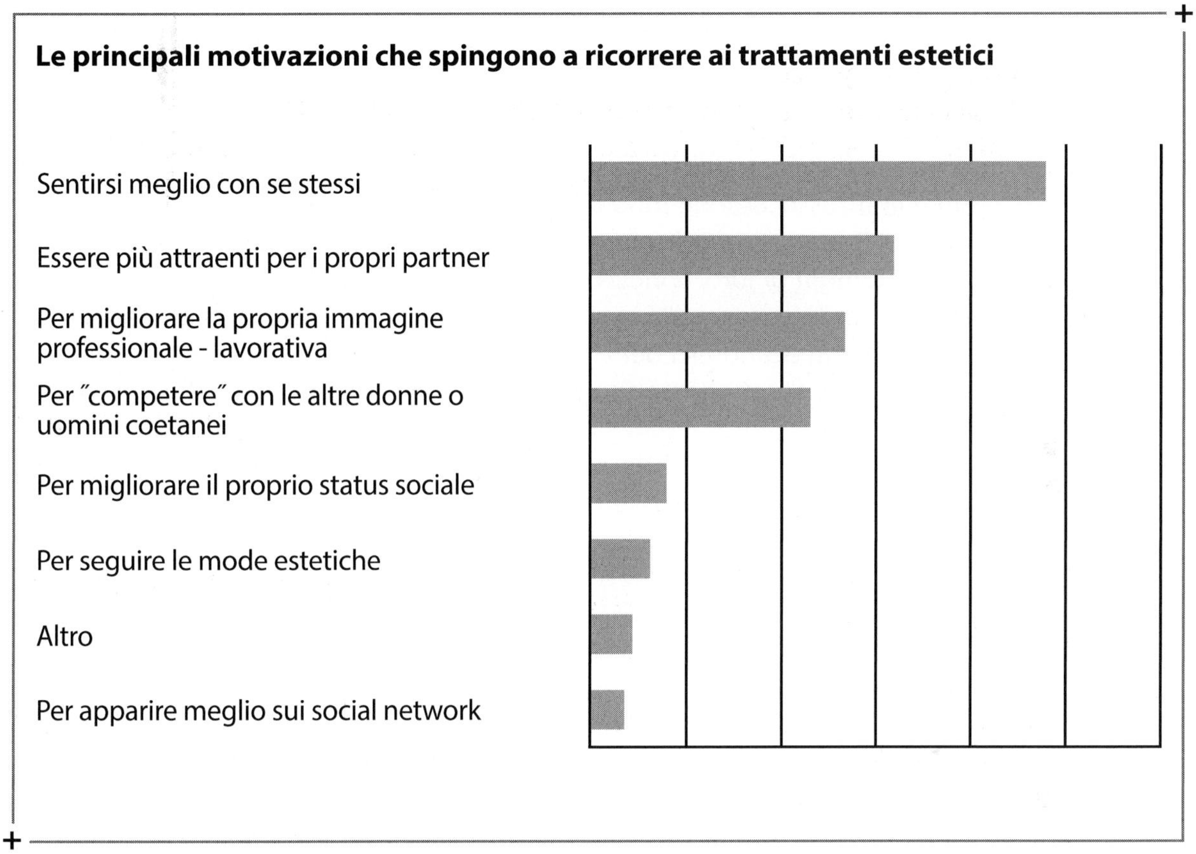

(https://www.worldpharma.it/blog/perchegrave-la-medicina-estetica-le-principali-motivazioni-che-spingono-i-pazienti-137)

B **Legga e riassuma il testo. Risponda alle domande che eventualmente Le verranno poste.**

I mille avvocati di strada che restituiscono dignità ai senza dimora (e agli ultimi)

Sono lo studio legale più grande d'Italia (mille "soci" tra civilisti e penalisti) e anche il più povero: fatturato euro zero. Del resto, i loro clienti, nella scala sociale, sono gli ultimi degli ultimi, così privi di tutto da non avere nemmeno un indirizzo: sono clochard, senza tetto, senza fissa dimora. Si chiamano "avvocati di strada", sono riuniti in un'associazione fondata nel 2001 da Antonio Mumolo, avvocato giuslavorista che nelle fredde notti di Bologna, da volontario portava cibo e coperte a chi viveva sui marciapiedi o sotto rifugi di cartone. "E molti di loro, conoscendo il mio mestiere, mi facevano domande legali, raccontandomi di pensioni perdute, di eredità negate, di figli mai più incontrati per mancanza di un indirizzo di residenza, di fallimenti economici per crediti inesigibili, di assistenza sanitaria negata. Capii che quel mondo di invisibili finiva per strada non soltanto per tossicodipendenza, alcolismo o per problemi psichiatrici, ma soprattutto per diritti negati". Insieme a un solo altro collega, Mumolo fonda la onlus "Avvocato di strada", oggi presente in 56 città, con mille legali che offrono assistenza (gratuita) ai senza dimora, trentottomila persone seguite dal 2001 ad oggi, tremila pratiche aperte ogni anno, centinaia di cause vinte, ma soprattutto centinaia di ex drop-out tornati a vivere dal mondo di sotto al mondo di sopra. Spiega Antonio Mumolo: "Il senzatetto che dorme sui cartoni è solo la forma più evidente di questa emarginazione, figlia delle ripetute crisi economiche che hanno devastato l'Italia. A differenza di vent'anni fa quando i senza dimora erano persone con storie di alcol o malattie mentali, oggi sono cittadini, all'ottanta per cento italiani, che da un giorno all'altro perdono il bene fondamentale: la casa. Ci vuole poco: un licenziamento, le rate di mutuo non pagate, lo sfratto, una pensione troppo misera, un divorzio e ci si ritrova a dormire in auto, nei dormitori pubblici, negli edifici occupati, in fila alla mensa, alle docce, alle distribuzioni di vestiti usati. Bussando da una porta all'altra alla ricerca di lavoro". Gli avvocati di strada ricostruiscono i fili spezzati di queste vite, cuciono una tela che riannoda affetti, patrimoni, dignità. Portano in tribunale comuni e datori di lavoro, enti previdenziali e familiari disonesti. "I comuni - dice Mumolo - spesso violano l'obbligo di assegnare per legge ai senza dimora una di quelle vie fittizie inventate proprio per dare una residenza a chi non ce l'ha". Come via Modesta Valenti a Roma, clochard che morì di stenti, o via della Speranza, o via dei Senzatetto in altre città. Si sentono rinascita e resistenza nelle storie degli avvocati di strada. C'è M, italiano, che viveva in un dormitorio dopo una dolorosa separazione. Grazie all'assistenza legale riesce a definire il divorzio, trova alloggio in co-housing. "La cosa più bella - è stata sentirmi di nuovo chiamare papà".

(https://www.repubblica.it/cronaca/2021/11/08/news/quegli_avvocati_di_strada_che_restiuscono_dignita_ai_senza_dimora_o_agli_ultimi_degli_ultimi_-325577447/amp/)

C **Legga attentamente e commenti le seguenti espressioni e massime su cui si svolgerà parte della conversazione.**

ESPRESSIONI E MASSIME

La lettura

- *Ci sono dei libri che lasciano il segno, che una volta finiti di leggere non avremmo voluto averli letti per poterli rileggere con la stessa emozione provata la prima volta. Di questi libri ci restano le vive sensazioni, le parole e i tanti insegnamenti che rimarranno per sempre nel nostro cuore.*

- *La lettura ha la capacità di infilarci nei panni degli altri, permettendoci di guardare con i loro occhi. Un cambio di prospettiva molto importante che aiuta a sviluppare l'empatia.*

- *L'anima di un individuo risiede nei libri che legge.*

2 ORE E 45 MINUTI

TEST 4

CELI 5

CERTIFICATO DI CONOSCENZA DELLA LINGUA ITALIANA

Livello C2

A	**Prova di Comprensione della Lettura**	*(40 punti)*
B	**Prova di Produzione di Testi Scritti**	*(60 punti)*

Nome e Cognome dello studente

____

____

Data

____

____

A. PROVA DI COMPRENSIONE DELLA LETTURA

A.1 **Legga i due testi. Metta una X, nei numeri da 1 a 10, vicino alla lettera A, B, C e D corrispondente all'affermazione giusta tra le quattro che Le vengono proposte.**

1° TESTO

Bellezza: chi è attraente fa più soldi e carriera. Per i bravi ma brutti una vita in salita

«Che ricchi salari dà la bellezza», scriveva a "una giovane beltà" il poeta irlandese W. B. Yeats nel 1918. A distanza di un secolo si vorrebbe poter liquidare la sua riflessione come datata e superata, ma non lo è. Anzi, nella società dei concorsi di bellezza come viatico professionale, è più attuale che mai. Come dimostra anche un recente sondaggio, oggigiorno, ancor prima di dar ricchi salari, la bellezza dà lavoro. Oltre la metà degli oltre 200 manager aziendali e 964 del settore pubblico interpellati da Newsweek ha ammesso che fatica ad assumere un candidato qualificato, ma "bruttino", tanto da suggerire ai giovani in cerca di lavoro d' investire sul loro aspetto fisico tanto tempo e denaro quanto ne investono sul loro curriculum. Nulla di nuovo, verrebbe da dire. Numerosi economisti hanno studiato quello che il settimanale statunitense definisce "il vantaggio di essere belli". Il primo è stato Daniel Hamermesh, docente di Economia presso l'Università del Texas. Nel suo studio Beauty and the labor market (La bellezza e il mercato del lavoro), aveva dimostrato già nel 1994 che - a parità di competenze e posizione - questo "vantaggio" si trasforma in un notevole surplus di stipendio che chiama "premio bellezza". Negli ultimi anni le ricerche sull' argomento si sono moltiplicate e sono tutte giunte alla stessa conclusione, come lo studio di Anne Case e Christina Paxson - i più alti guadagnano di più - o di Sherry Glied e Matthew Neidell - chi ha i denti più bianchi ha uno stipendio più alto. Alla luce di questi risultati, difficile per chiunque negare che alla bellezza corrisponda "mezza ricchezza". Rincuorava però la mancanza di evidenze empiriche che un bell' aspetto superasse il merito per entrare nel mercato del lavoro. Il sondaggio di Newsweek invita a ricredersi. Dovendo dare un voto da 1 a 10 alle qualità tenute in considerazione durante un colloquio di lavoro, in media i selezionatori hanno dato all' aspetto un punteggio di 7,1, inferiore solo all' 8,9 attribuito all' esperienza e all' 8,5 assegnato alla sicurezza. Solo qualche punto sopra alla sufficienza, 6,8, per la "scuola frequentata". Conclusione: non solo fa guadagnare di più, ma per ottenere un lavoro "la bella presenza" conta persino più degli studi. L' annosa questione, insomma, natura versus cultura, che negli anni si è tentato, senza successo, di risolvere cercando le risposte più disparate nella "proporzione aurea" di Platone o nella biologia (secondo vari studi, a un bel viso corrisponderebbe un patrimonio genetico migliore o una maggiore fertilità). «È la nuova realtà del mercato di lavoro», ammette a denti stretti una responsabile delle Risorse umane di un'azienda di New York. «È meglio essere mediocri ma belli che brillanti e poco attraenti». C'è chi, dinanzi a questa realtà, si rassegna: secondo Newsweek, almeno 10 persone su 100 infatti si sottoporrebbero a un intervento chirurgico per migliorare il proprio aspetto e diventare più competitivi nel lavoro. C'è invece chi non ci sta e rivendica un "diritto alla bruttezza", come Deborah L. Rhode, docente di Legge alla Stanford University. «Molte persone credono che i pregiudizi basati sulla bellezza siano senza conseguenze, inevitabili o senza obiezioni. Sbagliano», scrive nel libro uscito qualche mese fa negli Usa *The beauty bias* (Il pregiudizio della bellezza). E osservando che le Costituzioni di tutti i Paesi proteggono dalla discriminazione sulla base di razza, sesso, religione, nazionalità ed etnia, ma non dall'ingiustizia dell'apparenza, la Rhode chiede che le legislazioni colmino questa lacuna. Nell' attesa che la sua richiesta venga accolta, riesce difficile criticare quanti ogni anno, in tutto il mondo, sacrificano all' altare del Mito della bellezza, deprecato vent' anni fa da Naomi Wolf, ben 200 milioni di dollari: se, come sembrano suggerire ricerche e sondaggi, mercato e mondo del lavoro puniscono i brutti, in tempi di crisi, investire sul proprio aspetto non è più solo questione di vanità, ma di sopravvivenza economica.

(https://ricerca.repubblica.it/repubblica/archivio/repubblica/2010/07/22/bellezza-chi-attraente-fa-piu-soldi-carriera.html)

DOMANDE

1. Con un aspetto fisico gradevole si possono ottenere più facilmente

a. uno stipendio alto.
b. un lavoro.
c. un impiego qualificato.
d. parecchi vantaggi.

2. I manager suggeriscono, ai giovani in cerca di lavoro, di

a. impiegare tempo e denaro per migliorare l'aspetto fisico.
b. impiegare tempo e denaro per arricchire il loro curriculum.
c. dare rilievo sia all' aspetto fisico che al curriculum.
d. fare esperienze lavorative diverse.

3. Il punteggio che i selezionatori hanno dato all'aspetto fisico è meno rilevante rispetto a

a. la chiarezza.
b. l'esperienza.
c. l'intraprendenza.
d. la scuola frequentata.

4. Secondo la docente di Legge Deborah L. Rhode manca una legislazione che

a. protegga dalle discriminazioni sulla base del sesso.
b. protegga dalle discriminazioni sulla base della razza.
c. protegga dalle discriminazioni sulla base dell'etnia.
d. protegga dalle discriminazioni sulla base dell'aspetto.

5. Sembra che mercato e mondo del lavoro

a. premino esclusivamente i belli.
b. ostacolino i brutti.
c. discriminino chi si sottopone ad un intervento chirurgico.
d. approvino chi si sottopone ad un intervento chirurgico.

2° TESTO

Fare l'influencer è un lavoro? Tutto ciò che c'è da sapere

Non pensavo che sarei mai riuscito a dirlo, ma fare l'influencer non solo è un vero e proprio lavoro, non solo è molto ben remunerato, ma è anche una professione ricercatissima dalle aziende. Tant'è che iniziano a nascere le prime lauree dedicate alla formazione degli influencer del futuro. Chi è nato prima degli anni 2000, come me, fatica a comprendere la figura dell'influencer, spesso associata a un soggetto che non ha voglia di lavorare e ciononostante guadagna moltissimo. Non sono qui per giudicare moralmente questa figura, ma per analizzarla e spiegare perché sia davvero possibile lavorare come influencer. Volendo intanto definire in parole povere cos'è un influencer: un influencer è una figura in grado di influenzare l'opinione altrui condizionando le scelte d'acquisto. Questo meccanismo si applica a un vasto numero di individui, ossia il pubblico dell'influencer (i followers). Già da questa definizione incominciamo a intuire l'importanza dell'influencer marketing nella nostra società, dove le logiche peer to peer (da pari a pari) dominano il mercato, perché gli individui si fidano più dei propri simili rispetto alle pubblicità, che spesso ritengono essere ingannevoli. Quindi, si fidano di più di un influencer che apprezza un prodotto mostrandolo sui social ed elogiandolo, piuttosto di una pubblicità che evidenzia gli stessi punti di forza del prodotto. Nella sostanza non cambia niente: sia l'azienda produttrice, che l'influencer, pubblicizzano lo stesso prodotto. Cambia invece la forma. La prima è lontana dal consumatore, che appunto non si fida. La seconda è invece a lui molto vicina. Il consumatore si fida ciecamente dell'influencer, che ammira e tenta di emulare. Ed ecco che è assai più facile che un consumatore acquisti un prodotto sponsorizzato da un influencer piuttosto che da una pubblicità. Ciò è vero specialmente quando gli influencer fanno pubblicità occulta. La pubblicità occulta ha il vantaggio di non spacciarsi come tale all'interno di una comunicazione, per cui se un influencer afferma che il prodotto da lui provato è formidabile e lo fa in modo apparentemente disinteressato, può ingannare il consumatore. Questa pratica commerciale è ovviamente sleale, ma tutt'ora manca un insieme di norme severe contro la pubblicità occulta, anche perché è molto difficile riconoscerla (dato che un influencer può affermare di pubblicizzare un prodotto per piacere). Per questo motivo lo IAP, l'Istituto di Autodisciplina Pubblicitaria, ha stabilito che una pubblicità è occulta quando c'è un contratto che lega l'influencer e un'azienda. Diciamo che se le norme che regolano la pubblicità tradizionale sono presenti da tanto tempo e sono molto restrittive, quelle che regolano l'influencer marketing sono poche e più o meno neonate, visto che questa stessa tipologia di marketing è molto recente. Pertanto, le aziende e gli influencer hanno ancora molto campo libero e tantissimo margine di guadagno. Per non parlare poi dei costi economici e di tempo: una pubblicità tradizionale costa moltissimo, richiede altrettanto tempo per essere preparata e deve rispettare diverse regole. La sponsorizzazione dell'influencer è veloce, facile e quasi sempre indolore. Per concludere, la figura dell'influencer è fondamentale e centrale all'interno del marketing odierno. Per quanto criticata, le aziende ne hanno assolutamente bisogno. Probabilmente molte di queste non stimano gli influencer con i quali lavorano, ma gli servono per vendere di più i propri prodotti. E ovviamente agli influencer servono le aziende per guadagnare. Il sistema può piacere o meno, ma funziona così e non mi stupisco che siano nati i primi corsi di laurea volti a formare nuovi influencer. Fare l'influencer non è facile, ci sono specifiche tecniche di comunicazione da attuare per fidelizzare il proprio pubblico. I primi influencer hanno avuto successo quasi inconsapevolmente. Ma ora che il numero di questi soggetti è aumentato, è cresciuta anche la competizione, perché non tutti riescono ad accaparrarsi un vastissimo seguito. Pertanto, nasce la necessità di formarsi da un punto di vista professionale. Ho letto il piano di studi di alcune lauree in influencer marketing e posso dire che insegnano materie molto interessanti e utili per il marketing, come la semiotica. Personalmente non intraprenderei mai un simile percorso perché non mi interessa, ma ne riconosco le potenzialità. Potenzialità di cui si sono rese conto sia le aziende, che il mondo accademico. Per rispondere alla domanda che intitola l'articolo: fare l'influencer è un lavoro? Assolutamente sì, gestire la propria immagine sui social con successo è molto più difficile di quello che sembra e inoltre le aziende assumono tale figura. Penso addirittura che un laureato in influencer marketing, qualora non diventi un influencer, possa essere assunto da un'azienda all'interno di un reparto marketing. D'altronde il marketing si sta evolvendo, lo stesso Kotler parla di marketing 4.0: il cambiamento è iniziato già da un po', bisogna prenderne atto.

(https://imlestar.com/2020/01/27/linfluencer-e-un-lavoro-tutto-cio-che-ce-da-sapere/)

DOMANDE

6. La figura dell'influencer è spesso collegata a

a. una persona che non ama lavorare.
b. una persona che lavora svogliatamente ma riceve elevati guadagni.
c. una persona che lavora esclusivamente sui social.
d. una persona che influenza le opinioni altrui.

7. Un influencer è in grado di

a. pubblicizzare prodotti offrendo sconti.
b. incidere sulle scelte d'acquisto del suo pubblico.
c. comunicare agevolmente sui social.
d. imporre la propria opinione per le scelte d'acquisto.

8. La pubblicità occulta

a. si riconosce spesso e volentieri.
b. andrebbe evitata.
c. non è facilmente individuabile.
d. è una modalità caratteristica degli influencer.

9. Molte aziende scelgono di lavorare con gli influencer perché

a. li stimano e si fidano di loro.
b. costano di meno rispetto alla pubblicità tradizionale.
c. sono facili da contattare.
d. ne hanno bisogno per vendere i prodotti.

10. Fare l'influencer è un lavoro in cui

a. si può guadagnare bene.
b. si può essere assunti dalle aziende.
c. occorre una formazione specifica e esperienza.
d. si deve saper utilizzare i social.

A.2 **Legga il testo e risponda alle domande negli spazi numerati da 11 a 15.**

Chi è Giorgio Parisi, il fisico premio Nobel 2021

Giorgio Parisi, 73 anni, ha vinto il Nobel per la fisica insieme al giapponese Syukuro Manabe e al tedesco Klaus Hasselmann. Tra le motivazioni, l'Accademia reale svedese delle Scienze ha citato i loro contributi «alla comprensione dei sistemi fisici complessi». «Sono felice, non me l'aspettavo», ha dichiarato il fisico in collegamento con Stoccolma. Nato a Roma nel 1948, Parisi è professore emerito all'Università La Sapienza di Roma e ricercatore associato dell'Istituto nazionale di fisica nucleare (Infn), inoltre fa parte della National Academy of Sciences degli Stati Uniti ed è stato presidente dell'Accademia dei Lincei dal 2018 al 2021: oggi ne è il vicepresidente.

La fisica

Intervistato da Nuccio Ordine per La Lettura, all'inizio dell'anno, il neopremiato aveva spiegato: «La fisica è soprattutto questo: identificare fenomeni nuovi. Ma per cogliere al volo il "nuovo" devi avere coscienza di tutto ciò che conosci e di ciò che ti aspetti». L'intervista si chiude con un appello e con un auspicio: «Bisogna investire 15 miliardi in più sulla ricerca pubblica (...) in modo da raggiungere la media europea. È necessario rafforzare la ricerca di base: il futuro della scienza è imprevedibile. Per questo coltivo un sogno: la creazione di un istituto mondiale per lo studio delle pandemie, costituito da una rete di centri di ricerca nazionali: abbiamo imparato che il mondo deve essere unito e che nessun Paese è un'isola».

Gli studi

Parisi ha studiato a Roma, dove si è laureato con Nicola Cabibbo , considerato uno dei più importanti fisici del Novecento. «Il Nobel sarebbe dovuto andare anche a lui», ha detto oggi Parisi. Nel 2008, quando l'Accademia reale svedese aveva premiato i giapponesi Makoto Kobayashi e Toshihide Maskawa e non Cabibbo, il fisico aveva criticato la decisione di escludere il suo maestro, definendo quel Nobel «un grosso errore».

La carriera

Nel corso della sua carriera di studioso, iniziata nei primi Anni 70 ai Laboratori nazionali di Frascati, Parisi si è dedicato alle particelle elementari, alla meccanica statistica, alla fluidodinamica, alla materia condensata, ma anche ai supercomputer e ai sistemi complessi, come le reti neurali o il sistema immunitario. Tra le sue pubblicazioni più rilevanti, spiccano le equazioni di evoluzione delle densità partoniche pubblicate con Guido Altarelli nel 1977 -che hanno avuto una grandissima influenza e si sono rivelate decisive nella scoperta del bosone di Higgs al Cern di Ginevra- ma anche gli studi sui "vetri di spin" (più noti con il nome inglese «spin glass»), materiali metallici con interazioni magnetiche disordinate. I suoi studi sulla teoria dei materiali disordinati e dei processi casuali hanno trovato applicazioni non solo in fisica, ma anche in matematica, biologia e neuroscienze.

I riconoscimenti

Molti i riconoscimenti ricevuti nel corso della sua carriera, come la medaglia Boltzmann, ricevuta nel 1992 per i suoi contributi alla teoria dei sistemi disordinati; la medaglia Dirac per la fisica teorica (1999), il premio Enrico Fermi (2003), la medaglia Max Planck (2011). All'inizio dell'anno, Parisi ha ricevuto anche il Wolf Prize per le sue «scoperte pionieristiche nella teoria quantistica dei campi, in meccanica statistica e nei sistemi complessi». Poche settimane fa, a settembre, il fisico era inoltre entrato a far parte della lista di ricercatori Clarivate Citation Laureates , considerata una sorta di anticamera del Nobel. Si tratta di un prestigioso elenco -compilato dal 1989 dall'Institute for Scientific Information- che include gli studiosi le cui pubblicazioni sono fra le più citate al mondo: un segnale di autorevolezza, ma anche un indicatore dell'impatto che il loro lavoro ha sulle rispettive discipline. Parisi è il primo studioso italiano a essere inserito tra i «Laureates» di Clarivate.

(https://www.corriere.it/cronache/21_ottobre_05/chi-giorgio-parisi-fisico-premio-nobel-2021-fisica-835b8fb8-25c5-11ec-9c26-509de9bc1f2d.shtml)

DOMANDE

11. Per quale motivo a Giorgio Parisi è stato conferito il Nobel?
(da 4 a 10 parole)

12. Con quale augurio si chiude l'intervista a Parisi?
(da 8 a 15 parole)

13. Come dovrebbe essere l'istituto mondiale per lo studio delle pandemie?
(da 8 a 15 parole)

14. Secondo Parisi, qual è stato l'errore dell'Accademia reale svedese?
(da 4 a 10 parole)

15. Tra le sue pubblicazioni quali sono le più rilevanti e perché?
(da 10 a 20 parole)

B.1 Svolga UNO dei seguenti compiti.

(Da un minimo di 330 ad un massimo di 360 parole)

1. Una rivista ha dedicato un articolo alla lingua italiana, commentandone la semplificazione e l'impoverimento. Viene riportata la definizione data dal linguista Giuseppe Antonelli all'e-taliano, ovvero l'italiano digitato: "e-taliano è l'italiano che si incontra sui social. Si tratta del primo vero italiano scritto informale, dopo secoli nei quali la scrittura è sempre stata considerata un contesto ad alta formalità". Convinto che questo fenomeno rientri nella naturale evoluzione di ogni lingua, Lei decide di scrivere una lettera allo spazio per i lettori per esporre la Sua personale opinione, riportando quando possibile riferimenti allo stesso fenomeno relativo alla Sua lingua d'origine.

2. Viviamo in tempi di transizione ecologica e una delle scelte importanti per molti riguarda il cambio di automobile. Un quotidiano ha realizzato un sondaggio per capire cosa pensano gli italiani in merito. Questi sono i risultati. Analizzi i grafici e scriva un articolo di commento ai risultati emersi riportando anche la Sua opinione ed eventualmente la Sua esperienza personale sulla questione.

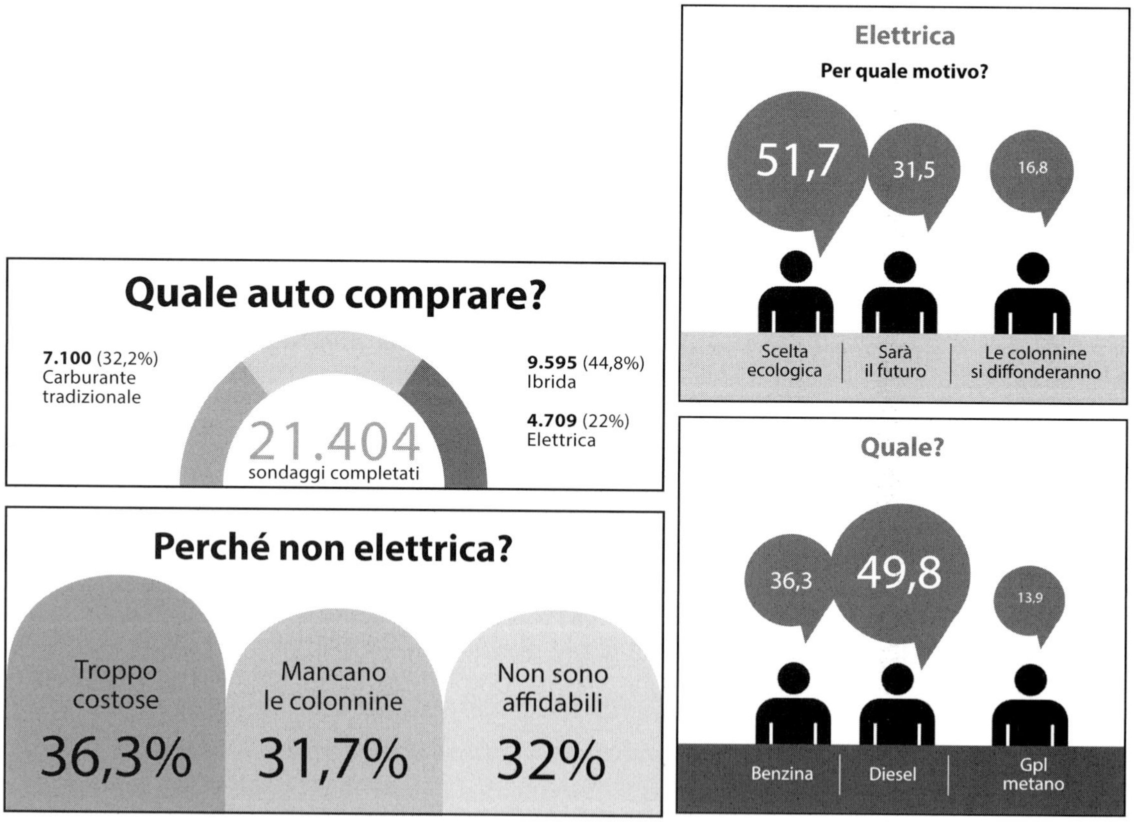

3. Scriva un racconto che abbia come situazione un viaggio organizzato da un'agenzia di viaggi, un imprevisto che coinvolge tutti i viaggiatori, un'avventura ai confini della realtà. Il racconto inizia così: "Il viaggio era iniziato bene e la prima settimana era volata via. Ora ci aspettava una lunga traversata in nave. Dopo due lunghi giorni di viaggio nel mare in tempesta, finalmente avvistammo un'isola e il capitano diresse la nave verso di essa".

B.2 **Svolga i seguenti compiti.**

(Da un minimo di 90 ad un massimo di 110 parole)

1. Lei ha affittato un villino in Sardegna per una vacanza estiva con il/la Suo/a ragazzo/a e una coppia di amici. Poco prima della partenza però la coppia di amici vi comunica che non potranno più venire. Il costo dell'affitto del villino è però troppo alto e non potete pagarlo da soli. Scriva dunque una lettera al proprietario del villino per spiegare la situazione e trovare un accordo sul pagamento dell'affitto o sulla rinuncia alla vacanza e la restituzione dell'acconto.

(Da un minimo di 70 ad un massimo di 90 parole)

2. Lei è il proprietario di un villino in Sardegna preso in affitto da due coppie di ragazzi. Prima dell'inizio del periodo di affitto riceve una lettera da una delle due coppie in cui Le viene spiegato che l'altra coppia di ragazzi non parteciperà alla vacanza. L'affitto del villino è troppo alto per i soli due ragazzi rimasti. La coppia Le propone di trovare un accordo per mantenere l'affitto o rinunciare alla vacanza e avere il rimborso dell'acconto versato. Risponda alla lettera proponendo le Sue possibili alternative.

1 ORA E 15 MINUTI

TEST 4

CELI 5

CERTIFICATO DI CONOSCENZA DELLA LINGUA ITALIANA

Livello C2

C **Prova di Competenza Linguistica** *(20 punti)*

Nome e Cognome dello studente

Data

C. PROVA DI COMPETENZA LINGUISTICA

C.1 **Completi il testo scrivendo la parola mancante negli spazi numerati da 1 a 13. Una sola parola è possibile.**

Letture contro la solitudine: su YouTube diventano un record

Favole, racconti, parole d'altri per farsi compagnia. Come le storie lette **...(1)...** di andare a dormire. L'idea di Francesco Florenzano, psicologo e gerontologo, presidente dell'Upter (l'Università popolare di Roma), nasce così, durante il lockdown e le sue restrizioni, per **...(2)...** la solitudine con le favole e il silenzio con le parole. Ha trovato i lettori tra i suoi iscritti, per la **...(3)...** parte tra i 45 e 70 anni, loro hanno scelto i racconti, si sono filmati e i **...(4)...** li hanno condivisi. Si sono fatti compagnia, si sono guardati in **...(5)...** diventando familiari, si sono raccontati storie. Partiti tra loro, sono diventati un caso. 'Io leggo' ha un canale YouTube dove le persone leggono brani **...(6)...** poi scambiano su WhatsApp. In meno di un mese è diventato una biblioteca **...(7)...** con più di cento racconti. Ha registrato oltre 10mila visualizzazioni. Un record. "Questa idea coinvolge direttamente chi oggi sarebbe in uno stato di isolamento. Poter leggere ad alta voce è già un esercizio eccellente perché aiuta i **...(8)...** cognitivi, ma lo scambio è ancora più importante", racconta il dott. Florenzano. "Ricordiamoci che sono **...(9)...** gli anziani, che soffrono di più la solitudine a causa delle restrizioni, ad aver più bisogno di essere ascoltati e considerati. 'Io leggo' si rivolge a loro **...(10)...** WhatsApp perché è il social che usano di più". Nell'arco del primo mese 74 persone si sono proposte come "lettori e lettrici, in **...(11)...** donne (l'85%)" e hanno scelto racconti da Pirandello a Luca Goldoni, Achille Campanile, Agatha Christie, Marcello Marchesi, Stefano Benni, Grazia Deledda, Maurizio De Giovanni, Alessandro Baricco, Dino Buzzati. "Inizialmente ho mandato per e-mail un appello agli iscritti tramite la newsletter dell'Upter. Ho subito avuto molto **...(12)...** . Volevano partecipare in tanti e l'hanno fatto con entusiasmo e leggerezza. Tra i lettori, per esempio, l'umorismo di Campanile è stato molto gettonato", continua Florenzano e spiega "ero in cerca di persone, non di attori, volevo gli errori nella lettura e non l'impostazione, è questo il bello, la normalità di gente che ha un interesse per la lettura a **...(13)...** dal titolo di studio. Siamo gente comune con una passione e abbiamo un impegno sociale, quello di diffonderla".

(https://leggeretutti.eu/letture-contro-la-solitudine-che-su-youtube-diventano-un-record/)

C.2 **Completi il testo scrivendo negli spazi numerati da 14 a 25 il verbo mancante (nella forma, nel modo e nel tempo opportuni) scegliendolo tra quelli sottoelencati.**

Tiziano Terzani: lettere contro la guerra

Tiziano Terzani scriveva questo libro tra 2001 e 2002, immediatamente dopo l'attacco alle Torri Gemelle. Ricordiamo il suo lungo pellegrinaggio di pace che non smette mai di essere attuale. La prima cosa che fece Tiziano Terzani, giornalista e scrittore scomparso nel 2004, collaboratore di testate importanti come Der Spiegel, Repubblica e Corriere della Sera, all'indomani dell'11 settembre fu scrivere una lettera all'amico e direttore del Corriere della Sera, Ferruccio de Bortoli. La **...(14)...** "Una buona occasione" e in essa raccolse le sue considerazioni sull'attacco alle Torri: secondo l'autore, se si **...(15)...** di comprendere le ragioni degli altri, anziché rispondere con la forza all'attacco appena subìto, l'umanità avrebbe colto una volta tanto un'importante occasione per crescere e cambiare. La lettera, che **...(16)...** pubblicata da de Bortoli qualche giorno dopo, restò un appello alla pace isolato ed inascoltato e di lì a poco **...(17)...** la guerra in Afghanistan. Da buon giornalista quale era, Terzani, che **...(18)...** ad Orsigna con la famiglia per una vacanza, decise che invece di tornare subito in India, sua dimora da tanti anni, prima **...(19)...** un viaggio nei teatri di guerra per vedere di persona cosa stava realmente accadendo in quelli che **...(20)...** dai grandi del mondo "stati canaglia". Questo libro raccoglie tutte le lettere – alcune sono state pubblicate dal Corriere della Sera, altre no – che l'autore scrisse prima da Orsigna, poi da Firenze, dal Pakistan e dall'Afghanistan ed infine dall'India nell'arco dei quattro mesi successivi allo scoppio del conflitto. Quanti civili **...(21)...** per vendicare le vittime del World trade center? A quanti giovani musulmani **...(22)...** ad odiare gli occidentali dopo l'inizio dei bombardamenti? Quante volte la verità sulle azioni dei talebani è stata "ritoccata" in Europa e negli Stati Uniti per far apparire il nemico più cattivo e temibile? Questo è quello che il giornalista **...(23)...** . Quello di Terzani non è solo un affresco sulla miseria, la devastazione e il risentimento che la guerra porta con sé, ma anche una riflessione quanto mai attuale su come noi occidentali facciamo fatica a metterci nei panni degli altri, di quanto preferiamo negare ed eliminare la diversità anziché sforzarci di capirne almeno le ragioni, **...(24)...** noi stessi quei "mostri" che finiamo poi per combattere ed odiare. Da qui l'esortazione dell'autore a "ostinarsi a pensare con la propria testa e soprattutto a sentire col proprio cuore". Dopo più dieci anni l'umanità tenta ancora di risolvere i propri problemi attraverso la guerra. Chissà che cosa **...(25)...** Terzani della situazione in Siria e nel resto del Medio Oriente...

(https://www.lifegate.it/lettere_contro_la_guerra)

Cercare	Scoppiare	Insegnare	Trovarsi
Domandarsi	Compiere	Definire	Determinare
Scrivere	Intitolare	Morire	Venire

C.3 **Nella maggior parte delle righe numerate da 26 a 39 ci sono errori di distrazione. Identifichi, negli spazi numerati da 26 a 39, con un √ le eventuali righe che non contengono errori; in caso contrario individui gli errori e scriva la forma corretta.**

Cani parlanti: sempre più animali domestici parlano con i pulsanti

26. Anche se la notizia sembra incredibile, da un po' di tempo sul web impazzano video di cani

27. parlanti. Non emettono dei suoni direttamente dalla sua bocca, ma usano dei pulsanti

28. programmati con delle parole che vengono poi utilizzate per dire qualcosa. Ad esempio, il cane

29. potrebbe chiedere di mangiare, di andare fuori o di giocare. Questo comportamento chi

30. potrebbe sembrare stravagante e impossibile, in realtà deriva da un tipo specificato di

31. addestramento che promettono all'animale di associare il suono a un bisogno. I cani sono già in

32. grado di reagire a gesti delle mani e comandi vocali, con cui i pulsanti non sono altro che un

33. modo più versatile e di tendenza per addestrare il proprio cane. Tecnicamente, i pulsanti

34. possono essere programmati per inserire qualsiasi tipo di parola. All'esempio, si possono

35. registrare parole singolari come mangiare, arrabbiato, giocare o anche delle piccole frasi come

36. voglio uscire. Uno dei tanti cani che utilizza questa tecnologia e intrattiene il pubblico del web

37. con i propri canali sui social come Facebook e Instagram, è Stella. Stella è in grado di costituire

38. delle piccole frasi utilizzando le parole che abbia a disposizione. Ad esempio, potrebbe dire

39. "Christina vieni qui", fatto che Christina è il nome della padrona.

(https://www.fuoriditesta.it/notizie-divertenti/1525-cani-parlanti-sempre-piu-animali-domestici-parlano-con-i-pulsanti.html)

C.4 **Completi il testo scegliendo la parola opportuna tra quelle proposte da 40 a 51. Indichi, vicino ad ogni numero, la lettera A, B, C o D corrispondente alla parola scelta.**

Turismo sportivo: tra passione e opportunità

Il turismo sportivo rappresenta una grande opportunità per tutte le eccellenze territoriali che vogliono **...(40)...** attraverso lo sport e le attività all'aria aperta. Il termine turismo sportivo unisce due grandi fenomeni sociali. Due mondi diversi, quello sportivo e quello turistico, si sovrappongono, determinando un **...(41)...** di mercato con delle caratteristiche uniche. In passato, i due sono stati studiati separatamente e sono stati considerati come un **...(42)...** sovrapposto e in connessione solamente a partire dagli anni '90. Quando l'interesse degli studiosi e dell'industria si è rivolto al turismo sportivo negli anni '90, è sembrato opportuno fin dal principio **...(43)...** in modo chiaro due differenti tipi di turismo associati allo sport: il turismo sportivo attivo e quello passivo. Il turismo sportivo attivo è associato alla partecipazione allo sport durante le vacanze. Comprende, ad esempio, lo sci e la partecipazione a eventi organizzati di corsa e ciclismo e turismo d'avventura come l'escursionismo. Al contrario, il turismo sportivo passivo è associato alla partecipazione a spettacoli e eventi sportivi, dalle Olimpiadi agli eventi della stagione regolare. La differenza **...(44)...** tra le due forme di turismo sta nel fatto di prendere fisicamente parte come atleta o guardare come "fan". Lo sport legato al turismo rappresenta il settore in più rapida **...(45)...** nel turismo globale. Per questo motivo, diversi uffici turistici nazionali (NTO) stanno lavorando per promuovere le loro destinazioni per lo sport. Il valore **...(46)...** generato dai partecipanti stranieri è oggettivamente riconosciuto da numerose analisi di settore ed è più elevato rispetto agli italiani. Generalmente, gli stranieri vengono in Italia con tutta la famiglia, quindi con più persone, e trascorrono diverse notti nel paese ospitante. Pertanto, la spesa totale è fortemente significativa per l'Italia. Nel 2017 sono stati quasi 1 milione i turisti stranieri che hanno scelto il Bel Paese per una vacanza sportiva facendo registrare circa 3,3 pernottamenti pro capite, pari all'1,4% del totale dei **...(47)...** esteri e dei pernottamenti (trend in aumento rispetto al 2015). In media, la durata del loro soggiorno è di 3,5 notti mentre la spesa totale è di circa 410 milioni di Euro (1,6% della spesa estera totale), per una spesa **...(48)...** media pro capite di 123 €, anch'essa in aumento rispetto al 2015. Tra i turisti stranieri che trascorrono vacanze sportive in Italia, chi spende di più è il turista tedesco, per il quale si registra una spesa pro capite superiore alla media degli altri paesi e pari a 137€. Quali sono gli sport che trainano il turismo? I principali **...(49)...** vacanza a tema sportivo organizzati in Italia dai tour operator coinvolgono principalmente le discipline del ciclismo (36%), dello sci (26%) e il trekking (25%). Le principali destinazioni sportive sono rappresentate dalle regioni del Trentino-Alto Adige, Emilia Romagna, Toscana e Sardegna. La pratica segue in modo speculare l'offerta. Infatti, lo sport più **...(50)...** per motivi turistici è lo sci, in particolare tra turisti stranieri (18,7%), seguito al secondo posto dal ciclismo (11,4%) e in terza posizione dall'escursionismo (8,5%). Il cicloturismo ha un ruolo molto significativo in Italia e esprime un valore pari al 20% del cicloturismo totale nell'Europa centro-meridionale. Durante il Bike Summit 2019 di Legambiente è stato dichiarato che, nel 2018, il valore del cicloturismo **...(51)...** a 77,6 Milioni di Euro, ovvero l'8,4% dell'intero movimento turistico in Italia. Per avere un'idea più precisa dell'entità di questa tendenza parliamo di più di 6 milioni di persone che hanno trascorso una o più notti di vacanza usando la bicicletta.

(https://channel.endu.net/turismo-sportivo-passione-e-opportunita/)

40	**A** pubblicizzarsi	**B** promuoversi	**C** sostenersi	**D** mostrarsi
41	**A** tratto	**B** pezzo	**C** settore	**D** segmento
42	**A** evento	**B** fatto	**C** fenomeno	**D** avvenimento
43	**A** identificare	**B** coincidere	**C** confondere	**D** uguagliare
44	**A** centrale	**B** chiave	**C** cardine	**D** indispensabile
45	**A** crescita	**B** maggioranza	**C** corsa	**D** progressione
46	**A** extra	**B** aggiunto	**C** eccedente	**D** supplementare
47	**A** traffici	**B** movimenti	**C** circuiti	**D** flussi
48	**A** giornaliera	**B** quotidiana	**C** inclusa	**D** compresa
49	**A** programmi	**B** prodotti	**C** pacchetti	**D** viaggi
50	**A** effettuato	**B** eseguito	**C** praticato	**D** fatto
51	**A** ammontava	**B** sommava	**C** totalizzava	**D** si aggirava

30 MINUTI

TEST 4

CELI 5

CERTIFICATO DI CONOSCENZA DELLA LINGUA ITALIANA

Livello C2

D Prova di Comprensione dell'Ascolto *(30 punti)*

Nome e Cognome dello studente

____

____

Data

____

____

D. PROVA DI COMPRENSIONE DELL'ASCOLTO

Traccia 10

D.1 **Ascolterete due testi. Indichi vicino a ogni numero da 1 a 9 la lettera A, B, C o D corrispondente alla risposta scelta. Ascolterete i testi due volte.**

1° testo

1. **Si può partecipare anche dall'estero all'iniziativa "Mangiati una buona pasta"**
   a. incrementando il consumo della pasta.
   b. preparando un piatto di pasta e condividendolo.
   c. invitando i consumatori ad un uso consapevole della pasta.
   d. sensibilizzando le persone e coinvolgendole.

2. **I pastai, insieme alla Caritas, hanno deciso di fornire 300.000 porzioni di pasta perché**
   a. hanno deciso di occuparsi di volontariato.
   b. c'è chi vive in condizioni di profonda indigenza.
   c. hanno organizzato una competizione fra consumatori.
   d. hanno ricevuto l'incarico da alcune associazioni non lucrative.

3. **I piatti di pasta arriveranno concretamente sul tavolo delle persone bisognose**
   a. tramite la solidarietà delle persone.
   b. con l'aiuto della Caritas.
   c. con le consegne a domicilio.
   d. attraverso la condivisione delle foto su Internet e gli hashtag.

4. **Si parla dell'aumento dei prezzi della pasta perché**
   a. dipende da un singolo ingrediente che è difficilmente reperibile.
   b. c'è un consumo eccessivo.
   c. ci sono problemi climatici.
   d. c'è speculazione attorno alle materie prime.

5. **La richiesta di pasta è aumentata perché**
   a. si fa del bene mangiandola.
   b. si celebra la Giornata Mondiale della pasta.
   c. ci regala allegria.
   d. fa bene alla salute.

(https://www1.wdr.de/radio/cosmo/programm/sendungen/radio-colonia /zapping/una-spaghettata-solidale-100.html)

2° testo

6. L'associazione Libera fondata da Don Ciotti ha come scopo

a. promuovere l'inclusione e la giustizia sociale.
b. dare libertà e speranza alle persone.
c. contrastare le mafie.
d. aiutare gli emarginati.

7. La confisca dei beni ai mafiosi è avvenuta attraverso

a. una raccolta firme.
b. trasmissioni in cui i cittadini ci hanno messo la faccia.
c. un appello allo Stato.
d. l'aiuto della collettività.

8. Secondo recenti sondaggi le persone pensano che

a. le mafie siano estinte
b. le mafie siano la norma.
c. le mafie siano meno pericolose.
d. le mafie si stiano espandendo.

9. Secondo Don Ciotti oggi il nostro impegno per contrastare le mafie è

a. rimanere in un prudente silenzio.
b. far sentire la nostra voce.
c. prestare attenzione.
d. scuotere la coscienza della gente.

(https://www.raiplaysound.it/audio/2021/05/I-PODCAST-DI-RADIO1-51a2728a-d61f-4b98-9c89-86575f35797e.html)

Traccia 11

D.2 **Ascolterete ora una trasmissione radiofonica dedicata a una scrittrice italiana: Anna Maria Ortese. Non tutte le affermazioni da 10 a 20 sono presenti nel testo. Indichi vicino al numero dell'affermazione. SÌ, se è presente, No, se non è presente. Ascolterete il testo due volte.**

10. La casa in Africa della scrittrice aveva solo metà tetto.

11. La famiglia, per motivi di lavoro, si è trasferita in Molise.

12. Per la scrittrice il periodo africano resta un ricordo indelebile.

13. La lezione dell'Africa è stare dentro la natura e non fuori.

14. Anna Maria è l'ultima di sei fratelli.

15. A scuola, la Ortese, ha dovuto ripetere la terza.

16. La camera di Anna Maria a Napoli è di fronte al mare.

17. Agli studi Anna Maria preferisce i viaggi.

18. Suona il pianoforte ma con scarsi risultati.

19. Prende nota delle parole che non conosce.

20. Secondo la Ortese chi non legge mai ha un'esistenza più triste.

(https://www.raiplaysound.it/playlist/annamariaortese)

Traccia 12

D.3 **Ascolterete una trasmissione che parla di una serie televisiva coreana: "Squid game". Completate le informazioni con poche parole (massimo quattro) negli spazi numerati da 21 a 30. È possibile usare le stesse parole del testo oppure dei sinonimi. Ascolterete il testo una sola volta.**

21. ricorderemo la polemica contro I cartoni animati giapponesi che provocarono **...(21)...**
22. una serie televisiva che, non è rivolta ai bambini perché Netflix che la trasmette **...(22)...** i 14 anni.
23. è una serie sudcoreana, un successo gigantesco che, **...(23)...**, inscena delle sfide mortali
24. ci sono anche petizioni di educatori e genitori che riguardano il **...(24)...** di bambini
25. però, andiamo ad ascoltare I nostri ospiti, se **...(25)...** di questo tipo
26. esprimo la preoccupazione di molti insegnanti che, **...(26)...** di otto anni imitare situazioni presenti nella serie
27. è una cosa che hanno visto i cinque, sei insegnanti che mi hanno scritto o **...(27)...** altri educatori?
28. molti educatori, in questo momento, **...(28)...** di fronte a bambini che portano esperienze non elaborate
29. è una serie che propone immagini **...(29)...** davvero orrorifiche
30. la mente di un bambino di otto anni è capace di **... (30) ...** queste immagini?

(https://www.raiplaysound.it/audio/2021/10/FAHRENHEIT-2e164bec-90ba-4c1e-9511-dfd609889d54.html)

20 MINUTI

TEST 4

CELI 5

CERTIFICATO DI CONOSCENZA DELLA LINGUA ITALIANA

Livello C2

Prova di Produzione Orale

Lo studente esaminerà il materiale sul quale si svilupperà la conversazione con il suo insegnante.

Il materiale consiste in:

A Un testo da riassumere e utilizzare come spunto di conversazione
B Foto da descrivere e utilizzare come spunto di conversazione
C Frasi o citazioni da commentare

Il materiale (foto, testo e citazioni) viene consegnato al candidato circa 20 minuti prima dell'inizio della prova.

Nome e Cognome dello studente

____

____

Data

____

____

Domande guida

FOTO

- Descriva quello che è rappresentato nella foto.
- L'espressione "chi ha tempo non aspetti tempo" sembra descrivere molto bene questa immagine. Qual è il Suo rapporto con il tempo?
- Secondo Lei, quale relazione ha la società moderna col tempo? Si sente allineato con questo modo di pensare o ha altre idee in merito?

TESTO

- Riassuma il testo.
- Cosa pensa di quello che ha letto? È d'accordo con l'autore dell'articolo: Umberto Eco? Quali sono, a Suo avviso, le possibili conseguenze di un eccessivo uso della rete?
- Adotta delle tecniche particolari per tenere in esercizio la memoria? Ha delle esperienze in merito?

ESPRESSIONI E MASSIME

- Spieghi il generico significato delle espressioni.
- Secondo Lei, è importante la fedeltà?
- Con quale delle espressioni si trova d'accordo? Motivi la Sua risposta.

A **Descriva la foto e risponda alle eventuali domande che Le verranno poste.**

(https://www.psicosocial.it/frasi-sul-tempo-e-la-vita/)

B **Legga e riassuma il testo. Risponda alle domande che eventualmente Le verranno poste.**

Caro nipotino mio,

non vorrei che questa lettera natalizia suonasse troppo deamicisiana, ed esibisse consigli circa l'amore per i nostri simili, per la patria, per il mondo, e cose del genere. Non vi daresti ascolto e, al momento di metterla in pratica (tu adulto e io trapassato) il sistema di valori sarà così cambiato che probabilmente le mie raccomandazioni risulterebbero datate. Quindi vorrei soffermarmi su una sola raccomandazione, che sarai in grado di mettere in pratica anche ora, mentre navighi sul tuo iPad, né commetterò l'errore di sconsigliartelo, non tanto perché sembrerei un nonno barbogio ma perché lo faccio anch'io. Al massimo posso raccomandarti, se per caso capiti sulle centinaia di siti porno che mostrano il rapporto tra due esseri umani, o tra un essere umano e un animale, in mille modi, cerca di non credere che il sesso sia quello, tra l'altro abbastanza monotono, perché si tratta di una messa in scena per costringerti a non uscire di casa e guardare le vere ragazze. Parto dal principio che tu sia eterosessuale, altrimenti adatta le mie raccomandazioni al tuo caso: ma guarda le ragazze, a scuola o dove vai a giocare, perché sono meglio quelle vere che quelle televisive e un giorno ti daranno soddisfazioni maggiori di quelle on line. Credi a chi ha più esperienza di te (e se avessi guardato solo il sesso al computer tuo padre non sarebbe mai nato, e tu chissà dove saresti, anzi non saresti per nulla). Ma non è di questo che volevo parlarti, bensì di una malattia che ha colpito la tua generazione e persino quella dei ragazzi più grandi di te, che magari vanno già all'università: la perdita della memoria. È vero che se ti viene il desiderio di sapere chi fosse Carlo Magno o dove stia Kuala Lumpur non hai che da premere qualche tasto e Internet te lo dice subito. Fallo quando serve, ma dopo che lo hai fatto cerca di ricordare quanto ti è stato detto per non essere obbligato a cercarlo una seconda volta se per caso te ne venisse il bisogno impellente, magari per una ricerca a scuola. Il rischio è che, siccome pensi che il tuo computer te lo possa dire a ogni istante, tu perda il gusto di mettertelo in testa. Sarebbe un poco come se, avendo imparato che per andare da via Tale a via Talaltra, ci sono l'autobus o il metro che ti permettono di spostarti senza fatica (il che è comodissimo e fallo pure ogni volta che hai fretta) tu pensi che così non hai più bisogno di camminare. Ma se non cammini abbastanza diventi poi "diversamente abile", come si dice oggi per indicare chi è costretto a muoversi in carrozzella. Va bene, lo so che fai dello sport e quindi sai muovere il tuo corpo, ma torniamo al tuo cervello. La memoria è un muscolo come quelli delle gambe, se non lo eserciti si avvizzisce e tu diventi (dal punto di vista mentale) diversamente abile e cioè (parliamoci chiaro) un idiota. E inoltre, siccome per tutti c'è il rischio che quando si diventa vecchi ci venga l'Alzheimer, uno dei modi di evitare questo spiacevole incidente è di esercitare sempre la memoria. Quindi ecco la mia dieta. Ogni mattina impara qualche verso, una breve poesia, e magari fai a gara con gli amici per sapere chi ricorda meglio. Se non ti piace la poesia, fallo con le formazioni dei calciatori, ma attento che non devi solo sapere chi sono i giocatori della Roma di oggi, ma anche quelli di altre squadre, e magari di squadre del passato. Ti sarai chiesto perché i computer si chiamavano un tempo cervelli elettronici: è perché sono stati concepiti sul modello del tuo (del nostro) cervello, ma il nostro cervello ha più connessioni di un computer e può oggi durare sino a novant'anni e a novant'anni (se lo avrai tenuto in esercizio) ricorderà più cose di quelle che ricordi adesso. E gratis. C'è poi la memoria storica, quella che non riguarda i fatti della tua vita o le cose che hai letto, ma quello che è accaduto prima che tu nascessi. Noi entriamo nella vita quando molte cose sono già successe, da centinaia di migliaia di anni, ed è importante apprendere quello che è accaduto prima che noi nascessimo; serve per capire meglio perché oggi succedono molte cose nuove.

Ora la scuola (oltre alle tue letture personali) dovrebbe insegnarti a memorizzare quello che è accaduto prima della tua nascita. Ma perché è così importante sapere che cosa è accaduto prima? Perché molte volte quello che è accaduto prima ti spiega perché certe cose accadono oggi e in ogni caso, come per le formazioni dei calciatori, è un modo di arricchire la nostra memoria. Bada bene che questo non lo puoi fare solo su libri e riviste, lo si fa benissimo anche su Internet. Che è da usare non solo per chattare con i tuoi amici ma anche per chattare (per così dire) con la storia del mondo. Verrà il giorno in cui sarai anziano e ti sentirai come se avessi vissuto mille vite, perché sarà come se tu fossi stato presente alla battaglia di Waterloo, avessi assistito all'assassinio di Giulio Cesare. Altri tuoi amici, che non avranno coltivato la loro memoria, avranno vissuto invece una sola vita, la loro, che dovrebbe essere stata assai malinconica e povera di grandi emozioni. Coltiva la memoria, dunque, e da domani impara a memoria "La Vispa Teresa".

(https://espresso.repubblica.it/visioni/2014/01/03/news/umberto-eco-caro-nipote-studia-a-memoria-1.147715/)

C **Legga attentamente e commenti le seguenti espressioni e massime su cui si svolgerà parte della conversazione.**

ESPRESSIONI E MASSIME

La fedeltà

- *Solo chi ha fiducia in sé stesso può essere fedele agli altri.*

- *La fedeltà, in fondo, cos'è? Non è altro che un grande prurito con il divieto assoluto di grattarsi.*

- *Fedeli sono coloro cui manca l'occasione di non esserlo.*

2 ORE E 45 MINUTI

TEST 5

CELI 5

CERTIFICATO DI CONOSCENZA DELLA LINGUA ITALIANA

Livello C2

A	**Prova di Comprensione della Lettura**	*(40 punti)*
B	**Prova di Produzione di Testi Scritti**	*(60 punti)*

Nome e Cognome dello studente

____

____

Data

____

____

A. PROVA DI COMPRENSIONE DELLA LETTURA

A.1 **Legga i due testi. Metta una X, nei numeri da 1 a 10, vicino alla lettera A, B, C e D corrispondente all'affermazione giusta tra le quattro che Le vengono proposte.**

1° TESTO

Vino, musica, cibo, suoni e sapori

La relazione tra vino e musica, ovvero tra suono e gusto, è l'ultima frontiera di una ricerca sempre più sofisticata di chef ed enologi che utilizzano tutti i sensi per andare al di là di piatti intriganti o bottiglie pregiate. La scienza sensoriale ritiene che il gusto possa essere influenzato da una serie di fattori visivi, olfattivi e ovviamente sonori. Esiste un genere migliore per bere un buon bicchiere di vino? Prima di cadere nei soliti cliché tra vino e musica, è necessario comprendere come i sensi interagiscono tra loro. Filosofia e scienza hanno provato a confrontare le esperienze sensoriali di ambiti diversi. Quali relazioni o somiglianza hanno colore, gusto, sensazioni tattili, caldo e freddo? Ricerche sperimentali hanno dato risultati abbastanza incontrovertibili. La valutazione di un gusto amaro o dolce di cibo o bevande dipende da cosa ascoltiamo durante la degustazione. Gli psicologi chiamano sinestesia la contaminazione di stimoli sensoriali e percettivi. In persone particolarmente sensibili i sensi sembrano sovrapporsi. La scienza sensoriale si è chiesta come la musica cambia la percezione degli odori, responsabili di rendere cibo e vini irresistibili o insignificanti. In pratica gli studiosi si sono chiesti se il suono di alcuni strumenti è in grado di amplificare o modificare determinati odori. Il rapporto tra vino e musica forse è ancora più stretto che con il cibo. Scegliere gli abbinamenti giusti tra i migliori vini e le note significa coinvolgere tutti i sensi. I migliori abbinamenti tra vino e musica sarebbero in grado di modificare il gusto e la percezione di ciò che beviamo. Alcuni studi mostrano come note e armonie possano alterare la struttura dei vini e cambiare la percezione della gradazione alcolica che regala il piacere di un buon bicchiere. Altri esperimenti dimostrano come ascoltando una musica vivace o potente, anche il vino assume quei contorni, così come caratteristiche dolci o morbide di un brano musicale finiscono in qualche modo nel bicchiere. Del connubio tra vino, musica e cibo si occupa anche la tecnologia. Wine Listening è una app per smartphone che aiuta a trovare in modo semplice le migliori playlist per bere. Creata da un sommelier e un producer musicale, va alla ricerca dei migliori abbinamenti semplicemente fotografando l'etichetta di una bottiglia. Si basa sul repertorio musicale di Spotify e sfrutta un algoritmo capace di scansionare un repertorio di 2,5 milioni di vini e 1600 vitigni sulla base di 20 parametri organolettici. Gli abbinamenti tra vino e musica non sono solo importanti nella degustazione, ma possono condizionare i nostri acquisti in enoteca o al ristorante. Se nei locali la musica ad alto volume fa aumentare la sete e la quantità di alcolici bevuta, il tipo di sottofondo influisce anche sulle bottiglie che acquistiamo al ristorante o in enoteca. Lo ha scoperto uno studio pubblicato sul Journal of Applied Psychology e realizzato dal dipartimento di psicologia dell'Università di Leicester in un supermercato inglese. I clienti, ascoltando musica francese, tedesca o italiana, sono propensi ad acquistare bottiglie con la stessa provenienza geografica. Ristoranti ed enoteche che diffondono musica ne possono approfittare. Il City Winery è un noto ristorante di New York che mette sullo stesso piano passione per vini, musica e arti culinarie. I responsabili affermano che c'è una diretta correlazione tra genere suonato nei concerti e bottiglie francesi, italiane o californiane bevute dai clienti. Le band con una forza sonora maggiore stimolano invece la richiesta di vino bianco.

(https://www.bintmusic.it/vino-musica-cibo-suoni-sapori/)

DOMANDE

1. **Chef ed enologi**
   a. si interrogano sulla relazione tra vino e piatti.
   b. ricercano la combinazione tra suoni e sapori.
   c. utilizzano il gusto per scegliere il vino.
   d. cercano la musica adatta per i piatti e vini pregiati.

2. **Secondo gli psicologi la sinestesia**
   a. dipende dall'ambiente.
   b. costituisce una relazione tra sensi e sensazioni.
   c. amplifica sapori e odori.
   d. evidenzia una relazione tra ciò che mangiamo e ciò che ascoltiamo.

3. **Nella relazione tra vino e musica**
   a. la scelta musicale influisce sul gusto del vino.
   b. la gradazione alcolica diminuisce.
   c. non tutti i sensi sono coinvolti.
   d. il suono di alcuni strumenti cambia la struttura del vino.

4. **L'app Wine Listening**
   a. raccoglie una playlist creata da un sommelier.
   b. aiuta a scegliere la musica adatta al vino.
   c. mostra foto di etichette di vini.
   d. si basa sulla scelta dei vitigni.

5. **Gli abbinamenti tra musica e vino**
   a. fanno aumentare la sete e la richiesta di vino.
   b. influiscono sulla degustazione in enoteca.
   c. sono a favore del vino bianco.
   d. portano a scegliere vini per Paesi di provenienza.

2° TESTO

Costruiremo città più verdi e connesse con monopattini convenienti

I monopattini elettrici - come parte di un approccio al trasporto multimodale - stanno contribuendo a trasformare positivamente le nostre città per ridurne la congestione, le emissioni di CO2 e le disuguaglianze di trasporto. Poiché offriamo i monopattini a prezzi accessibili, li rendiamo alla portata di tutti e velocizziamo la transizione verso il trasporto sostenibile. Con il 68% della popolazione mondiale che si prevede vivrà in contesti urbani entro il 2050, le città si sforzano costantemente di rispondere. Per far fronte alle esigenze delle popolazioni urbane in crescita e per far fronte alla crisi climatica globale, le città devono perseguire politiche incentrate sullo sviluppo e la crescita sostenibili. E lo sviluppo urbano si basa sul sistema della mobilità urbana. Nelle città del futuro verranno introdotte diverse modalità di trasporto sostenibili. Si concentreranno sulla mobilità automatizzata, connessa, elettrificata e condivisa, che non è solo economica ma accessibile a tutti. Combinando il trasporto privato e pubblico, compresi i veicoli a noleggio, le auto private, i monopattini, le e-bike e i trasporti pubblici, le città dovranno affrontare le sfide dell'espansione urbana. Al momento siamo ancora lontani da queste utopie urbane. La maggior parte delle città è ancora dominata dalle auto private. Secondo una ricerca delle Nazioni Unite, nei prossimi decenni il parco auto mondiale aumenterà di tre o quattro volte. Aggiungete a ciò il fatto che i trasporti rappresentano circa il 25% di tutte le emissioni di gas serra legate all'energia e avrete capito il problema. Il problema principale delle auto private è la loro inefficienza, soprattutto rispetto ai monopattini elettrici. Un'auto da due tonnellate non è il modo migliore per spostare una persona in città ogni giorno. Inoltre, in media, le auto private restano ferme per il 95% della loro vita. Come si può vedere dallo studio "L'efficacia della micromobilità", i monopattini elettrici sono significativamente superiori in termini di efficienza sia alle auto singole che agli spostamenti in auto condivise. Con un consumo di energia molto più basso – a causa del loro peso – le emissioni di CO2 dei monopattini su un viaggio di 28 miglia sono solo 0,13 kg, rispetto agli 8,6 kg di un'auto privata. Ciò mostra il potenziale per un maggiore utilizzo dei monopattini elettrici per affrontare le problematiche relative alle emissioni di CO2, la congestione e la qualità dell'aria. Con la nostra app incoraggiamo i nostri autisti a passare a modalità di trasporto più ecologiche. Siamo l'unica piattaforma mobile europea che offre entrambe le opzioni di viaggio in un'unica app (più un'opzione aggiuntiva per l'e-bike in alcune città), che significa più viaggi a basse emissioni! In questo modo, aiutiamo le città a realizzare le loro ambizioni di creare un ambiente urbano sostenibile. In un recente sondaggio tra i passeggeri del Regno Unito, oltre il 50% ha affermato che preferirebbe il monopattino a un veicolo a noleggio privato (PHV) per percorrere meno di 5 km. Ciò significherà un risparmio di 7 milioni di viaggi in auto all'anno e ben 6,5 milioni di chilogrammi di emissioni di CO2. E dopo il lancio dei monopattini nei paesi baltici (Estonia, Lettonia e Lituania), il numero di corse per gli utenti attivi di monopattini è diminuito dell'8,8% e per gli utenti occasionali del 6%. Pertanto, in una città in cui sono in circolazione 2.000 monopattini elettrici, questo calo significherebbe eliminare fino a 100.000 viaggi in auto all'anno.

(https://blog.bolt.eu/it/costruiremo-citta-piu-verdi-e-connesse-con-monopattini-convenienti/)

DOMANDE

6. I monopattini

a. contribuiscono a organizzare il traffico in città.
b. rendono egualitario l'accesso alla mobilità urbana.
c. sono multimodali e veloci.
d. sono destinati al trasporto privato.

7. Monopattini, e-bike e trasporto condiviso

a. sono già troppo utilizzati in molte città.
b. non sono accessibili a tutti.
c. sono più sostenibili delle auto private tradizionali.
d. costano molto.

8. L'uso delle auto private

a. sarà più consistente in futuro.
b. rende il trasporto molto efficiente.
c. costituisce il modo migliore per spostarsi in città.
d. è pari al 95% del trasporto in città.

9. L'app di cui si parla

a. è utile per prenotare auto a noleggio con autista.
b. è una piattaforma inglese per i trasporti in città.
c. offre l'uso di monopattini e e-bike per un trasporto più sostenibile.
d. offre auto ecologiche condivise.

10. Nei Paesi in cui è utilizzata la app

a. è diminuito l'utilizzo di taxi.
b. le città hanno meno traffico.
c. è diminuito l'inquinamento.
d. sono sempre meno i viaggi in auto per anno.

A.2 **Legga il testo e risponda alle domande negli spazi numerati da 11 a 15.**

L'avventurosa e magica storia del gatto

Ad alcuni proprio non piace, ma sono molti di più coloro che lo amano. Si calcola che in tutto il mondo ci siano ben 600 milioni di gatti domestici: quasi il doppio degli abitanti degli Stati Uniti! Insomma, è il più diffuso animale da compagnia, eppure su questo felino persiste tuttora un alone di mistero che avvolge l'origine del rapporto con l'uomo, tanto che ancora oggi alcuni studiosi ritengono che questo animale non abbia mai per davvero completato il passaggio da felino selvatico a gatto domestico. Negli ultimi anni, però, nuovi dati provenienti dalle indagini genetiche e dai ritrovamenti archeologici stanno aiutando a chiarire alcuni dubbi che riguardano la storia di questo affascinante animale. Prove anatomiche e genetiche hanno accertato che l'antenato selvatico del gatto domestico è il Felis libycao, gatto selvatico fulvo (o libico), specie distribuita in ampi territori e che ha almeno tre sottospecie attualmente riconosciute. Confrontando il Dna mitocondriale (di origine solo femminile, ossia matrilineare) e brevi sequenze di Dna nucleare (le microsatelliti) delle specie di gatti selvatici eurasiatici e mediorientali del genere Felis con il Dna di 979 esemplari di gatti domestici di tutto il mondo si è scoperto che gli esemplari addomesticati condividono tutti lo stesso Dna, e che quest'ultimo è praticamente indistinguibile da quello dei gatti selvatici mediorientali (Felis libyca libyca), una delle tre sottospecie del gatto selvatico fulvo. Ciò dimostra non solo che il gatto domestico (Felis catus) deriva dai gatti selvatici mediorientali, ma anche che la prima domesticazione è avvenuta proprio in questa regione. Che cosa ha favorito prima la mansuefazione dei gatti selvatici mediorientali, e in seguito a loro domesticazione vera e propria? Tutti gli studiosi concordano sul fatto che si tratta di una trasformazione che ha coperto un periodo di tempo molto lungo, iniziata con una delle più grandi rivoluzioni umane (quella neolitica, circa 12.500 anni fa), vale a dire la trasformazione delle prime tribù nomadi di cacciatori raccoglitori negli agricoltori-allevatori della cosiddetta Mezzaluna fertile, tra il sud della penisola Anatolica (Turchia), il Sinai, Israele e la Mesopotamia. Per alcune specie di animali diffusi in queste regioni, come l'uro (Bos taurus primigenius), la capra selvatica (C. aegagrus) e il muflone selvatico (urial, Ovis vignei), la domesticazione durò appena qualche secolo e permise di avere latte, carne, lana o aiuto nel lavoro dei campi. Per il gatto, invece, è ormai certo che ci vollero migliaia di anni. Carlos Driscoll, che all'Università di Oxford ha studiato approfonditamente anche dal punto di vista genetico la domesticazione, preferisce usare per la fase iniziale dell'avvicinamento all'uomo il termine taming (addestramento) e sostiene che tutto è cominciato per un esclusivo volere del gatto. Attirati dalle prime "fattorie" che piano piano sorgevano nelle praterie mediorientali, i gatti libici potevano infatti trovare avanzi commestibili tra i rifiuti, catturare i piccoli uccelli come i passeri (attirati dagli avanzi delle granaglie coltivate) ma soprattutto nutrirsi di topi selvatici a loro volta attratti dalle derrate immagazzinate. Al contrario di ciò che succedeva per le altre specie addomesticate che erano tenute lontane dai loro antenati selvatici, però, i gatti andavano e venivano dai villaggi ai territori circostanti e per lungo tempo nella Mezzaluna fertile c'è stato sicuramente un continuo scambio genetico tra le popolazioni di gatti che frequentavano l'uomo e i gatti veramente selvatici. Ciò ha reso i gatti domestici molto simili e spesso geneticamente indistinguibili (anche ai giorni nostri) dai loro predecessori, rendendo difficile ricostruire cronologicamente la loro storia, poiché anche i rari resti scheletrici ritrovati nei siti archeologici non permettono sempre una distinzione sicura fra esemplari addestrati, domestici e selvatici. Ulteriori analisi hanno anche rivelato che il Dna mitocondriale, trasmesso solo per via matrilineare, appartiene ad appena cinque aplogruppi diversi, che corrispondono ad altrettante linee evolutive. Il che significa che, alcune decine di migliaia di anni fa, cinque femmine hanno dato origine a tutti i felini che abbiamo attualmente in casa. Questa magica cinquina ha probabilmente partorito vicino agli insediamenti umani, abituando i propri piccoli alla presenza degli uomini, che a loro volta li hanno accettati, visto che erano utili nella caccia ai topi. Ma gli studiosi pensano che la relazione tra gatto e uomo, fin dalle origini, non sia stata solo di convenienza: in effetti alcuni popoli usavano contro i roditori anche donnole, furetti e faine. Fu probabilmente l'eleganza e il fascino di questo animale e del suo comportamento, che spinsero l'uomo a rispettarlo.

(https://www.focus.it/ambiente/animali/storia-gatto)

DOMANDE

11. Quali prove dimostrano che il gatto domestico deriva dal gatto selvatico?
(da 4 a 10 parole)

12. Quando è come è avvenuta la domesticazione del gatto?
(da 8 a 15 parole)

13. La domesticazione del gatto è stato simile a quella di altri animali?
(da 8 a 15 parole)

14. Perché i gatti selvatici si sono avvicinati all'uomo?
(da 4 a 10 parole)

15. Come definire il rapporto tra uomo e gatto fin dalle origini?
(da 10 a 20 parole)

B. PROVA DI PRODUZIONE DI TESTI SCRITTI

B.1 **Svolga UNO dei seguenti compiti.**

(Da un minimo di 330 ad un massimo di 360 parole)

1. "In un certo senso l'amore è uno stato di passività (per questo si parla di passione) dove, per il tempo che siamo innamorati, non affermiamo la nostra identità, ma comodamente, la riceviamo dal riconoscimento dell'altro." Dopo aver letto queste parole del filosofo Umberto Galimberti su una rivista, decide di inviare una lettera, nello spazio dedicato ai lettori, sostenendo o criticando quanto espresso dall'autore della citazione e riportando, eventualmente, ad esempio, episodi personali o relativi all'ambiente che La circonda.

2. Una rivista di attualità ha chiesto ai lettori di esprimere la loro opinione sul tema "giovani e lavoro". Lei decide di scrivere una lettera in cui esprime il Suo parere sull'argomento, illustrando la situazione nel Suo paese e facendo delle riflessioni sulle difficoltà che, attualmente, i giovani incontrano nel trovare lavoro.

3. Scriva un racconto che inizia in questo modo: "Era una bella giornata di settembre, l'aria era tiepida, e non avevo nessuna voglia di andare al lavoro. Decisi di regalarmi un giorno libero tutto per me, salii in macchina con la mia cagnolina e senza pensarci iniziai a guidare. Dopo alcuni chilometri mi ritrovai al mare: decisi di parcheggiare e mi diressi, accompagnata dalla scodinzolante Angie, verso la riva del mare. Stavamo camminando tranquillamente, quando a un tratto mi sentii chiamare col mio nome. Chi poteva essere? Ero lontano da casa e a quell'ora erano tutti al lavoro…"

B.2 **Svolga i seguenti compiti.**

(Da un minimo di 90 ad un massimo di 110 parole)

1. Lei vive in una grande città italiana e di fronte alla Sua abitazione trova spesso i cassonetti strapieni di rifiuti, immondizia per terra e strade sporche. Ha già più volte protestato e chiamato l'azienda che si occupa della raccolta della spazzatura ma è servito a poco. Decide, quindi, di scrivere un'e-mail a un giornale locale nella quale espone il Suo disappunto e suggerisce delle soluzioni per risolvere il problema.

(Da un minimo di 70 ad un massimo di 90 parole)

2. Il Direttore del quotidiano decide di pubblicare La Sua lettera e Le risponde illustrando le iniziative del giornale per sollecitare gli organi competenti e per responsabilizzare tutti i cittadini ad avere una maggior cura degli spazi comuni.

1 ORA E 15 MINUTI

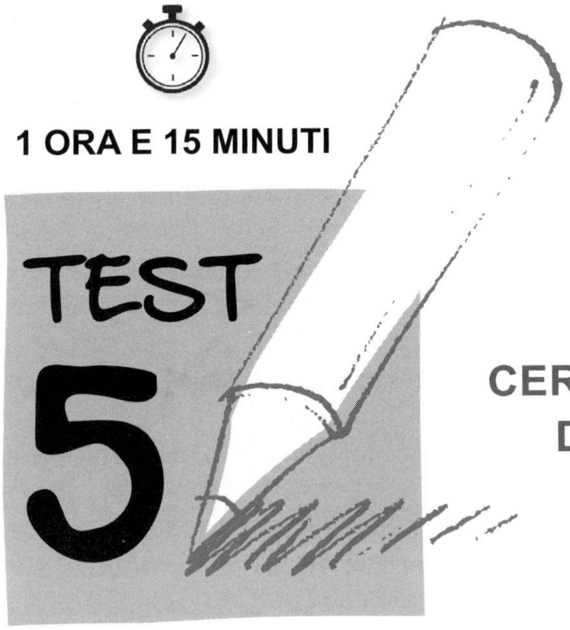

CELI 5

CERTIFICATO DI CONOSCENZA DELLA LINGUA ITALIANA

Livello C2

C **Prova di Competenza Linguistica** *(20 punti)*

Nome e Cognome dello studente

____

____

Data

____

____

C. PROVA DI COMPETENZA LINGUISTICA

C.1 Completi il testo scrivendo la parola mancante negli spazi numerati da 1 a 13. Una sola parola è possibile.

I Baci Perugina festeggiano 100 anni di storia

La storia dei Baci Perugina inizia nel 1922 a Perugia, grazie allo spirito imprenditoriale di Luisa Spagnoli, una delle più influenti figure italiane dell'inizio del ventesimo secolo. Visionaria e genio creativo della Perugina, pensò ad un'idea innovativa **...(1)...** una nuova speciale ricetta di cioccolatini: ideò una combinazione di nocciola tritata, recuperata dagli avanzi e cioccolato fuso per creare un ripieno cremoso sormontato **...(2)...** una nocciola intera, perfettamente tostata, il tutto ricoperto con il cioccolato fondente Luisa. Il risultato fu un cioccolatino delizioso **...(3)...** ricordava le nocche di un pugno, da cui il nome "Cazzotto". Fu Giovanni Buitoni, uomo d'affari e co-fondatore della Perugina, a pensare di cambiarne il nome. Riteneva, **...(4)...**, che fosse inadatto per la dolce creazione di Luisa: piuttosto che far chiedere un "cazzotto" alla commessa, sarebbe stato **...(5)...** appropriato che ricevesse dei Baci. Diversi anni più avanti, l'Art Director della Perugina, Federico Seneca, ebbe l'idea di avvolgere ogni Bacio in **...(6)...** messaggio d'amore, inserendo frasi romantiche all'interno del leggendario involucro stellato, ispirato dall'amore segreto tra Luisa e Giovanni. Con l'aggiunta degli iconici cartigli, i Baci Perugina smisero di essere semplici cioccolatini per diventare una leggenda **...(7)...** tempo. Fu sempre Federico Seneca a ideare poi la scatola blu e argento raffigurante la coppia che si bacia **...(8)...** una pioggia di stelle, ispirato al quadro "Il Bacio" di Hayez. Da allora, ogni dettaglio è diventato iconico. Oggi, quei cioccolatini compiono 100 anni, continuando ad innovarsi ed essere **...(9)...** di emozioni. Le stesse che gli stilisti d'alta moda Dolce & Gabbana, hanno voluto interpretare ed imprimere nella grafica delle confezioni dedicate a questo **...(10)...**, celebrando l'italianità, l'amore e la passione che contraddistinguono i Baci Perugina dalla **...(11)...** nascita. Il celebre marchio di moda, anch'esso icona d'italianità e d'eccellenza, affianca Baci Perugina nell'anno del suo centenario. Le collezioni che faranno sognare ed emozionare avranno uno stile che mescola l'essenza dei Baci **...(12)...** creatività inconfondibile di Dolce & Gabbana. La prima è la Collezione Celebrativa 100 Anni, ed è quella che veste Baci Classico durante tutto l'anno. La seconda collezione sarà la Limited Edition, una ricetta nuova e sorprendente in edizione limitata, svelata per il San Valentino di Baci nell'anno del Centenario. Quella dei Baci è una storia imprenditoriale tipica italiana, fatta di amore, passione, impegno, creatività, cultura. Una storia legata alla sua città d'origine: Perugia. Da un piccolo laboratorio del cioccolato, i Baci Perugina **... (13) ...** sono una delle realtà industriali più importanti del paese e considerati un'eccellenza in tutto il mondo.

(https://www.ilsole24ore.com/art/baci-perugina-festeggia-100-anni-storia-AExHRQ9)

C.2 **Completi il testo scrivendo negli spazi numerati da 14 a 25 il verbo mancante (nella forma, nel modo e nel tempo opportuni) scegliendolo tra quelli sottoelencati.**

Cancellare le tracce

Stamattina mi ha telefonato Rino, ho creduto che **...(14)...** ancora soldi e mi sono preparata a negarglieli. Invece il motivo della telefonata era un altro: sua madre non si trovava più. "Da quando?" "Da due settimane" "E mi telefoni adesso? Il tono deve essergli sembrato ostile, anche se non ero né arrabbiata né indignata, c'era solo un filo di sarcasmo. **...(15)...** a ribattere ma l'ha fatto confusamente, in imbarazzo, un po' in dialetto, un po' in italiano. Ha detto che s'era convinto che la madre **...(16)...** in giro per Napoli come al solito "Pure di notte?" "Lo sai com'è fatta." "Lo so, ma due settimane di assenza ti sembrano normali?" "Sì, tu non la vedi da molto è peggiorata: non ha mai sonno, entra, esce, fa quello che le pare." Comunque alla fine **...(17)...** . Aveva chiesto a tutti, aveva fatto il giro degli ospedali, si era rivolto persino alla polizia. Niente, sua madre non era da nessuna parte. Che buon figlio: un uomo grosso sui quarant'anni, mai lavorato in vita sua solo traffici e sperperi. Mi sono immaginata con quanta cura **...(18)...** le ricerche. Nessuna. Era senza cervello, e a cuore aveva soltanto sé stesso. "Non è che **...(19)...** da te?" mi ha chiesto all'improvviso. La madre? Qui a Torino? **...(20)...** bene la situazione e parlava solo per parlare. Lui sì che era un viaggiatore, era venuto a casa mia almeno una decina di volte senza **...(21)...** . Sua madre, che invece avrei accolto volentieri, non **...(22)...** mai da Napoli in tutta la sua vita. Gli ho risposto: "No che non sta da me." "Sei sicura?" "Rino, per favore: t'ho detto che non c'è." "E allora dov'è andata?" Ha cominciato a piangere e ho lasciato che **...(23)...** in scena la sua disperazione, singhiozzi che partivano finti e continuavano veri. Quando ha finito gli ho detto: "Per favore, una volta tanto **...(24)...** come vorrebbe lei: non la cercare." "Ma che dici?" "Dico quello che ho detto. Impara a vivere da solo e non **...(25)...** più nemmeno me." Ho riattaccato.

(Elena Ferrante "L'amica geniale" Edizioni e/o 2011)

Cercare	Mettere	Uscire	Preoccuparsi
Conoscere	Provare	Invitare	Stare
Essere	Comportarsi	Fare	Volere

C.3 **Nella maggior parte delle righe numerate da 26 a 39 ci sono errori di distrazione. Identifichi, negli spazi numerati da 26 a 39, con un √ le eventuali righe che non contengono errori; in caso contrario individui gli errori e scriva la forma corretta.**

Il Capodanno cinese

26. Se digitate «Capodanno cinese» su Google, nella pagina dei risultati sarete accolti da fuochi

27. d'artificio sulle tonalità del rosso e dell'arancione che terminano formando un tigre. Il 1° febbraio

28. infatti, si celebra il Capodanno cinese che innaugura l'anno della tigre.

29. In Medio Oriente la festa è meno conosciuta come Capodanno Lunare o Festa di primavera

30. e a dominare per le strade è il rosso, il colore portafortuna per eccelenza ormai adottato anche in

31. Occidente con lo stesso significato. Per le famiglie cinesi si tratta del vero e proprio evento dell'anno,

32. in cui si organizzano maestosi banchetti e si scambia le hòngbao, le buste rosse al cui interno si

33. mette del denaro. Perché il 1° febraio? A differenza dell'Europa, in cui si utilizza il calendario

34. gregoriano, in Cina al riferimento è il calendario lunare. In questo modo, i mesi iniziano in

35. concomitanza con ogni novilunio e, di conseguenza, la data del Capodanno può modificare di circa

36. ventinove giorni coincidendo con la seconda luna nuova dopo il solstizio d'inverno. Fatto ciò,

37. l'evento verificarsi tra il 21 gennaio e il 20 febbraio del calendario gregoriano. Quest'anno i

38. festeggiamenti dureranno 15 giorni a partire dal 1° febbraio, per concludersi con la tradizione Festa delle

39. Lanterne. Inoltre, perché gli animali dello zodiaco sono dodici, lo stesso animale si ripresenta ogni 12 anni.

(https://www.corriere.it/tecnologia/22_gennaio_31/capodanno-cinese-oggi-1-febbraio-60-anni-torna-tigre-d-acqua-39f11564-821d-11ec-9392-c3b5704e9a33.shtml)

C.4 **Completi il testo scegliendo la parola opportuna tra quelle proposte da 40 a 51. Indichi, vicino ad ogni numero, la lettera A, B, C o D corrispondente alla parola scelta.**

Le mondine

Uno dei principali lavori svolti in risaia dalla fine del 1800 fino agli anni '60 del secolo scorso è stato quello della mondina. Mondare la risaia, una delle **...(40)...** più pesanti in agricoltura, significava togliere le piante infestanti che mettevano a rischio la crescita del riso. Nelle campagne tra Pavia, Vercelli e Novara ogni anno si riversavano migliaia di donne, dai 13 ai 70 anni, provenienti da Lombardia, Veneto e Emilia-Romagna. Queste lavoratrici passavano dodici ore al giorno in risaia in compagnia di serpenti, topi, sanguisughe e insetti. Per **...(41)...** dal sole indossavano cappelli di paglia a tesa larga e lunghi manicotti per limitare le punture delle zanzare. Negli stessi manicotti nascondevano le rane catturate per poterle friggere e mangiare poi la sera. Quella delle mondine è stata principalmente una storia di **...(42)...** e malattia, costrette a turni massacranti e giornate intere con le gambe immerse nell'acqua fino alle ginocchia, a piedi nudi e con la schiena curva. Il tutto, nella totale assenza di diritti sindacali. Da queste **...(43)...** lavoratrici partì uno dei primi movimenti femminili che scaturì in aspre battaglie sindacali che neppure il fascismo riuscì a smorzare, e che si concretizzò – per la prima volta in Italia – nel diritto alle 8 ore lavorative giornaliere contro le 12 del passato. Fu nelle risaie di Molinella che avvennero le prime **...(44)...** per ottenere migliori condizioni di vita. Le donne arrivavano con vecchi treni che normalmente trasportavano bestiame. Erano alloggiate nelle tante cascine del territorio. Dormivano in grandi granai svuotati, con i letti ricavati da assi di legno **...(45)...** con un po' di paglia. I capannoni arrivavano a contenere fino a 60 lavoratrici. Si tendeva a tenere separate quelle che provenivano dallo stesso paese o si conoscevano, per **...(46)...** scioperi o rappresaglie. Alle 4.30 il caposquadra dava la sveglia. Erano costrette a lavarsi con l'acqua fredda di un fossato dove si lavavano anche panni e stoviglie. Andavano nei campi a piedi, poiché il padrone decurtava dalla loro paga le spese del viaggio su un eventuale trattore. La giornata di lavoro durava dodici ore, con una pausa di mezz'ora per il pasto che era sempre lo stesso, riso e fagioli, anche quello decurtato dalla paga. Gli uomini, direttamente **...(47)...** nella monda del riso, erano pochi: al massimo quattro o cinque ogni cinquanta donne. Le risaie venivano suddivise in "quadre" e le lavoranti si disponevano in file **...(48)...**. Erano immerse, a piedi nudi, nell'acqua fino alle ginocchia, indossavano una sottana o dei pantaloni tagliati e arrotolati. Così, a testa in giù, mondavano il riso per 12 ore, raccoglievano in mazzetti le piante infestanti che venivano passate di mano in mano dal centro di ogni fila fino alle estremità, e poi gettati nei canaletti di scolo laterali, al grido di "erba, erba". Alcune venivano colpite da quella che venne chiamata la febbre del riso, una malattia infettiva acuta causata da un parassita presente nell'acqua. Non era mai permesso interrompere il lavoro, ogni tanto il padrone passava tra le file a controllare e il caposquadra distribuiva un mestolo di acqua. Le loro difficili condizioni furono spesso i temi dei **...(49)...** che loro stesse inventavano, intonati per alleviare il peso delle lunghe giornate e che sono stati tramandati fino ai nostri giorni. Al termine delle lunghe giornate di lavoro le donne tornavano ai casolari, si strofinavano con il sapone e usavano le spighe del riso per eliminare dalla pelle il verde rilasciato da concime e acqua **...(50)...**. Coloro che riuscivano a non crollare dal sonno, la sera ballavano davanti al fuoco o nelle osterie vicine. Il film *Riso amaro* del 1949, interpretato da Silvana Mangano, e diretto da Giuseppe De Santis, ha contribuito a diffondere la loro storia. Oggi **... (51) ...** macchinari e diserbanti hanno sostituito quel duro lavoro. Sono rimasti i musei, a ripercorrere la memoria storica e le vite di stenti e fatica di tante donne, le nostre grandi lavoratrici, le mondine.

(https://www.unadonnalgiorno.it/le-mondine/)

40	**A** imprese	**B** opere	**C** fatiche	**D** sgobbate
41	**A** liberarsi	**B** nascondersi	**C** salvarsi	**D** proteggersi
42	**A** utilizzazione	**B** sfruttamento	**C** abuso	**D** speculazione
43	**A** instancabili	**B** energiche	**C** resistenti	**D** indifese
44	**A** opposizioni	**B** proteste	**C** lamentele	**D** querele
45	**A** protette	**B** rivestite	**C** coperte	**D** ricoperte
46	**A** schivare	**B** scansare	**C** allontanare	**D** scongiurare
47	**A** ingaggiati	**B** impegnati	**C** implicati	**D** partecipi
48	**A** simili	**B** equivalenti	**C** parallele	**D** equidistanti
49	**A** canti	**B** componimenti	**C** concerti	**D** motivi
50	**A** corrente	**B** stagnante	**C** ferma	**D** palustre
51	**A** prestigiosi	**B** raffinati	**C** ricercati	**D** sofisticati

30 MINUTI

TEST 5

CELI 5

CERTIFICATO DI CONOSCENZA DELLA LINGUA ITALIANA

Livello C2

D **Prova di Comprensione dell'Ascolto** *(30 punti)*

Nome e Cognome dello studente

____

____

Data

____

____

D. PROVA DI COMPRENSIONE DELL'ASCOLTO

Traccia 13

D.1 **Ascolterete due testi. Indichi vicino a ogni numero da 1 a 9 la lettera A, B, C o D corrispondente alla risposta scelta. Ascolterete i testi due volte.**

1° testo

1. **"Strappare lungo i bordi"**
   a. è un'opera realizzata in dialetto romano.
   b. è un fumetto animato.
   c. è la seconda opera di Zerocalcare.
   d. racconta un'avventura in città di alcuni giovani.

2. **Zerocalcare o Michele Rech**
   a. ha scritto molte opere animate.
   b. era attivo nei centri sociali.
   c. ha illustrato reportage per riviste e quotidiani.
   d. è un illustratore straniero.

3. **L'autore prima di realizzare quest'opera**
   a. ha provato con video molto brevi e prodotti autonomamente.
   b. era stanco e depresso.
   c. ha aspettato il lockdown per mettersi al lavoro.
   d. ha studiato il mondo della serialità.

4. **Il motivo principale per realizzare l'opera**
   a. era legato alla passione dell'autore per le canzoni.
   b. era rendere visivo il suono.
   c. è stata la volontà dell'autore di fare fumetti più belli.
   d. è stato il desiderio di unire illustrazioni e musica.

5. **L'ispirazione per "Strappare lungo i bordi"**
   a. è venuta da una serie sulla periferia parigina.
   b. è legata alla volontà di rappresentare scene di vita quotidiana.
   c. è stata un colpo di fulmine.
   d. è stata autonoma e priva di riferimenti ad altre opere.

(https://www.corriere.it/podcast/daily/21_dicembre_29/meglio-2021-zerocalcare-serie-tv-dell-anno-io-strappare-bordi-171d3e46-67e2-11ec-8566-5d3d900d8a47.shtml)

2° testo

6. Secondo il Prof. Galiano

a. gli insegnanti lavorano male a scuola.
b. il futuro dei ragazzi ha molto valore.
c. la scuola non è tenuta nella giusta considerazione.
d. in Italia si parla molto della scuola.

7. Il Prof. Galiano

a. è molto attivo sui social.
b. scrive libri per la scuola.
c. aiuta i ragazzi a studiare in rete.
d. insieme ai colleghi ha uno spazio per gli studenti su TikTok.

8. I ragazzi utilizzano i social

a. per ascoltare i consigli degli adulti.
b. per mostrare le foto mentre dormono.
c. per esprimere loro stessi.
d. per mostrare video ironici.

9. Il Prof. Galiano ritiene che sia compito degli insegnanti

a. usare solo la penna rossa per correggere gli errori.
b. sottolineare sempre le cose negative per poi poterle correggere.
c. incolpare gli studenti dei loro errori.
d. valutare gli errori come tentativi andati male ma necessari per migliorare.

(https://www.rainews.it/video/2022/01/oggi-in-aula-prof-galiano-entro-in-classe-con-gioia-e-paura-insieme-serve-tanta-ironia-bea37d89-b0e2-40f4-bda1-001301fe22cb.html)

Traccia 14

D.2 **Ascolterete ora un'intervista sui diritti delle piante. Non tutte le affermazioni da 10 a 20 sono presenti nel testo. Indichi vicino al numero dell'affermazione. Sì, se è presente No, se non è presente. Ascolterete il testo due volte.**

10. Alessandra Viola si occupa di diritti delle piante solo da poco tempo.
11. Il movimento flower power nasce allo scopo di migliorare la qualità del clima.
12. Secondo Alessandra Viola le piante sono considerate soltanto un oggetto decorativo.
13. La plant blindness consiste nel vedere la vegetazione solo come sfondo.
14. L'ottanta per cento della vegetazione è viva.
15. La lingua non aiuta ad avere più considerazione delle piante.
16. "Essere un vegetale" vuol dire non essere più in vita.
17. Le piante hanno venti sensi.
18. Le piante somigliano all'uomo per intelligenza e sensibilità.
19. Le piante appartengono all'umanità e non hanno padroni.
20. Riconoscere i diritti delle piante aiuterebbe a cambiare la prospettiva sul mondo.

(https://www.greenandblue.it/2021/12/27/news/non_piu_solo_risorse_per_i_diritti_delle_piante-330065113/)

Traccia 15

D.3 **Ascolterete un testo sulle fontanelle nelle città italiane. Completi le informazioni con poche parole (massimo quattro) negli spazi numerati da 21 a 30. È possibile usare le stesse parole del testo oppure dei sinonimi. Ascolterete il testo una sola volta.**

21. Per fortuna che ci sono le fontanelle: Mentre il termometro **...(21)...** e il bisogno di bere cresce
22. ventisei milioni di italiani votarono perché l'acqua non fosse un bene privato, **...(22)...** per pochi
23. Purtroppo quel risultato è rimasto **...(23)...**
24. promosse la realizzazione di quindici fontane a cui i parigini potevano **...(24)...**
25. il problema estetico della forma e delle dimensioni di questi erogatori collegati alle **...(25)...**
26. Ne furono istallate duecento ed esistono ancora oggi. Anche Torino **...(26)...**
27. Sul fronte la **...(27)...**, simbolo della città, che versa acqua potabile.
28. dotate di un piccolo foro nel tubo per **...(28)...** tappando la cannella.
29. A Milano nel 1931 furono istituite le fontanelle di color **...(29)...**, ispirate a quelle di Parigi
30. Per favore curatele, **...(30)...** Acqua gratis per tutti!

(https://www.repubblica.it/podcast/audio-rubrica/effetti-personali)

20 MINUTI

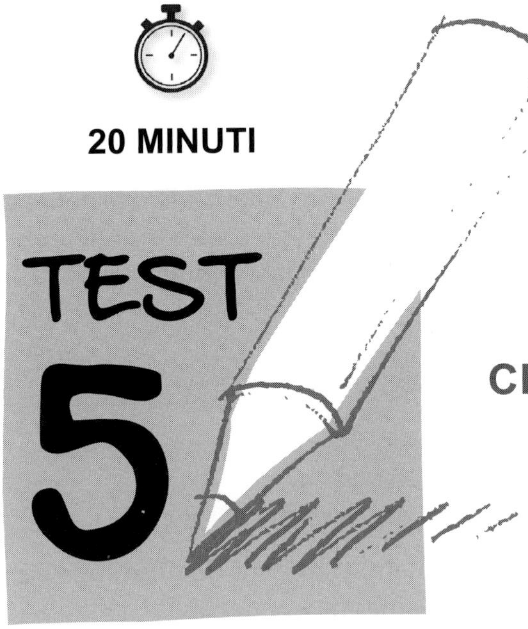

CELI 5

CERTIFICATO DI CONOSCENZA DELLA LINGUA ITALIANA

Livello C2

Prova di Produzione Orale

Lo studente esaminerà il materiale sul quale si svilupperà la conversazione con il suo insegnante.

Il materiale consiste in:

A Un testo da riassumere e utilizzare come spunto di conversazione

B Foto da descrivere e utilizzare come spunto di conversazione

C Frasi o citazioni da commentare

Il materiale (foto, testo e citazioni) viene consegnato al candidato circa 20 minuti prima dell'inizio della prova.

Nome e Cognome dello studente

Data

Domande guida

FOTO

- Descriva quello che è rappresentato nella foto.
- Quali sono le principali cause dello stress nella vita quotidiana? Qual è la Sua esperienza?
- Quale stile di vita ritiene più efficace per combattere lo stress e cosa consiglierebbe a una persona che ha bisogno di scaricare la tensione lavorativa e le difficoltà della vita quotidiana?

TESTO

- Riassuma il testo.
- La sensibilizzazione della gente nei confronti del maltrattamento degli animali è cresciuta negli untimi anni. Come valuta questi cambiamenti?
- È corretto considerare la caccia come uno sport o altrimenti un inefficace sistema per controllare la popolazione degli animali selvatici?

ESPRESSIONI E MASSIME

- Spieghi il generico significato delle espressioni.
- Secondo Lei la giovinezza è il momento più bello della vita?
- Qual è la relazione tra i giovani e le generazioni precedenti? Gli adulti hanno attenzione verso i giovani e i loro desideri?

A **Descriva la foto e risponda alle eventuali domande che Le verranno poste.**

(https://www.lanaturanelcuore.it/tecniche-di-rilassamento-e-antistress/)

B **Legga e riassuma il testo. Risponda alle domande che eventualmente Le verranno poste.**

Il veterinario che ha salvato Battista: «Così il cervo è tornato a correre»

Quando è arrivato alla «Stella del Nord», il primo Cras - Centro di Recupero per Animali Selvatici aperto lo scorso 15 marzo dalla Lega Italiana Difesa Animali e Ambiente in provincia di Lecco, era in condizioni disperate. Inseguito dai cani dei cacciatori e circondato dagli spari, il piccolo di cervo non aveva retto allo stress ed era rimasto paralizzato. Completamente incapace di muoversi, annientato da uno shock a cui questi animali selvatici sono sensibilissimi e dal quale difficilmente riescono a riprendersi. Recuperato dalla polizia provinciale a settembre, all'inizio della stagione di caccia, e portato al Cras che lo ha subito preso in cura, Battista ora sta meglio: dopo tre mesi di cure incessanti il cucciolo ha ricominciato a mangiare, a riprendere peso, persino a stare in piedi e camminare. «Un miracolo», a detta del dottor Rainer Schneider, 70 anni, direttore sanitario del Cras e uno dei massimi esperti di cura degli animali selvatici d'Italia, reso possibile da una particolare terapia fisiatrica che il veterinario ha visto utilizzare in Africa e applicato, per la prima volta in Italia, al nuovo ospite della «Stella del Nord». «Avevo visto trattare delle antilopi stressate e scioccate con delle imbragature -spiega Schneider- : gli animali venivano sospesi in modo tale da stare in equilibrio e sfiorare con gli arti il terreno, liberi di muovere le zampe posteriori ma sostenuti su quelle anteriori. Beh, ogni volta, molto lentamente, recuperavano la sensibilità. Quando Battista è arrivato stava sempre sdraiato e, nonostante le cure, non riusciva a riprendersi. Abbiamo fatto esami del sangue e radiografie ma non aveva nessuna frattura, il suo era chiaramente un danno neurologico». Per l'animale il Cras ha allestito un vero e proprio reparto di terapia intensiva. Non appena si è stabilizzato è stato sottoposto alla fisioterapia. «Nonostante le cure continuava a stare male tanto che ad un certo punto abbiamo pensato che non ce la facesse -continua Schneider-. Così ho applicato il sistema visto in Africa, un Paese che frequento da quando ero ragazzo. Molto lentamente il cervo ha cominciato a reagire e sono arrivate le prime speranze di guarigione. La soddisfazione massima è arrivata quando abbiamo visto che dopo tre mesi, traballando, riusciva a stare in piedi da solo, sulle sue zampe». Laureato a Milano in Medicina Veterinaria, in cinquant'anni di carriera Schneider ha riattaccato becchi a pellicani, curato serpenti e tigri, ricostruito carapaci fratturati, insegnato per 30 anni tecniche di prevenzione e terapie per animali selvatici agli allevatori e veterinari in Indonesia e creato oasi naturali. Schneider è talmente appassionato di animali esotici da essersi meritato il titolo di direttore sanitario del parco faunistico delle Cornelle di Valbrembo, in provincia di Bergamo e del primo Cras - Centro di Recupero per Animali Selvatici - della Lega Italiana Difesa Animali e Ambiente presieduta dall'onorevole Michela Vittoria Brambilla, felicissima dei risultati ottenuti con il piccolo cervo. «Vedere il piccolo cervo in piedi -ha detto la presidente Leidaa- è stata un'emozione fortissima che ci ha più che ripagati per tutti gli sforzi fatti per curarlo. Ora dovrà seguire un percorso di riabilitazione neurologica ma, fra qualche tempo, siamo certi che potrà tornare a correre libero nel suo bosco». Battista è solo uno delle centinaia di animali salvati dal Cras «Stella del Nord» a meno di un anno dalla sua apertura: oltre ai cervi, caprioli, lepri, tassi, scoiattoli, volpi, cinghiali, ricci, aironi, germani e molti altri animali di numerose specie. In tutto sono 65 mila mq con un recinto ungulati, uno «spazio di reinserimento in natura», voliere di primo soccorso e degenza, una zona di isolamento animali, un locale adibito ad assistenza veterinaria e primo soccorso. Lo scopo? Riuscire a salvare e preservare la fauna selvatica ristabilendo un equilibrio che negli ultimi anni è venuto meno. «Purtroppo, alcuni animali sono arrivati già agonizzanti e non c'è stato niente da fare - racconta ancora Schneider-. Ma moltissimi, impallinati o aggrediti da predatori, li abbiamo salvati. Il problema è che sono considerati "animali di nessuno", come tutti gli animali selvatici; in realtà ci appartengono perché fanno parte dello Stato e sono un patrimonio faunistico italiano che ha bisogno di essere curato esattamente come un cane o un gatto ferito, ammalato o investito da una macchina. Prima di liberare Battista bisognerà aspettare che sia del tutto autosufficiente e trovargli un parco dove non si pratica la caccia, magari mettendogli un collarino Gps. In questo modo, potremmo sempre sapere dove si trova».

(https://www.corriere.it/cronache/22_gennaio_22/veterinario-che-ha-salvato-battista-cosi-cervo-tornato-correre-44fb68e6-7b89-11ec-830f-a689bbf9b7cc.shtml)

C **Legga attentamente e commenti le seguenti espressioni e massime su cui si svolgerà parte della conversazione.**

ESPRESSIONI E MASSIME

I giovani

- *Vista dai giovani, la vita è un avvenire infinitamente lungo. Vista dai vecchi, un passato molto breve.*

- *Essere giovane e non essere rivoluzionario è una contraddizione perfino biologica.*

- *Molti oggi parlano dei giovani; ma non molti, ci pare, parlano ai giovani.*

2 ORE E 45 MINUTI

TEST 6

CELI 5

CERTIFICATO DI CONOSCENZA DELLA LINGUA ITALIANA

Livello C2

A **Prova di Comprensione della Lettura** *(40 punti)*

B **Prova di Produzione di Testi Scritti** *(60 punti)*

Nome e Cognome dello studente

____

____

Data

____

____

CELI 5

A. PROVA DI COMPRENSIONE DELLA LETTURA

A.1 **Legga i due testi. Metta una X, nei numeri da 1 a 10, vicino alla lettera A, B, C e D corrispondente all'affermazione giusta tra le quattro che Le vengono proposte.**

1° TESTO

Homeschooling: opinioni a confronto

L'homeschooling è nato nei grandi spazi degli Stati Uniti e del Canada dove non sempre ci sono scuole facilmente raggiungibili. Ma negli ultimi anni questo fenomeno si è diffuso anche nelle grandi città dove l'accesso agli istituti è tutt'altro che difficile. Sono diverse le famiglie che anche in Italia hanno scelto questa strada ritenendola più adatta allo sviluppo individuale del bambino. Ma non sono pochi i dubbi che solleva, come la mancanza di confronto con il diverso e il rischio di crescere bambini iperprotetti. Ecco due opinioni a confronto. Perché non mandare i figli a scuola? Lo abbiamo chiesto a Erika di Martino, mamma di 5 figli, consulente familiare e ideatrice del network educazioneparentale.org e blogger di controscuola.it. "I genitori che scelgono questa strada condividono un forte senso di responsabilità per l'istruzione e l'educazione dei figli. Chi fa questa scelta solitamente si mette a studiare i diversi tipi di pedagogia, da Steiner alla Montessori, e sceglie il più adatto per i propri bambini. Nessuna istituzione scolastica può competere con genitori amorevoli e ben motivati a educare i propri figli. Ogni famiglia ha il suo ritmo e il suo stile educativo, non standardizzato, ma personale e questo lo rende più umano. Inoltre, non ci sono programmi da seguire in tempi stretti, né giudizi, né voti. A casa l'apprendimento avviene in modo naturale e non coercitivo, si segue lo sviluppo del bambino e i suoi interessi. Come funziona nella pratica? All'inizio le famiglie che scelgono questa strada partono strutturandosi come una piccola scuola casalinga: con orari precisi e libri di testo. Ma quasi sempre col tempo abbandonano questa struttura rigida e iniziano a lavorare su progetti che appassionano i figli. Ad esempio se piace la pizza, questa diventa occasione per affrontare diverse materie: la storia (quando nasce), la geografia (da dove viene), la scienza (quali sono gli ingredienti), la matematica (quanta farina ci vuole per una pizza), l'arte (si fa un disegno). La socializzazione non è un problema: gli homeschooler hanno una rete dove si organizzano incontri quasi settimanali; poi frequentano il quartiere e chi ci abita, e al pomeriggio fanno corsi, di sport o musica, insieme ai bambini che alla mattina vanno a scuola. Le occasioni per fare amicizia non mancano. Non vogliamo dire che la nostra scelta sia migliore di chi manda i figli a scuola, quello che vogliamo è che sia una possibilità, poi ognuno sceglie ciò che ritiene più giusto per sé. Certo non è una scelta per tutti: bisogna avere tempo, motivazione e un lavoro che permetta di stare a casa con i figli". Non sono pochi a essere critici verso l'homeschooling. Abbiamo chiesto cosa ne pensa Laura Pigozzi, psicoanalista e autrice del libro "Mio figlio mi adora" (Edizioni Nottetempo) dove affronta il problema delle famiglie che si chiudono attorno ai figli." Una delle criticità dell'homeschooling è che non allena alla diversità che è una competenza sempre più fondamentale per affrontare il mondo di domani. Stando a casa con i genitori il bambino non ha confronti, né con i coetanei, né con gli insegnanti. Cresce nel pensiero unico dei genitori. Invece, per l'apprendimento, è importantissimo confrontarsi con più stili educativi: i bambini vedendo le differenze tra gli insegnanti e i genitori, imparano a ragionare, si fanno delle idee, si arricchiscono e si preparano ad affrontare la collettività. Anche la presenza dei compagni è importantissima, perché la scoperta del sapere è un'avventura e come tale va condivisa con i compagni d'avventura e non con la madre. Andare a scuola è un allenamento sociale. Inoltre, andare a scuola ogni mattina crea una ritualità necessaria. Il piccolo impara le regole della società: ci si deve alzare a un'ora precisa, bisogna vestirsi, fare tutto in un certo tempo... anche scegliere cosa indossare è un allenamento sociale. Separarsi dalla madre è doloroso ma necessario. Ma soprattutto questa scelta impedisce la separazione dalla madre. È la separazione che fa diventare grandi, così come sono i piccoli traumi che fanno crescere. Rimanendo protetti tra le mura domestiche i bambini non elaborano e si confrontano solo con un unico tipo di adulto che sono: il padre, ma soprattutto la madre. L'homeschooling è sintomo non solo di sfiducia verso la collettività, ma anche di una paura eccessiva verso i figli: si teme che gli insegnanti non siano bravi come i genitori, che possano vivere situazioni di stress, di bullismo... Ma in questo modo si rischia di crescere bambini iperprotetti che un domani faranno fatica a confrontarsi con la società. La scuola pubblica è una grande conquista, certamente ha le sue problematiche, ma allora perché non unire le forze e lavorare tutti insieme per migliorarla?"

(https://www.nostrofiglio.it/bambino/istruzione/homeschooling-opinioni-a-confronto)

DOMANDE

1. **Perché alcuni genitori scelgono l'homeschooling?**
   a. Preferiscono non mandare i figli a scuola.
   b. La considerano la scelta più benefica per i figli.
   c. Per adattare lo studio dei figli al loro ritmo e allo stile educativo preferito.
   d. Poche scuole utilizzano i metodi pedagogici che loro preferiscono.

2. **Come funziona in pratica l'homeschooling?**
   a. Le famiglie si organizzano come una piccola scuola casalinga.
   b. Si studiano solo alcune materie.
   c. Si lavora su progetti che appassionano i figli.
   d. Bisogna avere degli orari fissi.

3. **Non tutti possono optare per l'homeschooling perché**
   a. È necessario poter lavorare dalla propria abitazione.
   b. Bisogna essere motivati.
   c. Si deve avere molto tempo a disposizione.
   d. Sono in pochi a fare questa scelta e manca un confronto.

4. **Secondo Laura Pigozzi, una delle criticità dell'homeschooling è che**
   a. i ragazzi non imparano abbastanza.
   b. manca il confronto con gli insegnanti.
   c. manca la socializzazione.
   d. non ci si allena alla diversità.

5. **La psicanalista sostiene che andare a scuola**
   a. è una preparazione per la vita sociale.
   b. aiuta i ragazzi a crescere.
   c. contribuisce a creare il senso di responsabilità.
   d. è un'occasione per socializzare.

2° TESTO

Di cosa sono fatti gli abiti che indossiamo?

Quali ingredienti sono stati utilizzati per preparare le pietanze che avete mangiato oggi? Probabilmente gran parte di voi saprebbe rispondere a questa domanda e i più attenti saprebbero addirittura indicare anche la provenienza di alcune materie prime. Cosa succederebbe, invece, se vi chiedessimo di cosa sono fatti gli abiti che indossate? Le fibre impiegate dall'industria tessile sono innumerevoli probabilmente più di quel che immaginiate. Di solito, vengono distinte fra quelle naturali - di origine animale o vegetale - e le tecnofibre. All'interno di questa seconda categoria - esemplificando - si distinguono le fibre sintetiche - per la cui realizzazione vengono impiegati polimeri derivanti dal petrolio - che oggi sono quelle maggiormente usate nel settore dell'abbigliamento, e quelle artificiali che vengono solitamente ottenute da materie prime naturali che, tuttavia, subiscono processi chimici. C'è da dire che negli anni i materiali che compongono i nostri capi sono cambiati in continuazione e probabilmente muteranno ancora anche per una crescente attenzione all'ambiente. Il comparto tessile è infatti in continua evoluzione e tra le sfide legate alla sostenibilità - oltre a chi lavora per allungare la longevità dei capi o per favorirne il riciclo a fine vita - Erase all this sentence: "- oltre a chi lavora... vita -" c'è chi si impegna per individuare quali siano le fibre di origine vegetale più sostenibili nel confezionamento di vestiti ed accessori. Quali tessuti di origine vegetale avete nell'armadio? Non ve ne vengono in mente molti o non ci avete mai fatto tanto caso? Molte fibre naturali sono già oggi utilizzate, alcune di esse sono popolarissime e, se dovessimo stilare una classifica in termini di diffusione, al primo posto troveremmo il cotone - usato sia per gli abiti che per l'arredamento - seguito probabilmente dal lino. Sono, però, davvero numerose le piante - e i frutti - dai quali si può ricavare la materia prima necessaria ad arricchire il nostro guardaroba (e probabilmente controllando l'etichetta, già abbiamo più di un capo che sfrutta tali fibre organiche). Erase this sentence (e probabilmente... organiche). Cosa c'entra un capo di abbigliamento con un frutto? È presto detto: ciò che mangiamo spesso è solo una minima parte (in termini di volume e di peso) della pianta tant'è che le diverse filiere si trovano non di rado nella necessità di dover smaltire bucce o altre parti vegetali. Entrando in un negozio per chiedere un capo fresco, magari adatto a sopportare le calde temperature estive, potrebbe capitarvi di provare un abito realizzato con la fibra di banano. Sì, parliamo proprio di ciò che dà origine al noto frutto così diffuso in tutto il pianeta. Quel che mangiamo, come noto, è una parte molto limitata del tutto. Come valorizzare il resto? Una soluzione arriva proprio dalla moda! Dal fusto è oggi possibile ottenere diverse tipologie di filati: da quelle resistentissime per corde o tappeti a tessuti ruvidi - utilizzabili per elementi di arredo come una tovaglia - fino al bananatex ovverosia una tipologia più confortevole, ideale per capi di abbigliamento o addirittura per l'intimo. Se pensate, però, che sia un'idea del ventunesimo secolo vi sbagliate: in Giappone coltivavano banani a scopo tessile già nel tredicesimo secolo. Borse, scarpe, cinture e diversi accessori che indossiamo nella vita di tutti i giorni sono realizzati in pelle. Se quella "classica" è sì di origine naturale ma animale, negli ultimi anni si sono diffuse quelle ottenute da vegane materie prime: sono davvero le più disparate: dalle bucce delle mele o di uva, alle foglie dell'ulivo fino a funghi e fondi del caffè. L'elenco è ancora lungo e, tra le diverse piante utilizzate, c'è anche il fico d'India che, al di là del nome, è una delle piante cactacee più diffuse nella nostra penisola. Dalla lavorazione dell'amatissimo frutto estivo si riesce a trarre una eco-pelle particolarmente morbida e traspirante che può sostituire quella animale nelle diverse funzioni e addirittura per realizzare elementi di arredo come i rivestimenti di poltrone o per i sedili delle automobili. Un tessuto davvero... fichissimo! Se vi parlassimo di tessuti "raffinati e di altissima qualità", a quale filato pensereste? Probabilmente a diversi, ma se vi dicessimo di guardare nel frigorifero? Grandi brand della moda hanno, all'interno delle loro collezioni, vestiti realizzati con fibre derivanti dai sottoprodotti dell'industria del succo di agrumi ovverosia dagli scarti delle amate aranciate e dei succhi a base del noto frutto. Non parliamo di prototipi o di progetti in fase di studio, ma di tessuti già esistenti ed utilizzati che hanno origine da una innovazione, tutta made in Italy. Tra i tessuti che hanno origine da una pianta ve n'è uno che sta spopolando. Chi non conosce la pianta di bamboo (o bambù)? Cresce anche spontaneamente in diverse parti del mondo - come nelle zone tropicali e subtropicali - e si trova spesso anche nei parchi, giardini o lungo i corsi d'acqua. La sua coltivazione è a ridotto impatto ambientale poiché non necessita di pesticidi o concimi e richiede meno acqua di gran parte delle altre coltivazioni. Tra le proprietà di questa pianta si registra anche la capacità di assorbire, durante l'accrescimento, un'altissima quantità di anidride carbonica e, al contempo, di emettere una maggiore quantità di ossigeno rispetto alla media delle altre specie vegetali. Negli ultimi anni le fibre ottenute da questa portentosa pianta ricca di cellulosa sono sempre più utilizzate per realizzare abiti, capi di abbigliamento intimo, costumi da bagno, ma anche per creare accessori che siano, al contempo, resistenti, leggeri e traspiranti come coprimaterassi, federe e cuscini. Stupefacente? Pensate che non finisce qui, anzi vi diciamo di più: anche i colori, ovvero le tinture dei capi possono essere di origine vegetale.

(https://www.donnamoderna.com/ambiente/tessuti-di-origine-vegetale)

DOMANDE

6. Nel settore dell'abbigliamento le fibre più usate sono quelle

a. naturali.
b. artificiali.
c. sintetiche.
d. miste.

7. In un negozio di abbigliamento potrebbe capitarci di trovare un abito fatto di

a. materiali alternativi.
b. scarti vegetali.
c. bucce della frutta.
d. fibra di banano.

8. Dalla lavorazione del fico d'India si riesce a ricavare

a. ecopelle adatta ai divani e alle poltrone.
b. stoffe per i vestiti.
c. tessuti adatti per l'intimo.
d. rifiniture per borse.

9. Molte marche dell'industria hanno alcuni filati lavorati con:

a. le bucce delle banane.
b. gli scarti delle aranciate.
c. il succo dell'uva.
d. le foglie dell'ulivo.

10. La coltivazione del bambù è a ridotto impatto ambientale perché

a. cresce spontaneamente in diverse parti del mondo.
b. non inquina.
c. non necessita di sostanze chimiche o fertilizzanti.
d. ha la capacità di assorbire l'anidride carbonica.

A.2 **Legga il testo e risponda alle domande negli spazi numerati da 11 a 15.**

Stoviglie e pentole fuse: ecco il Perseo di Benvenuto Cellini

Benvenuto Cellini nacque nel novembre del 1500, a Firenze. Scultore, orafo e argentiere italiano, è considerato uno dei più importanti artisti del Manierismo, quello stile stravagante e raffinato che segnò la fine del Rinascimento. Di natura irrequieta e violenta, ebbe una vita avventurosa, segnata da contrasti, passioni e delitti, per i quali fu spesso costretto all'esilio o alla fuga. Cosimo I De' Medici, Duca di Firenze e poi Granduca di Toscana, tra il 1537 e il 1574 (anno della morte), richiamò alla sua corte un gran numero di artisti e letterati, tra i quali lo stesso Cellini, elevandolo al rango di scultore di corte. Ed è proprio in quell'occasione che Cellini progettò, tra le tante, un'opera ammirabile ancora oggi nella Loggia dei Lanzi, in Piazza della Signoria: il Perseo con la testa di Medusa, progetto iniziato nel 1545 e terminato ben nove anni dopo, nel 1554. Nel lavoro di Cellini, Perseo ha le fattezze di Cencio, un giovane garzone della bottega dell'artista. Perseo, figlio di Zeus e di Danae, principessa di Argo, è l'eroe che sconfisse Medusa, una delle Gorgoni: Medusa è una creatura mostruosa, con serpenti al posto dei capelli, capace di trasformare in pietra chiunque incrociasse il suo sguardo. Nel bronzo di Cellini, la testa di Medusa, grondante di sangue, è tenuta alta da Perseo, mentre il corpo, dal cui collo esce sangue a fiotti, gli sta ai piedi. La mano destra del giovane impugna la spada con la quale ha tagliato la testa della Gorgone.
La statua però si rivelò di difficile esecuzione per Cellini, anche perché aveva deciso di realizzare il corpo in una sola gettata, anziché saldare le varie membra fuse separatamente, com'era consuetudine a quel tempo. Nella sua biografia Benvenuto Cellini racconta le peripezie che dovette affrontare. Mentre preparava la gettata per il bronzo (rame e stagno) nella fornace, il materiale fuso iniziò a mostrarsi poco fluido e ad addensarsi, per cui era necessario trovare un rimedio rapidamente. La soluzione - pronta e geniale - fu quella di buttare nella gettata le stoviglie e le pentole di stagno di casa sua (alcune recuperate anche dalla cucina di Palazzo Vecchio), così da recuperare il mix per la fusione. Come se non bastasse, quella sera, il fuoco della fornace si abbassò in seguito a un temporale, mentre Cellini stesso era in preda alle febbri causate dal calore e dalle esalazioni dei metalli. Ma il risultato, proprio grazie alle stoviglie e alle pentole impiegate, fu che il metallo tornò fluido al punto giusto e la gettata riuscì perfettamente, addirittura oltre le aspettative dello stesso Cellini. Solo alcune parti vennero rifatte - il piede destro e parte dello stinco di Perseo - mentre tutto il resto venne solo definito nelle fasi di pulizia.
La quantità di stagno aggiunta nella fusione con le stoviglie venne stimata con precisione solo attorno agli anni Cinquanta del Novecento, quando la statua, che per via della guerra era stata nascosta, tornò al suo posto. Il restauratore effettuò le analisi del metallo e così si scoprì che la percentuale di stagno presente nella statua corrispondeva a un centinaio di stoviglie dell'epoca, per le quali, si racconta, Cellini chiese anche un rimborso al Granduca Cosimo I. Infine, per chiudere con le curiosità, l'artista realizzò il proprio autoritratto nella parte posteriore del Perseo, tra l'elmo e i capelli dell'eroe, e firmò l'opera sulla cinghia a tracolla che doveva servire a reggere la spada.

(https://www.focus.it/cultura/arte/stoviglie-e-pentole-fuse-ecco-il-perseo-di-benvenuto-cellini)

DOMANDE

11. Come fu la vita di Benvenuto Cellini?
(da 4 a 10 parole)

12. In quale circostanza Cellini ideò Il Perseo?
(da 8 a 15 parole)

13. Che sembianze ha Perseo?
(da 8 a 15 parole)

14. Perché la statua non fu di facile realizzazione?
(da 4 a 10 parole)

15. Qual è il particolare curioso celato nella parte posteriore della statua?
(da 10 a 20 parole)

B. PROVA DI PRODUZIONE DI TESTI SCRITTI

B.1 **Svolga UNO dei seguenti compiti.**

(Da un minimo di 330 ad un massimo di 360 parole)

1. L'Italia è un paese unico per la conoscenza, la tradizione estetica e l'abilità pratica dei suoi designer e artigiani e l'idea di "italianità" sembra influenzare la scelta di acquisto dei prodotti Made in Italy. Tuttavia molti prodotti sono solo pensati, progettati, ideati in Italia, ma realizzati spesso altrove. Inoltre, nel mondo esistono molti prodotti che si fingono Made in Italy, ma non sono né fatti né pensati in Italia. Sviluppi le Sue opinioni sulla questione del Made in Italy e della percezione dell'"italianità" nel mondo aiutandosi con le Sue conoscenze, letture ed esperienze personali.

2. Lei vive e lavora stabilmente in Italia e partecipa attivamente a un forum dedicato a questioni lavorative. In questo forum scrive un italiano non più tanto giovane che, a causa della crisi economica, è costretto a lasciare l'Italia e cercare lavoro all'estero. Grazie alla Sua esperienza di lavoratore in un paese straniero, scriva sul forum un intervento in cui fornisce informazioni, spiega vantaggi e svantaggi del lavoro all'estero, racconta la Sua esperienza e fornisce consigli su come cercare lavoro e quali qualifiche ritiene siano necessarie.

3. Sua nipote compie otto anni. La bambina ama molto i gatti e Lei decide di dedicarle una storia illustrata che abbia come protagonisti due gatti. I due gatti si incontrano per caso e tra loro nasce l'amore. La storia inizia così: "*Dopo un incidente la gatta Ginevra venne portata all'ospedale dei gatti. Qui, tra altri gattini malati, ce n'era uno tutto rosso e spelacchiato, che miagolava gioiosamente. Ginevra lo guardò con occhi dolci.*"

B.2 **Svolga i seguenti compiti.**

(Da un minimo di 90 ad un massimo di 110 parole)

1. Lei ha acquistato una nuova cucina. Il personale del negozio che si è occupato del montaggio non ha terminato il lavoro, perché la giornata lavorativa è finita. Lei si accorge che non tutti gli elettrodomestici sono stati correttamente installati e dunque non sono utilizzabili. Scrive una email al direttore del negozio per esprimere il Suo disappunto e ricordargli che Lei ha pagato per questo servizio. Chiede che il lavoro di montaggio venga al più presto portato a termine o che Le venga rimborsato quanto ha pagato per l'installazione della cucina.

(Da un minimo di 70 ad un massimo di 90 parole)

2. Lei è il direttore di un noto negozio di arredamento. Riceve una lettera di reclamo per un disservizio da parte del personale del negozio addetto all'installazione degli arredi. Tale lavoro viene pagato dai clienti che comprano i mobili, ma non è specificato in quanto tempo il montaggio deve essere terminato. Spieghi la situazione al cliente, lo informi che non è previsto nessun rimborso per il ritardo nel montaggio e lo inviti ad avere pazienza.

1 ORA E 15 MINUTI

TEST 6

CELI 5

CERTIFICATO DI CONOSCENZA DELLA LINGUA ITALIANA

Livello C2

C **Prova di Competenza Linguistica** *(20 punti)*

Nome e Cognome dello studente

____

____

Data

____

____

C. PROVA DI COMPETENZA LINGUISTICA

C.1 **Completi il testo scrivendo la parola mancante negli spazi numerati da 1 a 13. Una sola parola è possibile.**

Come arredare casa con le ultime tendenze di mercato

Arredare casa è sempre un'esperienza più che piacevole, **...(1)...** per chi cerca di trovare le migliori soluzioni per la propria dimora, sia per i professionisti dell'arredamento e gli interior designer, che portano ai propri clienti innovazioni e tendenze sempre più moderne e innovative. Sono moltissime le informazioni reperibili online relative a **...(2)...** su come migliorare la vita all'interno delle mura domestiche e altrettanti i negozi che propongono ai propri clienti i prodotti più all'avanguardia sul mercato. Per arredare bene, il segreto è sempre **...(3)...** di seguire il proprio intuito, sprigionando la propria creatività. Un piccolo aiuto poi viene sicuramente dalle riviste specializzate e dai portali online che parlano di come ottimizzare lo stile e la funzionalità della **...(4)...** abitazione, con i prodotti e i materiali più di tendenza. L'esigenza di avere un ambiente domestico più green **...(5)...** soprattutto in determinati contesti, come ad esempio nelle abitazioni cittadine e negli appartamenti delle grandi metropoli. In queste aree il desiderio di natura e libertà si fa sentire parecchio e si manifesta con la scelta di arredi originali, che si distacchino totalmente dall'ambiente esterno, affollato e caotico, e ricreino accoglienti atmosfere di relax e pace, una **...(6)...** chiusa la porta. Il legno ha sempre caratterizzato gli ambienti domestici. Soprattutto in alcune location specifiche, **...(7)...** ad esempio baite di montagna, ma non solo, l'arredamento in legno l'ha sempre fatta da padrone, per la sua capacità di creare ambienti più caldi e rilassanti. Questa tendenza di ritorno al legno è sempre trainata dalla maggior attenzione all'ecologia e non passa di certo inosservato. Non si parla però, oggi, di legno qualunque, ma di legname certificato e controllato, **...(8)...** precisi standard e nel pieno rispetto della natura. Assieme al legno si sono affacciati alla **...(9)...** anche nuovi materiali, sempre più sostenibili dal punto di vista ecologico, volti a ridurre al minimo le sostanze inquinanti nell'ambiente. Un altro trend nel settore del legno è la moda (ormai intramontabile) del recupero di vecchi mobili, che crea interessanti soluzioni di design, perfette soprattutto se poste in determinati contesti. Si tratta di soluzioni spesso economiche, ma che permettono di trasformare radicalmente gli spazi con delle vere e proprie innovazioni d'arredo. Se è **...(10)...** che c'è una grande riscoperta di ambienti eco e minimalisti, è altrettanto vero che vengono immessi sul mercato sempre più prodotti d'arredo dotati di un grande contenuto tecnologico. I prodotti tech sono ormai disponibili per qualsiasi ambiente domestico, ma molti di questi caratterizzano in particolar modo la cucina. Sono ad oggi presenti moltissimi elettrodomestici in questa **...(11)...** della casa, alcuni di questi più tradizionali, altri più innovativi. Il crescente trend della domotica è arrivato anche in questo settore, con soluzioni che permettono di migliorare sensibilmente ogni abitudine quotidiana. Ovviamente questa **...(12)...** è più interessante nel caso di grandi ambienti ma, spazio permettendo, cucina e salotto cercano sempre più spesso di convivere, anche nel caso di piccoli appartamenti: tutto va progettato con estrema cura e con grande attenzione ai dettagli, così da poter **...(13)...** di ambienti in perfetta armonia tra loro. Le novità nel settore dell'arredamento non finiscono mai. Ogni anno nascono nuovi prodotti e nuovi trend pronti a modificare gli ambienti e a trasformare radicalmente intere aree della casa, nell'aspetto estetico e nelle funzionalità. Il concetto di "casa", in questo modo, non stanca mai, ma resta in costante evoluzione.

(https://famigliainfuga.com/come-arredare-casa-con-le-ultime-tendenze-di-mercato/)

C.2 **Completi il testo scrivendo negli spazi numerati da 14 a 25 il verbo mancante (nella forma, nel modo e nel tempo opportuni) scegliendolo tra quelli sottoelencati.**

Morricone: il mio cinema in pentagramma

Mentre da giovane ritenevo **...(14)...** una musica 'assoluta' e una per il cinema, nel tempo – con l'esperienza – ho capito come tra i due ambiti espressivi esistano convergenze profonde. È così che ho musicato i film di Leone, Pasolini, Pontecorvo, Petri, Malick e De Palma; nella consapevolezza che cinema e musica **...(15)...** arti della temporalità, la cui alleanza si consuma nello scorrere di secondi, minuti, ore. Ho iniziato a lavorare per il cinema negli anni Sessanta. Ai tempi non **...(16)...** l'industria cinematografica e sognavo di scrivere musica «assoluta» senza vincoli di committenza, come i grandi del passato. Era un'idea ingenua, ma questo l'**...(17)...** molto più tardi. In quel periodo intrapresi il lavoro compositivo per il cinema alla scuola di compositori del calibro di Enzo Masetti, Alessandro Cicognini e Franco D'Achiardi, uno sperimentalista visionario che non dava nulla per scontato e amava rischiare. Un'altra fondamentale palestra fu la radio, dove **...(18)...** con gli arrangiamenti di musica leggera: prima per Carlo Savina e poi per altri eccellenti maestri che arrivavano da Milano e Torino. Consideravo quel mestiere con una certa spocchia e una buona dose di superiorità, ritenendolo eccessivamente al servizio della melodia cantata. E così provavo a riscattarlo, **...(19)...** negli arrangiamenti qualcosa che li rendesse autonomi rispetto al tema melodico. Era importante che **...(20)...** senso in sé, anche al di là dell'esecuzione del cantante. Dopo la radio e alcune incursioni nella televisione, **...(21)...** il cinema, anche se non firmai subito le prime partiture. Cominciai componendo nell'anonimato. Oggi si direbbe che facevo il ghostwriter. Ho «vinto» il Nastro d'Argento per un'importante pellicola nei cui titoli non figura la mia firma. All'inizio del 1961, quando mi trovai a lavorare su *Il federale*, il mio primo vero film, conoscevo già i trucchi della musica per il grande schermo. Conobbi Luciano Salce nel '58, mentre arrangiavo per *Le canzoni di tutti*, una trasmissione televisiva che realizzava insieme a Ettore Scola. Benché mi **...(22)...** come arrangiatore, Luciano **...(23)...** di rischiare affidandomi la composizione delle musiche di *Il lieto fine*, una sua commedia musicale del '59, che occhieggiava alla rivista, con Lauretta Masiero e Alberto Lionello. Il rapporto si consolidò ulteriormente quando mi **...(24)...** per la partitura di *Le pillole di Ercole*, uscito nel '60. La proposta non si concretizzò per lo scetticismo di Dino De Laurentiis, ma ricordo che andai a scrivere per qualche tempo a Salsomaggiore, dove **...(25)...** .

(https://www.micromega.net/ennio-morricone/)

Essere	Introdurre	Apprezzare	Venire
Scegliere	Esistere	Amare	Cercare
Cimentarsi	Avere	Girare	Capire

C.3 **Nella maggior parte delle righe numerate da 26 a 39 ci sono errori di distrazione. Identifichi, negli spazi numerati da 26 a 39, con un √ le eventuali righe che non contengono errori; in caso contrario individui gli errori e scriva la forma corretta.**

I "Giorni della merla", quali sono e perché si chiamano così

26. Le leggende che girano attorno ai cosidetti "Giorni della merla" sono diverse.

27. Un racconto popolare, per esempio, narra che una merla bianca con i suoi pulcini

28. (anch'essi tutti bianchi), per ripararsi dal freddo si rifugiarono in un comignolo e ne

29. uscirono il 1 febbraio tutti neri per la fuliggine e che per quel giorno in poi tutti i merli furono neri.

30. Un'altra leggenda narra, invece, che Gennaio fosse particolarmente dispettoso e cercasse

31. una certa invidia per una merla bianca. Ogni volta che usciva dal nido alla ricerca di cibo,

32. Gennaio scatenava freddo e neve. Così un giorno la merla decise di fargli una bella scorta di cibo

33. per non uscire tutto il mese di gennaio che, allora, aveva intanto 28 giorni.

34. L'ultimo giorno del mese, la merla uscì dal nido, convinta ad aver buggerato Gennaio che

35. si risentì così tanto da chiedere tre giorni per prestito al mese di febbraio,

36. scatenando neve e gelo. La merla si rifugiò allora in un comignolo per tre giorni e, quando ci uscì, era

37. tutta nera. Da allora tutti i merli sono caratterizzati dal piumaggio di questo colore.

38. Se in poche conoscono queste leggende, tutti sanno che se i "Giorni della merla"

39. sono particolarmente freddi, la primavera sarà bella, ma si sono caldi, la primavera ritarderà.

(https://www.romatoday.it/meteo/giorni-della-merla-quali-sono.html)

C.4 **Completi il testo scegliendo la parola opportuna tra quelle proposte da 40 a 51. Indichi, vicino ad ogni numero, la lettera A, B, C o D corrispondente alla parola scelta.**

Lollove, il borgo sardo della lentezza entra tra "i più belli d'italia", E sceglie il turismo "detox

Ci vive una dozzina di persone. Le settanta casette in pietra a quindici minuti d'auto da Nuoro sono state inserite nei giorni scorsi tra i Borghi più belli d'Italia. Il villaggio è stato "spolpato", negli ultimi decenni, dalla **...(40)...** in città dei suoi abitanti, ma ora potrebbe rinascere come meta di viaggio ideale per chi **...(41)...** un'esperienza non convenzionale, ispirata allo slow tourism, anche grazie a un'associazione che vorrebbe rilanciare il borgo come destinazione 'detox': a Lollove non c'è rete, niente segnale per cellulari, tablet e pc. Il "turismo lento" che predilige mete defilate, ma ricche di storia, tradizione, **...(42)...** enogastronomica. Tutte caratteristiche che l'antico insediamento rurale di Lollove possiede, e che hanno portato l'amministrazione comunale di Nuoro, di cui il piccolo centro è frazione, a chiedere e ottenere che venisse inserito nell'elite dei Borghi piu' belli d'Italia dall'omonima associazione, che punta a **...(43)...** il potenziale dei piccoli centri italiani esclusi dagli itinerari **...(44)...** più battuti. Lollove comparirà nella Guida 2022 dei Borghi più belli d'Italia e sul sito web dell'associazione e potrà partecipare alle iniziative create ad hoc per i borghi iscritti. **...(45)...** passo del Comune di Nuoro, anticipa l'assessora al Paesaggio, Valeria Romagna, sarà la partecipazione a un bando per la rigenerazione urbana dei borghi pubblicato dalla Regione Sardegna. L'obiettivo è ambizioso: dotare Lollove di servizi e infrastrutture che **...(46)...**, oltre che nuovi turisti, anche nuovi residenti. La maggior parte di questi (erano oltre cinquecento settant'anni fa, ora sono dodici) abbandonarono il borgo negli anni '50, quando le comodità domestiche erano arrivate un po' ovunque, ma non a Lollove. Le iniziative **...(47)...** del comune di Nuoro per il rilancio e il ripopolamento si aggiungono a un impegno costante, partito dal basso alcuni anni fa, che ha portato nel piccolo centro turisti, volontari e giornalisti. Stili di vita antichi, natura **...(48)...**, nessuna connessione: caratteristiche che possono risuonare come musica alle orecchie degli slow tourist. Parola di Simone Ciferni, presidente di Uniamoci Lollove, associazione nata per imporre il borgo come destinazione turistica ecosostenibile e detox: "Collaboriamo per trasformare caratteristiche come lo spopolamento e l'assenza di segnale in elementi attrattivi per turisti alla ricerca di **...(49)...**", spiega Ciferno, laurea in economia, esperienze a Londra e negli Stati Uniti, e la decisione di passare il primo lockdown in quella che fu la casa dei nonni a Lollove. Da li la partenza di un **...(50)...** famigliare di offerta turistica e poi, un anno fa, la nascita dell'associazione. Il fatto di essere solo in dodici a vivere nel borgo fa si' che chi viene in visita conosca in poche ore tutta la comunità. "La parola d'ordine della nostra associazione è' 'inclusività `". Qui i turisti devono sentirsi a casa: per questo lavoriamo sempre con piccoli **...(51)...** in modo da rispettare il carico massimo sostenibile da una popolazione cosi ristretta". Visitatori? Tanti. Stranieri in alta stagione, per lo più locali nei mesi freddi. E anche la BBC si e' interessata all'attivita' di Uniamoci Lollove, nel 2021, girandovi un documentario.

(https://www.repubblica.it/viaggi/2022/02/07/news/lollove_il_borgo_sardo_tra_i_piu_belli_d_italia-336833503/)

40	**A** scappata	**B** evasione	**C** fuga	**D** emigrazione
41	**A** analizza	**B** ricerca	**C** esamina	**D** prende
42	**A** creazione	**B** conoscenza	**C** cultura	**D** esperienza
43	**A** arricchire	**B** valorizzare	**C** trovare	**D** aumentare
44	**A** turistici	**B** panoramici	**C** folcloristici	**D** escursionistici
45	**A** seguente	**B** prossimo	**C** eventuale	**D** futuro
46	**A** propongano	**B** trascinino	**C** stimolino	**D** attraggano
47	**A** giornaliere	**B** moderne	**C** odierne	**D** correnti
48	**A** pura	**B** incontaminata	**C** immacolata	**D** indenne
49	**A** realtà	**B** verità	**C** genuinità	**D** autenticità
50	**A** programma	**B** progetto	**C** piano	**D** obiettivo
51	**A** numeri	**B** formati	**C** quantitativi	**D** totali

30 MINUTI

TEST 6

CELI 5

CERTIFICATO DI CONOSCENZA DELLA LINGUA ITALIANA

Livello C2

D **Prova di Comprensione dell'Ascolto** *(30 punti)*

Nome e Cognome dello studente

Data

D. PROVA DI COMPRENSIONE DELL'ASCOLTO

Traccia 16

D.1 **Ascolterete due testi. Indichi vicino a ogni numero da 1 a 9 la lettera A, B, C o D corrispondente alla risposta scelta. Ascolterete i testi due volte.**

1° testo

1. **Un segnale che abbiamo mangiato male è**
   a. l'aumento di peso.
   b. la pesantezza dopo i pasti.
   c. le difficoltà motorie.
   d. il mettere su pancia.

2. **Per inserire il pesce nella nostra dieta è bene**
   a. spendere molto.
   b. consumare solo sogliole, spigole e orate.
   c. scegliere pesci poveri.
   d. comprare pesci allevati.

3. **Un'ottima qualità di cozze è**
   a. quella intrecciata.
   b. quella appena pescata.
   c. quella cucinata in padella.
   d. quella sfusa.

4. **Un esempio di pasto equilibrato potrebbe essere**
   a. un piatto di pasta.
   b. un filetto di sgombro con verdure cotte e crude.
   c. una porzione di arzilla.
   d. una frittata con un piccolo frutto.

5. **Oltre alla dieta possiamo aiutarci con**
   a. gli allenamenti in palestra.
   b. la sauna.
   c. i trattamenti estetici.
   d. la criosauna.

(https://www.raiplay.it/video/2020/06/TG-2-Costume-e-Societa-4a24d6ec-f298-4045-98ea-8af0ac0bb7b4.html)

2° testo

6. È in crescita di circa il 20% il numero dei minori con reati legati a

a. rapine.
b. bullismo.
c. aggressione.
d. violenza.

7. Secondo la Dottoressa Maggia

a. c'è stata un'impennata di denunce.
b. ci sono state delle situazioni di violenza emerse con la pandemia.
c. la violenza nasce fra le mura domestiche.
d. il bullismo si vede soprattutto fra i banchi di scuola.

8. La Dottoressa pensa che I ragazzi siano fragili perché

a. crescono senza un confronto positivo con gli adulti.
b. è difficile per loro integrarsi nella società.
c. hanno subito le conseguenze della pandemia.
d. vengono influenzati dai social.

9. Alcuni ragazzi si sentono più fieri di

a. essere nati e cresciuti in Italia.
b. avere origini straniere.
c. far parte di una comunità ristretta di persone.
d. sentirsi stranieri immigrati.

(https://www.radio24.ilsole24ore.com/programmi/24mattino-le-interviste)

Traccia 17

D.2 **Ascolterete ora un'intervista sui diritti delle piante. Non tutte le affermazioni da 10 a 20 sono presenti nel testo. Indichi vicino al numero dell'affermazione. SÌ, se è presente No, se non è presente. Ascolterete il testo due volte.**

10. L'11 marzo è una giornata dedicata a spegnere le luci e a piantare alberi.

11. L'anidride carbonica va drasticamente contenuta.

12. Ogni anno stiamo riuscendo a produrre un pò meno anidride carbonica.

13. Una possibilità per ridurre l'anidride carbonica è riassorbire quella prodotta.

14. Non esistono fabbriche che riassorbono l'anidride carbonica.

15. L'efficienza di una fabbrica ha superato le aspettative.

16. Nei prossimi 10 anni dovremmo piantare 1000 miliardi di alberi sul pianeta.

17. Ė auspicabile piantare alberi in prossimità delle città.

18. Le città producono il 100% dell'anidride carbonica.

19. La valutazione scolastica degli studenti con le piante in classe è migliorata del 30%.

20. Nelle classi con piante è scomparso qualsiasi fenomeno di bullismo.

(https://www.raiplaysound.it/audio/2022/02/Stefano-Mancuso-inaugura-Millumino-di-Meno-2022-98e17d55-fb23-44ab-bd93-2855c53987a2.html)

Traccia 18

D.3 **Ascolterete un testo sulle fontanelle nelle città italiane. Completi le informazioni con poche parole (massimo quattro) negli spazi numerati da 21 a 30. È possibile usare le stesse parole del testo oppure dei sinonimi. Ascolterete il testo una sola volta.**

21. è difficile scegliere un film di Fellini, ha fatto **...(21)...** come vi dicevo

22. Fellini sosteneva che un grande regista **...(22)...** in 10 anni

23. è un film, innanzitutto, di **...(23)...** di grandissima pietà

24. Il film ha **...(24)...** anzi sono quasi tutti memorabili gli episodi

25. E poi, ovviamente l'episodio **...(25)...** auto ironicamente da Amedeo Nazzari

26. quel crescendo pieno di illusione, di tenerezza che **...(26)...** di fronte all'orrore è straziante

27. Come straziante è il momento in cui lei realizza che **...(27)...** e vuole morire

28. Ebbene, dopo questo momento terribile in **...(28)...** dei Castelli romani

29. il fatto che uno di loro **...(29)...** genera in lei un sorriso

30. Fellini chiede a Cabiria di sorridere non soltanto a loro ma **...(30)...** al mondo, a noi

(https://www.raiplaysound.it/audio/2022/02/I-Film-della-mia-vita-S1E2-Le-notti-di-Cabiria-3bac1c4e-276e-4339-9679-b19f5cf6feb5.html)

20 MINUTI

TEST 6

CELI 5

CERTIFICATO DI CONOSCENZA DELLA LINGUA ITALIANA

Livello C2

Prova di Produzione Orale

Lo studente esaminerà il materiale sul quale si svilupperà la conversazione con il suo insegnante.

Il materiale consiste in:

A Un testo da riassumere e utilizzare come spunto di conversazione
B Foto da descrivere e utilizzare come spunto di conversazione
C Frasi o citazioni da commentare

Il materiale (foto, testo e citazioni) viene consegnato al candidato circa 20 minuti prima dell'inizio della prova.

Nome e Cognome dello studente

____

____

Data

____

____

Domande guida

FOTO

- Descriva quello che è rappresentato nella foto.
- Ha mai giocato a scacchi? Secondo Lei, gli scacchi possono essere definiti uno sport? Ne parli.
- Cosa Le evoca questa immagine? Se dovesse scegliere un titolo quale sarebbe e perché?

TESTO

- Riassuma il testo.
- Secondo Lei esistono le coincidenze o è d'accordo con quanto afferma l'autore del testo?
- Si ritiene una persona fortunata? In quale misura questo aspetto pensa che possa influire sulla Sua vita e, in generale, su quella altrui?

ESPRESSIONI E MASSIME

- Spieghi il generico significato delle espressioni.
- Con quale delle massime si trova d'accordo?
- Pensa che sia sempre opportuno essere sinceri?

A **Descriva la foto e risponda alle eventuali domande che Le verranno poste.**

(https://images.app.goo.gl/r3YxwQofGugWoYGG9)

B **Legga e riassuma il testo. Risponda alle domande che eventualmente Le verranno poste.**

Le coincidenze esistono?

La vita sembra essere piena di coincidenze, ma non tutte alla portata di tutti. Quando crediamo che la vita non ci offra opportunità, in realtà, non è così. Nella maggior parte dei casi, non le vediamo, il che significa che non siamo completamente svegli. Perché succede? Per un semplice motivo: il cervello percepisce la realtà in modo molto selettivo, dunque, la nostra percezione di ciò che ci circonda non è del tutto fedele alla realtà. Percepiamo solo una parte di quello che accade intorno a noi, poiché la nostra attenzione seleziona ciò che riceviamo e percepiamo solo ciò che è conforme al nostro momento vitale. "Quando il discepolo è pronto, appare l'insegnante". È una grande verità, quando siamo preparati e mettiamo tutta la nostra attenzione e la nostra energia in qualcosa, ci accorgiamo delle opportunità che si presentano a noi. Ma dobbiamo aprire gli occhi per non farcele sfuggire! E se non è il momento, o non siamo ancora pronti, semplicemente non vedremo le opportunità; non perché non ve ne siano, ma semplicemente perché non siamo in grado di ravvisarle e approfittarne. La nostra attenzione selettiva e la nostra percezione della realtà sono coerenti con il nostro stato emotivo. Se siamo felici, soddisfatti della vita, orgogliosi e grati, ciò che accade ogni giorno è già un'opportunità che sapremo sfruttare per avanzare attraverso la vita. Se, invece, ci troviamo in un momento di tristezza, sconforto, rimpianto e noia per tutto, è probabile che nulla di ciò che ci accade possa essere visto come un'opportunità, ma piuttosto come un fastidio o sfortuna. Nella maggior parte dei casi, le cose non accadono per caso, ma perché abbiamo fatto qualcosa per farle accadere. Queste accadono a seguito dei nostri sforzi, della nostra esperienza e della nostra ricerca. Così come anche la fortuna non è una coincidenza, ma deriva dalla causalità di ciò che abbiamo fatto affinché ci raggiunga. Man mano che avanziamo nella vita con le decisioni che prendiamo, alcune opportunità verranno e altre no. Tutte necessarie e positive per imparare. Potremmo dire "lo merito" quando un'opportunità si presenta e ne approfittiamo. Ciò ha richiesto impegno e dedizione. E quando si presenta qualcosa che non meritiamo, se siamo positivi potremmo dire che ne avevamo bisogno per imparare; si tratterà quindi di un'altra opportunità per crescere più forti. Tutto quello che meritiamo o di cui abbiamo bisogno ci apparirà davanti, non sprechiamolo, non lasciamolo passare, perché se è davanti a noi vuol dire che siamo preparati. Non abbiate paura, ma siate coraggiosi e grati ogni giorno per le opportunità che vi vengono offerte, poiché questo significa che siete attenti e potrete avanzare.

(https://lamenteemeravigliosa.it/le-coincidenze-esistono/)

C **Legga attentamente e commenti le seguenti espressioni e massime su cui si svolgerà parte della conversazione.**

ESPRESSIONI E MASSIME

La verità

- *Un po' di sincerità è una cosa pericolosa, e molta sincerità è assolutamente fatale.*

- *Preferisco una verità difficile piuttosto che una bugia comoda.*

- *La verità è talmente rara che è delizioso poterla dire.*

2 ORE E 45 MINUTI

TEST 7

CELI 5

CERTIFICATO DI CONOSCENZA DELLA LINGUA ITALIANA

Livello C2

A **Prova di Comprensione della Lettura** *(40 punti)*

B **Prova di Produzione di Testi Scritti** *(60 punti)*

Nome e Cognome dello studente

____

____

Data

____

____

A. PROVA DI COMPRENSIONE DELLA LETTURA

A.1 **Legga i due testi. Metta una X, nei numeri da 1 a 10, vicino alla lettera A, B, C e D corrispondente all'affermazione giusta tra le quattro che Le vengono proposte.**

1° TESTO

I confitti con i figli adolescenti spesso mandano in crisi ruoli e modelli di genitori che non sono più funzionali: la soluzione è crescere insieme

Accanimento, sforzo, aspettative: nei rapporti con gli altri, particolarmente con i figli adolescenti, sono atteggiamenti controproducenti. Tentando di trovare una soluzione "dal nostro punto di vista", finiamo per rinforzare il problema. Ecco cosa ci racconta Lucia, madre di una ragazza adolescente ribelle che di colpo ha portato lo scompiglio nelle sue certezze. "Le ho provate tutte con mia figlia Arianna: dal rigore alla permissività, dai rimproveri ai regali... Ma non cambia nulla. Ogni parola che dico è il pretesto per un'alzata di spalle, una risposta acida o direttamente una scenata. Non passa giorno che io non mi chieda dove ho sbagliato, lei che da bimba era così dolce e affettuosa. Oggi assisto impotente ai suoi atteggiamenti conflittuali, ai continui richiami a scuola, ai voti che non arrivano alla sufficienza, e di valere ben poco come madre". Identificata totalmente nel personaggio della mamma, Lucia non vede che le difficoltà con la figlia sono solamente un riflesso del ruolo in cui lei stessa è calata, ormai non più funzionale. Arianna non è più la "bambina dolce e affettuosa" da accudire: i suoi atteggiamenti ribelli non sono altro che un sintomo, che mira a mandare in crisi il ruolo di mamma chioccia ormai superato e permettere a entrambe di andare oltre. La svolta tra loro avviene quando, un giorno, Lucia ritrova per caso delle vecchie fotografie che la ritraggono ragazza dell'età di Arianna, a un concerto rock. Capelli colorati, giubbotto di pelle, minigonna: com'è diversa dalla Lucia di oggi! È proprio questo ricordo dimenticato in fondo a una scatola il primo terreno inaspettato di confronto in cui lei e la figlia cominciano a ritrovarsi, dopo tanto tempo. Intorno al tavolo la madre comincia a raccontare episodi della sua gioventù e la figlia inizia a fare domande, prima con sospetto poi con sempre maggiore confidenza e divertimento. Lucia, sorpresa da quel dialogo inaspettato, capisce di non essere più "la mamma di una bambina". Anzi, che è stata la sua insistenza nel recitare quel ruolo a trasformare un normale scontro adolescenziale in una guerra. Da quel giorno comincia spontaneamente a recuperare le proprie vecchie passioni, a occuparsi di sé, invece che sempre e solo di Arianna. Ad esempio, realizzando collane e braccialetti, attività che un tempo la divertiva e in cui coinvolge anche la figlia. E quei gioielli che inventano assieme dicono una sola cosa: uscendo dal solito ruolo, Lucia ha trovato un nuovo canale di comunicazione e ha superato la crisi. I conflitti con i figli adolescenti ribelli spingono entrambe le parti in causa a cambiare: del resto, la vita è fatta di mutamenti continui, non si può pensare di vivere perennemente nello status quo. Il rapporto con gli adolescenti ribelli può essere una grande lezione da apprendere in questo senso. Li vorremmo sempre com'erano da piccoli per confermare il ruolo di bravo genitore in cui siamo identificati. La verità è che nessuno più di loro può mostrarci la bellezza del cambiamento e, soprattutto, il fatto che non siamo mai una "sola cosa" e che non possiamo sottovalutare tutti gli altri aspetti che caratterizzano il nostro essere. Come nel caso di Lucia, possiamo essere delle madri presenti ma anche delle persone creative, delle ottime comunicatrici, e molto altro ancora! Il vero problema non è dunque l'atteggiamento oppositivo dei figli, che sembrano sfuggirci di mano, quanto la difficoltà ad accorgerci di come proprio "il problema" possa essere un potente farmaco utile a uscire da schemi e idealizzazioni sbagliate. Una semplice tecnica può aiutarti a vedere le cose in modo nuovo e così a uscire da crisi che si prolungano da tempo. Procurati delle riviste e un cartellone della grandezza che desideri. Divertiti a ritagliare le immagini di donne che, a tuo parere, potrebbero integrare l'aspetto del femminile che meno porti in scena nella tua vita. Incolla le sagome sul cartellone e arricchiscilo scrivendo delle didascalie accanto alle immagini: cosa stanno facendo che tu non ti consenti? Che vestiti indossano? In che luogo sono? Quale parte di te ti mostrano? Tienilo lontano da occhi indiscreti e vallo a rivedere in tutti quei momenti in cui la tendenza ad aderire a un unico modello di comportamento ti impedisce di cambiare e di adattarti al nuovo, causandoti problemi.

(https://www.riza.it/psicologia/l-aiuto-pratico/7208/adolescenti-ribelli-come-comportarsi.html)

DOMANDE

1. **L'atteggiamento ribelle degli adolescenti**
   a. tende a prendere le distanze dai genitori.
   b. colpevolizza i genitori per gli errori commessi.
   c. fa sentire i genitori inadeguati e insicuri.
   d. spinge i genitori a comportamenti sempre più rigidi.

2. **Lucia comprende il comportamento della figlia perché**
   a. si è rivolta ad uno specialista.
   b. rivede nella figlia sé stessa da giovane.
   c. accetta il suo ruolo di madre.
   d. si occupa continuamente di lei.

3. **Lucia ritrova una comunicazione con la figlia**
   a. perché ha trovato un lavoro.
   b. abbandonando il tradizionale ruolo di madre.
   c. trovandole un passatempo creativo.
   d. perché non vuole più litigare con lei.

4. **I conflitti con i figli adolescenti**
   a. ci mostrano i figli sempre come bambini.
   b. spingono i genitori a cambiare i figli.
   c. non cambiano il rapporto tra generazioni.
   d. ci autano a migliorare il nostro comportamento.

5. **Per adattarsi al nuovo rapporto con i figli le mamme possono**
   a. sperimentare tecniche volte al cambiamento.
   b. dedicarsi a molte attività creative.
   c. scrivere un diario e raccontare la loro esperienza.
   d. leggere riviste per donne.

2° TESTO

Come sarà l'auto del futuro? Alla scoperta delle nuove tecnologie al servizio della guida

Se guardiamo al futuro dell'automobile scopriamo di trovarci nel mezzo di uno dei periodi storici più innovativi: si prevede infatti che le auto cambieranno di più nei prossimi 5-10 anni rispetto agli ultimi 50. Ma in che direzione avverranno questi cambiamenti? Le nuove tecnologie muteranno il nostro modo di vivere l'esperienza della guida? L'evoluzione tecnologica nel campo automobilistico sembra al momento puntare in tre direzioni principali: la sicurezza su strada, la diminuzione delle emissioni inquinanti e la riduzione del fattore stress alla guida. Alcuni progressi saranno legati alla maggiore diffusione delle auto elettriche, ma le maggiori innovazioni verranno dalle tecnologie di guida automatizzata e dalla connettività dell'Internet of Things, cambiamenti che sono destinati a trasformare l'intera esperienza di guida. Le ruote adattive hanno micro-compressori integrati che regolano la pressione degli pneumatici e la larghezza del cerchione in tempo reale, modificando la quantità di gomma a contatto con la strada per adattarsi al meglio alle condizioni meteo del manto stradale: la ruota viene resa più stretta e lo pneumatico più gonfio per la guida su strade lisce e asciutte, mentre la larghezza viene aumentata e la pressione ridotta per le superfici scivolose. Gli pneumatici intelligenti invece saranno capaci di fornire al guidatore informazioni in tempo reale su profondità e temperatura del battistrada. I prototipi in fase di studio utilizzano mescole di gomma elettricamente conduttive che monitorano continuamente lo pneumatico e inviano un avviso immediato se i dati rilevati non rientrano nei suoi limiti di sicurezza. In questo campo trovano spazio le novità più varie e futuristiche. C'è per esempio il sistema ideato per tracciare i dintorni dell'auto: le informazioni provenienti dai sensori all'interno e all'esterno dell'auto vengono unite ai dati provenienti da Internet per mappare uno spazio virtuale 3D a 360 gradi intorno all'auto, fornendo informazioni sulla strada e su altri veicoli presenti. Sono in fase di studio tecnologie che permetteranno la proiezione di informazioni utili alla guida sui finestrini dell'auto. Infine, i nuovi sistemi potranno connettersi ad un amico tramite Internet e mostrarlo come un avatar digitale tridimensionale all'interno dell'abitacolo, per contrastare la noia dei viaggi in solitaria. Se oggi le macchine assistono il conducente in tutte le fasi della guida, dalle manovre di parcheggio al monitoraggio degli angoli ciechi, nei prossimi anni l'auto del futuro sarà ancora più smart. L'attesa è ovviamente nei confronti delle self-driving cars, ovvero le macchine a guida autonoma, per le quali saranno necessarie un'infrastruttura adeguata di supporto, il rinnovamento dell'intero parco auto e l'introduzione di nuove normative stradali. I veicoli che si guidano da soli richiedono infatti protocolli specifici per la cyber security e la privacy. In più, bisognerà aggiornare il codice della strada e determinare quali saranno le responsabilità di produttore, guidatore e sviluppatore dei software delle auto hi-tech, per capire i ruoli di ognuno in caso di incidenti. Molte sono le novità che ci riserva il futuro dell'automobile, ma per quanto riguarda il presente per ogni vostra esigenza nel campo delle quattro ruote potete rivolgervi tranquillamente alla nostra concessionaria ufficiale. Il gruppo automobilistico garantisce i migliori livelli di qualità del servizio e soddisfazione del cliente in ciascuna delle sue sedi. Potrete inoltre usufruire facilmente di un finanziamento su misura: soluzioni che vi permettono di scegliere la durata e la rata che si adattano meglio al vostro budget, con la possibilità di arricchire il finanziamento di coperture assicurative e di assistenza che rendono più sicuro il vostro investimento. Non dimentichiamo infine Street Way, il finanziamento che vi permette di diventare proprietari di un'auto finanziandone solo una parte, avendo inoltre il valore aggiunto di una valutazione minima garantita del veicolo a fine periodo. Allo scadere del contratto, il cliente deciderà se prendere un'auto nuova, tenersi l'auto precedentemente acquistata, oppure restituirla.

(https://www.romatoday.it/speciale/auto-nuove-tecnologie.html)

DOMANDE

6. Le nuove tecnologie porteranno innovazioni in campo automobilistico perché

a. aiuteranno a contenere i consumi.
b. ci insegneranno a guidare meglio.
c. trasformeranno le nostre sensazioni alla guida di auto innovative.
d. utilizzeranno siti Internet.

7. Le ruote innovative

a. forniscono informazioni sulla temperatura della gomma.
b. si modificano con il tempo.
c. riescono ad adattarsi alle condizioni della strada.
d. utilizzano pneumatici più larghi.

8. Altre innovazioni futuristiche

a. migliorano la visione della strada.
b. proiettano un amico per avere compagnia.
c. avvisano di pericoli nei dintorni dell'auto.
d. consentono di avere informazioni dall'esterno.

9. Le auto a guida autonoma

a. saranno realizzate soltanto da alcune marche.
b. saranno più richieste per la sicurezza stradale.
c. avranno bisogno del continuo supporto di sviluppatori di software.
d. richiedono adeguamenti al codice della strada.

10. Il gruppo automobilistico

a. concede finanziamenti che si adattano alle possibilità dei clienti.
b. consente di acquistare un'auto a un prezzo minimo.
c. permette di sostituire la vecchia automobile con una nuova.
d. non finanzia l'assicurazione e l'assistenza del veicolo acquistato.

A.2 **Legga il testo e risponda alle domande negli spazi numerati da 11 a 15.**

Grotta di sale o haloterapia: i segreti di questa terapia antica

Una terapia che aiuta a respirare bene e rilassarsi grazie all'esposizione a sale e iodio in un ambiente insonorizzato. La grotta di sale o haloterapia è un rimedio naturale utile per trattare sintomi e difficoltà dell'apparato respiratorio. È adatto a grandi e piccoli. Scopriamo come farlo.
La grotta di sale è un ambiente in cui si pratica una terapia naturale, anche nota come haloterapia (dal greco halos che significa 'sale'), basata sull'inalazione del cloruro di sodio. Nell'Europa Orientale è diffusa la speleoterapia, la permanenza a scopi terapeutici in grotte naturali di sale, piuttosto diffuse sul territorio. Il salgemma o il sale rosa dell'Himalaya sono gli ingredienti adoperati per questo tipo di trattamento, efficace per alcuni disturbi. Questi particolari sali possono vantare proprietà mucolitiche, antinfiammatorie e antibatteriche e la concentrazione di sali minerali, ricchi di benefici per il nostro organismo. Le grotte di sale sono particolari stanze in cui soffitto, pavimento e pareti sono ricoperte da sale pulito e secco, ionizzato e nebulizzato per facilitare l'inalazione, mantenute a temperatura (tra i 18 e i 24°) e umidità costanti. Quando vi si accede, ci si può accomodare su sedie a sdraio comodo in un ambiente insonorizzato che stimola il rilassamento. Le sedute della durata di circa 30-40 minuti prevedono la respirazione normale cercando di godersi una situazione di relax. Grotte di sale per i bambini: rischi e controindicazioni. Anche i piccoli possono beneficiare di questa terapia non invasiva, che li aiuta a respirare bene. In alcuni casi sono predisposte stanze di sale con condizioni adeguate all'età dei bambini. Prima di effettuare una seduta di haloterapia, affidatevi sempre al vostro pediatra di fiducia e chiedete a lui un parere. Il rischio, infatti, potrebbe essere quello di inalare in un tempo molto rapido quello che solitamente si respira nel giro di qualche giorno al mare. Il sale, infatti, potrebbe provocare qualche effetto collaterale, soprattutto se parliamo di bambini con ipertensione o asma. Meglio valutare il rapporto rischi-benefici con un medico. Oltre ad eventuali trattamenti farmacologici, la grotta di sale è indicata come rimedio naturale per alleviare i sintomi dei disturbi a carico dell'apparato respiratorio, come asma, bronchite, tosse, sinusite, allergie e mal di gola, ma anche allergie, infezioni ricorrenti dell'orecchio. Per chi non soffre di specifici disturbi fisici, queste grotte costituiscono anche una valida alternativa per recuperare momenti di benessere psicologico, contrastando il senso di stanchezza e affaticamento. È possibile provare anche a casa qualcosa di simile, pur osservando tutte le precauzioni del caso circa il proprio stato di salute. Esistono infatti in commercio delle saune finlandesi da montare in bagno o in un luogo adatto della propria abitazione che includono una parete al sale, così da combinare i benefici della sauna alle proprietà terapeutiche dell'haloterapia. La struttura è in legno resistente a calore e umidità, isolata termicamente, e può avere una porta in vetro o in legno. Ci sono ormano grotte per praticare la haloterapia un pò ovunque, e non solo nelle Spa cittadine ma anche in strutture mediche, ed il range di prezzi per accedere ad un ciclo di trattamenti varia dalle 20 euro per un'entrata singola alle 250 euro per 15 sedute.

(https://www.tuttogreen.it/grotta-di-sale-proprieta-benefici/)

DOMANDE

11. Cosa è una grotta di sale?

(da 4 a 10 parole)

12. Chi può praticare l'haloterapia?

(da 8 a 15 parole)

13. Cosa si fa in una grotta di sale?

(da 8 a 15 parole)

14. Quali sono i benefici della haloterapia?

(da 4 a 10 parole)

15. È possibile praticare l'haloterapia in casa?

(da 10 a 20 parole)

B. PROVA DI PRODUZIONE DI TESTI SCRITTI

B.1 Svolga UNO dei seguenti compiti.

(Da un minimo di 330 ad un massimo di 360 parole)

1. In una lettera a un giornale, Lei ha letto le seguenti parole: "Oggi, desidero parlare di un argomento molto importante: l'integrazione sociale. Ai giorni nostri, nelle città multiculturali, l'integrazione sociale è un tema di grande attualità. Le scuole, a tal proposito, dovrebbero essere una risorsa per realizzare a pieno l'integrazione sociale. Ma noto che, a volte, si verificano casi di discriminazione e questo proprio non dovrebbe accadere. Siamo tutti diversi ma ognuno eccelle in qualcosa, il mondo è bello proprio perché è così, perché siamo tutti diversi. Vedere che qualcuno può essere discriminato mi fa stare male. La scuola dovrebbe, secondo me, favorire maggiormente l'integrazione sociale mettendo in atto tante strategie, rafforzando l'autostima collocando tutti sullo stesso piano, favorendo la socializzazione tramite lavori di gruppo o attività sportive: soltanto così contribuirà ad una migliore comprensione del valore e dei vantaggi della diversità." Profondamente colpito da queste parole, decide di rispondere alla lettera con un breve scritto in cui si dice d'accordo o in disaccordo con quanto letto e ne spiega i motivi, argomentandoli con forza.

2. Uno studio condotto dal Development Center Gifted riferisce che il 60% dei bambini dotati sono introversi: hanno sensibilità, sviluppo morale, leadership in campo accademico e sono capaci di diventare adulti ben adattati e leader indipendenti. Sono spirituali e non sentono il bisogno di riempire i loro vuoti con amicizie e rapporti futili e superficiali. Alla luce di queste informazioni, esprima in un breve saggio le Sue considerazioni in merito, fornendo anche appropriati esempi e facendo delle riflessioni sul ruolo secondario in cui vengono spesso relegati gli introversi.

3. Concluda un racconto che inizia così: "Federica si sentiva più sola del solito quella domenica. Fuori c'era un bel sole ma troppo silenzio, sembrava che la città dormisse; ultimamente era giù di morale: avrebbe voluto cambiare tante cose ma sapeva che questo avrebbe richiesto pazienza, saggezza e coraggio. Era immersa in questi pensieri quando le venne in mente di telefonare alla sua compagna di università Michela: erano molti anni che non si sentivano e non osava quasi comporre il numero. Superò l'imbarazzo e si decise. Dopo qualche squillo l'amica rispose, cominciarono a chiacchierare come se il tempo non fosse mai passato e a un certo punto..."

B.2 **Svolga i seguenti compiti.**

(Da un minimo di 90 ad un massimo di 110 parole)

1. Ha ricevuto una bolletta dell'energia elettrica con un importo decisamente elevato. La compagnia che eroga il servizio non aveva fatto cenno a nessun aumento, né Lei ha apportato cambiamenti nei consumi quotidiani. Decide, dunque, di scrivere una e-mail al servizio clienti per avere delucidazioni in merito e conoscere la procedura per un eventuale rimborso, dato che la somma che avrebbe dovuto versare è già stata pagata attraverso la domiciliazione bancaria.

(Da un minimo di 70 ad un massimo di 90 parole)

2. Il servizio clienti Le risponde fornendoLe tutte le informazioni richieste.

1 ORA E 15 MINUTI

TEST 7

CELI 5

CERTIFICATO DI CONOSCENZA DELLA LINGUA ITALIANA

Livello C2

C **Prova di Competenza Linguistica** *(20 punti)*

Nome e Cognome dello studente

____

____

Data

____

____

C. PROVA DI COMPETENZA LINGUISTICA

C.1 **Completi il testo scrivendo la parola mancante negli spazi numerati da 1 a 13. Una sola parola è possibile.**

Le strane ricette "storiche" della pasta alla Carbonara

Il 6 aprile si celebra il Carbonara Day, giornata istituita da Unione Italiana Food e International Pasta Organization, in onore di un piatto famoso in tutto il mondo e spesso frutto di **...(1)...** culinarie. Questo piatto deve le sue origini a sapori tipicamente americani e negli anni Cinquanta c'era chi la cucinava con groviera e aglio. Perché si chiama Carbonara? Le origini del nome sono **...(2)...**: l'ipotesi più diffusa è che si debba ai carbonai che, nell'Ottocento lavoravano **...(3)...** Appennini per trasformare la legna in carbone e, durante le pause, consumavano un pasto a base di cacio, uova, guanciale e grasso (o lardo). Secondo un'altra ipotesi, invece, il nome del celebre sugo si dovrebbe a un oste romano che negli anni '40 del secolo scorso l'avrebbe così battezzato in **...(4)...** del suo vecchio lavoro da "carbonaro", oppure perché l'ispirazione gli venne mentre si trovava a Carbonia, in Sardegna, prima di trasferirsi a Roma. C'è anche chi scomoda la Carboneria i cui rappresentanti venivano ospitati da una nobildonna del Polesine che avrebbe inventato la ricetta, e chi, più semplicemente, sostiene **...(5)...** dovuto al pepe nero macinato che ricorda il nero del carbone. C'è **...(6)...** un'interessante storia sulla nascita del piatto, secondo **...(7)...** la sua creazione si dovrebbe a Renato Gualandi, chef di origine bolognese, riconosciuto **...(8)...** come "il papà della Carbonara", che nel 1944, venne ingaggiato per preparare un pranzo in occasione dell'incontro tra armate inglesi e americane a Riccione. "Gli americani avevano **...(9)...** bacon fantastico, della crema di latte buonissima, del formaggio e della polvere di rosso d'uovo," raccontava Gualandi: "misi **...(10)...** insieme e servii a cena questa pasta ai generali e agli ufficiali. All'ultimo decisi di mettere il pepe nero, che sprigionò un ottimo sapore." La carbonara (quasi) come la cuciniamo oggi nasce nel 1960, con la **...(11)....** del ricettario "La grande cucina" di Luigi Carnacina. La preparazione **...(12)...** la presenza del guanciale e di abbondante panna: fu solo negli anni '90 del secolo scorso che **...(13)...** come aglio, cipolla, prezzemolo, peperoncino e panna vennero eliminati, consentendo l'affermazione della ricetta oggi riconosciuta come "corretta": rosso d'uovo, guanciale, pecorino e pepe nero.

(https://www.focus.it/cultura/curiosita/carbonara-day-storia-ricette-strane-pasta)

C.2 **Completi il testo scrivendo negli spazi numerati da 14 a 25 il verbo mancante (nella forma, nel modo e nel tempo opportuni) scegliendolo tra quelli sottoelencati.**

Di nuovo lunedì

Caro diario, di nuovo lunedì. Oggi è la prima vera giornata d'autunno: c'è vento e le foglie, finalmente gialle, volteggiano in aria. Per il calendario **...(14)...** già iniziare da molto ma con questi buchi nell'atmosfera, ormai, non si può più essere certi di niente, neanche della regolarità delle stagioni. Chissà come sarà il futuro!? Ogni tanto me lo chiedo. Penso alla piccola Dorrie, naturalmente, non a me e a Jeff. A proposito, oggi sono sei anni esatti che sta assieme a noi. Non **...(15)...** io ma la mia assistente della casa editrice. Al bar ha voluto a tutti i costi farmi bere un calice di vino frizzante. Solo quando lo ha alzato **...(16)...**: "Al vostro piccolo cucciolo!" ho capito. Già, l'anniversario! Una specie di secondo compleanno. Il giorno in cui è nata e il giorno in cui l'abbiamo adottata. Ricordo perfettamente l'emozione mia e di Jeff. Non si sapeva quand'era nata, né dove. **...(17)...** una guardia notturna a trovarla in un bottino della spazzatura. Era bianca, forse di origine ispanica. Nera o gialla **...(18)...** comunque bene. Dal momento in cui la nostra impossibilità di avere figli era stata accertata non avevamo desiderato altro. Appena **...(19)...** dall'istituto, Jeff, stringendola tra le braccia ha esclamato: "Nella spazzatura! Sembra una favola di quelle che pubblichi tu!" Una favola, già! Proprio di questo abbiamo parlato nella riunione redazionale di oggi. Dobbiamo aprire una nuova collana per i bambini tra i sei e i dieci anni. Laurie, la mia socia, **...(20)...** che è il momento di tirare fuori storie terrificanti. È questo che vogliono i bambini, mostri, streghe, giganti con la bava, patrigni terribili e carnivori. Io naturalmente sono contraria. Penso che ai bambini bisogna offrire il meglio, farli sognare: sono così teneri, fragili, ricchi di fantasia. La sera Jeff e io siamo usciti a cena. Mi ha portata in quel localino italiano dove andavamo appena sposati. Non **...(21)...** all'anniversario di Dorrie, ma sono quasi certa che mi ha portata fuori proprio per questo, per festeggiarlo. È così discreto, Jeff, così assolutamente ipersensibile. Tante volte, al momento di andare a dormire **...(22)...** cosa sarebbe stata la mia vita senza di lui. Non so rispondere. Del resto, sono felice così, cosa importa saperlo? P.S. Tornando a casa, **...(23)...** per le scale. Non so come **...(24)...**, ma deve essere stato buffo vedermi ruzzolare giù come un sacco di patate. Jeff era un po' preoccupato, ma io **...(25)...** gli ho detto Niente di grave! Allora ci siamo messi a ridere di cuore.

(Susanna Tamaro *Per voce sola*, Bompiani 2012)

Uscire	Rialzarsi	Domandarsi	Sostenere
Succedere	Accennare	Andare	Dovere
Inciampare	Essere	Ricordarsene	Dire

C.3 **Nella maggior parte delle righe numerate da 26 a 39 ci sono errori di distrazione. Identifichi, negli spazi numerati da 26 a 39, con un √ le eventuali righe che non contengono errori; in caso contrario individui gli errori e scriva la forma corretta.**

Turismo, nasce l'hub digitale di Ita Airways per promuovere l'Italia sul web

26. Ita Airways lascia "True Italian Experience", un nuovo hub virtuale per lo sviluppo
27. del turismo in Italia che, attraverso un nuovo sito web punto ad aggregare
28. proposte di viaggio personalizzate. Il lancio della nuova piataforma
29. è avvenuto oggi nel Chiostro del Bramante a Roma, alla presenza del Ministro del Turismo.
30. Obiettivo del portale sarà aggregare i secondari attori pubblici e privati della filiera
31. turistica italiana per valorizzare luoghi ed esperienza. Lo farà puntando su digitalizzazione,
32. centralità del cliente, inovazione e sostenibilità del turismo.
33. Parole chiave che sono state estratte in un unico sistema digitale di promozione
34. dei territori che porterà gli utenti a trovare on line percorsi personali di viaggio
35. e offerte commerciali tagliate su misura. L'obiettivo è portare i viaggiatori a cogliere
36. l'Italia, ad amarla e a consigliarla come l'esperienza turistico più varia e
37. più sconvolgente del mondo. Nello specifico, una piattaforma innovativa che
38. offre già 1440 video (uno per ogni minuto della giornata) giratti tra le bellezze e
39. i territori italiani. Filmati che raccontano l'Italia più nascosta.

(https://www.italiaoggi.it/news/turismo-nasce-l-hub-digitale-di-ita-airways-per-promuovere-l-italia-sul-web-202205111519556087)

C.4 **Completi il testo scegliendo la parola opportuna tra quelle proposte da 40 a 51. Indichi, vicino ad ogni numero, la lettera A, B, C o D corrispondente alla parola scelta.**

Le piante crescono nel suolo lunare

Piante molto semplici e adattabili possono crescere nel suolo lunare, anche se per loro non è il massimo.

Un gruppo di scienziati dell'Università della Florida ha reso il sogno più **...(40)...**, piantando alcuni semi di arabetta comune in campioni di regolite lunare prelevati e portati a Terra da tre diverse missioni Apollo.

La buona notizia è che le piante sono spuntate anche nell'**...(41)...** e ruvido terriccio del nostro satellite. La cattiva è che preferiscono di gran lunga il suolo terrestre. L'arabetta è una piccola pianta annuale o biennale della famiglia delle Brassicaceae, la stessa di broccoli e cavolfiori. È il moscerino della frutta della botanica: gli scienziati ne hanno sequenziato l'intero genoma e la **...(42)...** come organismo modello negli esperimenti vegetali. Altri semi – usati come controllo – sono stati piantati in mucchietti di cenere vulcanica e minerali terrestri che imitavano, però, la **...(43)...** del suolo lunare o marziano. Pochi giorni dopo aver seminato, gli scienziati si sono accorti che tutte le piante erano germogliate. Tuttavia, quelle cresciute nel "vero" suolo lunare erano molto meno in salute, ed evidentemente più stressate di quelle piantate sul terriccio terrestre. Non è un caso: la regolite è **...(44)...** di minerali ferrosi, povera di nutrienti e cosparsa di granelli di vetro abrasivi persino per le tute degli astronauti, figuriamoci per le **...(45)...** foglie dell'arabetta. Le piante **...(46)...** nel suolo lunare hanno sviluppato radici più corte, sono cresciute più lentamente e, in alcuni casi, si sono riempite di puntini rossastri. Analisi molecolari hanno confermato l'espressione di geni legati a forti **...(47)...** di stress ambientale. Tra le stesse piante lunari alcune se la sono cavata meglio di altre. Il terreno più **...(48)...** per l'arabetta è stato quello raccolto dall'equipaggio dell'Apollo 11 rimasto esposto per un paio di miliardi di anni in più alle radiazioni cosmiche e al vento solare. Va comunque considerato che di sola arabetta non si vive: la piccola pianta non produce **...(49)...** biomassa per nutrirci. Per ora è servita soltanto a testare la biocompatibilità del suolo lunare, ossia la sua **...(50)...** di essere metabolizzata senza effetti dannosi per i viventi. Non è un fatto da poco se pensiamo che la regolite dovrebbe servire non solo a coltivare, ma anche a **...(51)...** abitazioni non tossiche per gli astronauti.

(https://www.focus.it/scienza/spazio/le-piante-crescono-nel-suolo-lunare-ma-sono-stressate)

40	**A** vero	**B** attuabile	**C** concreto	**D** probabile
41	**A** irraggiungibile	**B** inaccessibile	**C** impervio	**D** inospitale
42	**A** usano	**B** prendono	**C** afferrano	**D** sfruttano
43	**A** formazione	**B** composizione	**C** combinazione	**D** costruzione
44	**A** ricca	**B** piena	**C** carica	**D** dotata
45	**A** verdi	**B** leggere	**C** dolci	**D** tenere
46	**A** radicate	**B** immerse	**C** appoggiate	**D** sotterrate
47	**A** cause	**B** pressioni	**C** condizioni	**D** situazioni
48	**A** sterile	**B** tossico	**C** povero	**D** inospitale
49	**A** abbastanza	**B** troppa	**C** ancora	**D** affatto
50	**A** abilità	**B** perizia	**C** capacità	**D** caratteristica
51	**A** edificare	**B** fabbricare	**C** erigere	**D** costruire

30 MINUTI

TEST 7

CELI 5

CERTIFICATO DI CONOSCENZA DELLA LINGUA ITALIANA

Livello C2

D Prova di Comprensione dell'Ascolto *(30 punti)*

Nome e Cognome dello studente

____

____

Data

____

____

D. PROVA DI COMPRENSIONE DELL'ASCOLTO

Traccia 19

D.1 **Ascolterete due testi. Indichi vicino a ogni numero da 1 a 9 la lettera A, B, C o D corrispondente alla risposta scelta. Ascolterete i testi due volte.**

1° testo

1. **Nei suoi romanzi Lagioia affronta il tema**
   a. dell'innocenza dei bambini.
   b. delle esperienze della vita in città.
   c. dell'idea di famiglia per gli italiani.
   d. della famiglia e della vita urbana.

2. **Lagioia è legato al dialetto perché**
   a. è legato alla sua terra d'origine.
   b. consente di esprimere ricordi del passato.
   c. rielabora creativamente termini di origini molto diverse.
   d. è espressione della musicalità mediterranea.

3. **Nella prosa nessuna parola è da detestare**
   a. perché, secondo Lagiola, non può entrare tutto in un romanzo.
   b. in quanto si tratta di un termine della lingua che utilizza l'autore.
   c. se inserita in una cornice letteraria e nel giusto contesto.
   d. se piace ai lettori.

4. **Il romanziere**
   a. una volta terminato il romanzo nota le occorrenze.
   b. ama utilizzare una frase particolare che esprime un tema ricorrente nella letteratura.
   c. rilegge i suoi libri per evitare le ripetizioni di parole.
   d. per conto di alcune Università studia le versioni dei romani contemporanei.

5. **Nicola Lagioia**
   a. ama gli scrittori che costruiscono le loro opere sulle fondamenta della lingua.
   b. considera la lingua italiana come la madre di tutte le altre lingue.
   c. è legato agli autori e ai romanzi che ha letto da giovane.
   d. sostiene che un bravo romanziere può scrivere in più lingue diverse.

(https://www.almaedizioni.it/it/almatv/10-domande/10-domande-nicola-lagioia/)

2° testo

6. Nicoletta Spagnoli sostiene che la moda sostenibile

a. si basa principalmente sul rispetto degli animali.
b. è sempre esistita nella sua azienda.
c. produce benessere nei dipendenti.
d. si realizza attraverso capi sempre più belli e di qualità.

7. Un tessuto green

a. deve riportare sull'etichetta le certificazioni europee per il rispetto dell'ambiente.
b. consente ai consumatori di controllare direttamente la fonte delle materie prime.
c. è realizzato senza uso di coloranti.
d. viene confezionato solo con materiali naturali.

8. Un'azienda sostenibile

a. può passare in poco tempo alla produzione di tessuti biodegradabili.
b. vende nei grandi magazzini i prodotti che non rientrano nelle collezioni.
c. collabora con grandi stilisti per realizzare collezioni interamente green.
d. realizza prodotti belli e di qualità a prezzi accessibili a tutti.

9. Il fenomeno della fast fashion

a. rispetto a 15 anni fa negli ultimi anni si è ridotto.
b. spinge a comprare una maggiore quantità di capi d'abbigliamento.
c. è sempre più sostituito dall'acquisto di capi durevoli e di qualità.
d. rende i consumatori più attenti ai loro acquisti.

(https://www.raiplay.it/video/2021/12/ConverseRai---Nicoletta-Spagnoli---Il-trend-della-moda-e-sostenibile-98e01d4f-554e-4cd0-8a68-9f609b22af2c.html)

Traccia 20

D.2 **Ascolterete ora l'intervista a uno scienziato che si occupa di intelligenza artificiale. Non tutte le affermazioni da 10 a 20 sono presenti nel testo. Indicare vicino al numero dell'affermazione. SÌ, se è presente No, se non è presente. Ascolterete il testo due volte.**

10. L'intelligenza artificiale è creata da programmatori di computer per il riconoscimento vocale.
11. Un'intelligenza artificiale funzionante sa dialogare con un essere umano senza essere scoperta.
12. Un'intelligenza artificiale è programmata per imitare le attività intelligenti dell'uomo.
13. Il passaggio alle reti neuronali ha consentito di raccogliere molte informazioni.
14. Grazie alle reti neuronali le conoscenze si creano su modelli realizzati da tanti esempi della realtà.
15. Le macchine possono tradurre grazie alla collaborazione con esperti di grammatica e lessico.
16. Per addestrare una macchina a tradurre testi bisogna istruirla con molti esempi di traduzioni.
17. In Google esistono archivi fotografici per singoli elementi.
18. Le reti neuronali sono capaci di riconoscere gli elementi di un'immagine grazie agli archivi con miliardi di immagini.
19. Tra le più importanti applicazioni dell'intelligenza artificiale c'è l'analisi di dati utili per il riconoscimento di testi e immagini.
20. In campo sanitario le macchine non potranno sostituire l'uomo, soprattutto per le diagnosi.

(https://podcastitaliano.com/2021/11/20/intervista29/)

Traccia 21

D.3 **Ascolterete un testo che parla di Venezia. Completi le informazioni con poche parole (massimo quattro) negli spazi numerati da 21 a 30. È possibile usare le stesse parole del testo oppure dei sinonimi. Ascolterete il testo una sola volta.**

21. una città sull'acqua con strade fatte di mare, **....(21)...**, di storia, la meta del turismo per antonomasia
22. l'ho chiesto a dei veneziani e loro mi hanno raccontato che i segnali sono **...(22)...** natura
23. è uscito, ha comprato il giornale e poi **...(23)...**, che è sempre vicino a un tabaccaio
24. sono grandi camminatori **...(24)...** alle macchine e detestando il vaporetto.
25. prendono in giro chi spende €50 per andare su una **...(25)...** di legno
26. eventualmente **...(26)...** per una meravigliosa Venezia notturna.
27. non chiedono permesso e **...(27)...** sanno come evitare il turista.
28. i mercanti alla fine del lavoro, **...(28)...**, si bevevano questo bicchiere di vino.
29. ci sono i bar con tavoli fuori e sempre **...(29)...** che stanno lì a giocare a scopa e a chiacchierare
30. in mezzo a quei fotografi, **...(29)...** a quei turisti di tutte le etnie c'è una comunità meravigliosa

(https://www.loquis.com/it/playlist/285/Top+Loquis+2020)

20 MINUTI

TEST 7

CELI 5

CERTIFICATO DI CONOSCENZA DELLA LINGUA ITALIANA

Livello C2

Prova di Produzione Orale

Lo studente esaminerà il materiale sul quale si svilupperà la conversazione con il suo insegnante.

Il materiale consiste in:

A Un testo da riassumere e utilizzare come spunto di conversazione
B Foto da descrivere e utilizzare come spunto di conversazione
C Frasi o citazioni da commentare

Il materiale (foto, testo e citazioni) viene consegnato al candidato circa 20 minuti prima dell'inizio della prova.

Nome e Cognome dello studente

____

____

Data

____

____

Domande guida

FOTO

- Descriva quello che è rappresentato nella foto.
- Qual è la Sua opinione in merito alla possibilità di fare turismo nello spazio?
- È opportuno, secondo la Sua opinione, spendere somme ingenti per favorire l'esplorazione spaziale a scopo commerciale?

TESTO

- Riassuma il testo.
- Qual è il Suo rapporto con la solitudine?
- Stare bene da soli può essere una scelta o è un'esperienza di sofferenza?
- È possibile sentirsi soli anche in mezzo agli altri?

ESPRESSIONI E MASSIME

- Spieghi il generico significato delle espressioni.
- Qual è stata la Sua esperienza con l'apprendimento di una seconda lingua?
- È d'accordo sul fatto che sia necessario imparare la lingua del paese in cui si decidere di vivere?

A **Descriva la foto e risponda alle eventuali domande che Le verranno poste.**

(http://www.felicitapubblica.it/2021/02/10/space-x-a-breve-turisti-a-spasso-nello-spazio/turismo-spaziale-1/)

B **Legga e riassuma il testo. Risponda alle domande che eventualmente Le verranno poste.**

I motivi per cui ci piace (anche) stare da sole

Prendersi del tempo per sé fa bene al cuore e allo spirito: ecco alcuni motivi per cui vale la pena, ogni tanto, cercare la solitudine. Perché cercare la solitudine fa bene. Passare del tempo in solitudine, in compagnia solo di noi stesse è sempre più difficile, soprattutto oggi. Nell'epoca dei social media siamo abituati a essere costantemente aggiornati su quanto sia (apparentemente) divertente e piena la vita degli altri, motivo per cui ci sentiamo spinti a dover dimostrare in qualche modo di essere ugualmente impegnati e circondati di amici. Eppure, a volte, non c'è niente di meglio di una serata in compagnia di noi stesse, per ricalibrare le energie e ritornare al centro della nostra vita. Saper stare da sole e, in qualche misura, la solitudine, è fondamentale per l'individuo, per aiutarlo a focalizzare meglio le persone e le cose che lo circondano. Siamo abituati a pensare che fare le cose da soli sia triste. Per questo ci limitiamo a concederci del tempo libero solo tra le mura di casa. Invece dovremmo provare a spendere il nostro momento di relax con noi stesse, facendo tutte quelle attività che di solito facciamo in compagnia. Per esempio: andare a una mostra, vedere un film al cinema, sedersi in un bar o un ristorante, viaggiare. Sono le convenzioni sociali a frenarci, il più delle volte, ma se riusciamo a superare lo scoglio del giudizio degli altri, scopriremo un altro mondo, in cui il tempo e lo spazio sono solo nostri. Iniziamo con piccole cose, come perderci da turista nella nostra città, armate di un libro e lasciamoci andare. La solitudine ti fa riflettere sul tuo vissuto quotidiano. La vita frenetica di ogni giorno ci impone ritmi serrati, in cui è sempre più difficile rallentare e prendersi del tempo per sé stessi. Se poi ogni momento libero viene impiegato per stare con altre persone, diventa impossibile trovare la voglia e la forza di fermarsi a pensare. Invece riuscire a trovare il tempo per riflettere su quello che ci accade ogni giorno e su quello che dobbiamo affrontare è importante, perché ci aiuta a uscire dal rullo compressore che sono le nostre vite e ad analizzare in modo più lucido il da farsi. L'ideale sarebbe ritagliarsi un momento alla fine di ogni giornata o di ogni settimana per fare un bilancio e capire cosa ci ha reso felici e cosa, invece, vorremmo cambiare. Restare soli con noi stessi ci fornisce l'opportunità di fare i conti con tutto ciò che ci stressa, ci affanna e non ci fa stare sereni. Infatti, un momento solo per noi è quello che ci serve quando siamo particolarmente stressati e agitati. La solitudine è spesso associata al dolore, alla mancanza, alla sofferenza. Ma non è sempre così, esiste un'altra faccia dello stare da soli, la solitudine positiva, che può anche rivelarsi benefica ed estremamente costruttiva. Scegliere di vivere dei periodi di solitudine positiva, in cui per un determinato periodo, anche breve, si desidera consapevolmente di godere della compagnia di te stessa. Non significa sottostimare la presenza o il valore di qualcuno che ci sta accanto, ma ritrovare un equilibrio personale. Si ricaricano le pile, ritrovando linfa vitale, nuove energie. In questo modo si solidifica la struttura interiore: sottrarsi alla socialità, per qualche momento, migliorerà l'approccio nei confronti della vita stessa. Incontrare sé stesse è una gioia da assaporare con gusto, coraggio e un sorriso per la vita che, infaticabile e densa di novità, non smette di regalarci nuove sorprese. Iniziare ad apprezzare la compagnia di se stesse senza aver necessariamente bisogno degli altri è una piccola rivoluzione capace di cambiare il rapporto con la nostra interiorità e migliorare la qualità della vita.

(https://www.donnamoderna.com/benessere-mente/imparare-godere-solitudine)

C **Legga attentamente e commenti le seguenti espressioni e massime su cui si svolgerà parte della conversazione.**

ESPRESSIONI E MASSIME

La lingua

- *Conoscere un'altra lingua significa avere una seconda anima.*
- *Quante lingue può imparare un bambino? Tante quante avrai il tempo di insegnargli dedicandogli del tempo.*
- *Quando un popolo non osa più difendere la propria lingua è pronto per la schiavitù.*

2 ORE E 45 MINUTI

TEST 8

CELI 5

CERTIFICATO DI CONOSCENZA DELLA LINGUA ITALIANA

Livello C2

A **Prova di Comprensione della Lettura** *(40 punti)*

B **Prova di Produzione di Testi Scritti** *(60 punti)*

Nome e Cognome dello studente

____

____

Data

____

____

A. PROVA DI COMPRENSIONE DELLA LETTURA

A.1 **Legga i due testi. Metta una X, nei numeri da 1 a 10, vicino alla lettera A, B, C e D corrispondente all'affermazione giusta tra le quattro che Le vengono proposte.**

1° TESTO

Armocromia e abbigliamento: i colori perfetti per ogni stagione

È una delle tendenze più amate, impazza sui social e non solo: parliamo dell'armocromia, analisi e studio dei colori della persona. Nata agli inizi degli anni 80 negli Stati Uniti, grazie al volume *Color me beautiful* di Carole Jackson, si è arricchita e sempre più strutturata negli anni. In Italia ne abbiamo imparato i segreti grazie a Rossella Migliaccio, di sicuro una delle consulenti ed esperta di immagine più famose e che hanno diffuso l'Armocromia a un pubblico sempre più vasto anche utilizzando la forza dei social.
Su cosa si basa l'Armocromia? Ognuno di noi ha, tra occhi, pelle, capelli, sopracciglia e ciglia dei colori che lo connotano. Questi colori possono essere caldi o freddi, brillanti o più tenui. Ognuna delle quattro stagioni è caratterizzata dalla misura in cui alcune categorie (sottotono, valore, intensità e contrasto) sono presenti. Il sottotono è la temperatura della pelle (attenzione, sbagliato pensare che una pelle chiara sia necessariamente fredda o che una scura sia sicuramente calda!), il valore è l'elemento predominante tra chiaro e scuro, l'intensità indica la brillantezza dei propri colori e il contrasto è identificato dalla differenza di valore fra elementi (ad esempio pelle con occhi o pelle con capelli). Ogni stagione è caratterizzata da una diversa presenza e combinazione di queste quattro variabili. Come racconta Rossella Migliaccio, individuare la propria stagione è il primo passo che permetterà di capire quali sono i colori in palette con noi, ovvero che sono compatibili con quelli che la natura ci ha donato. Ciò significa che se usiamo colori in armonia con noi il nostro incarnato, gli occhi saranno valorizzati al massimo, esaltati e resi ancora più luminosi. Al contrario, se scegliamo dei colori non amici, anche se ci piacciono alla follia, l'effetto potrebbe essere non in linea con le nostre aspettative. Potremmo apparire più spenti, grigi, addirittura potremmo notare maggiormente occhiaie, piccole rughe e discromie.
Identificare la propria stagione, in certi casi, non è semplicissimo. Per scoprirla non basta un test fai da te ma è necessaria una vera e propria analisi svolta di persona da una consulente esperta rigorosamente con i capelli coperti, senza abbronzatura recente e, per le donne, senza trucco. La consulente sarà in grado di cogliere ogni singolo mutamento dell'incarnato e dello sguardo. Con i vari drappi colorati si parte da quelli per individuare il sottotono (caldo o freddo), per poi passare all'intensità (alta o bassa) e solo dopo orientarsi su quello delle varie stagioni e, successivamente, alla sottocategoria. Una volta identificata la nostra stagione, sapremo quali sono i nostri colori alleati e potremmo scegliere consapevolmente come introdurli nel nostro armadio. Quante volte abbiamo comprato abiti e accessori sull'onda del momento ma una volta indossati, ci siamo resi conto che qualcosa non "girava"? Quante volte li abbiamo relegati nel guardaroba e mai più usati? Ecco, conoscere i colori valorizzanti ci aiuterà anche a scegliere e compare più consapevolmente, evitando sprechi. Come dicevamo, il sistema dell'Armocromia si basa su quattro stagioni: Inverno, Autunno, Primavera ed Estate. Ogni stagione, poi, si suddivide in quattro sottogruppi distinti in cui si darà rilevanza a una delle variabili di cui parlavamo sopra (sottotono, intensità, valore e contrasto) in misura maggiore rispetto alle altre. Nel caso in cui non ci sia una variabile che spicca sulle altre parliamo di stagione assoluta.

(https://www.grazia.it/moda/tendenze-moda/armocromia-colori-abbigliamento-per-stagione-star)

DOMANDE

1. **L'armocromia si fonda su**
   a. l'armonia fra i colori.
   b. i colori che caratterizzano ognuno di noi.
   c. il legame fra i colori e le stagioni.
   d. l'intensità dei colori.

2. **Ogni stagione si distingue per**
   a. l'armonia dei quattro elementi.
   b. la predominanza di un valore.
   c. la brillantezza dei colori.
   d. la diversa quantità degli elementi.

3. **I colori in palette sono**
   a. quelli che ci stanno meglio.
   b. quelli che ci piacciono alla follia.
   c. quelli che ci appartengono naturalmente.
   d. quelli in armonia con la natura.

4. **Per individuare la stagione la consulente anzitutto**
   a. esamina l'intensità.
   b. si orienta sulle varie stagioni.
   c. parte dalle sottocategorie.
   d. usa teli colorati per individuare il sottotono.

5. **Conoscere i colori che ci valorizzano ci può aiutare a**
   a. risparmiare tempo e denaro.
   b. evitare sprechi.
   c. sentirci meglio.
   d. essere in armonia con le stagioni.

2° TESTO

Leonardo da Vinci: genio dalla vita misteriosa

La vita di Leonardo da Vinci è sempre stata una caccia al tesoro senza fine, per gli esperti. Il genio toscano, che nasceva a Vinci, un paesino toscano vicino a Empoli, il 15 aprile 1452, morì a 67 anni lasciando dietro di sé brillanti intuizioni, capolavori artistici e una montagna caotica di appunti e disegni. Ma anche molti interrogativi. Realizzò lui la Sindone? Venne perseguitato da una maledizione? Lavorò come spia? Di certo sappiamo che fu eclettico, al limite della schizofrenia. Pittore, scienziato, naturalista, ingegnere, architetto, meccanico, scenografo, scrittore, costumista, musicista e impresario: Leonardo fu un uomo estremamente curioso, che annotò qualunque cosa gli passasse per la mente. Tranne ciò che riguardava la sua sfera privata.

È infatti il nonno Antonio a informarci della sua nascita a Vinci. Il bambino era il figlio illegittimo di ser Piero, un notaio fiorentino, donnaiolo, e di Caterina. Di lei non conosciamo con certezza né il cognome né l'origine, ma è documentato il fatto che cinque anni dopo lasciò che il piccolo andasse a vivere con il padre. Da illegittimo, Leonardo non poteva aspirare a seguire la carriera di ser Piero, ma l'uomo ebbe il merito di intuire le eccezionali doti artistiche del figlio. Grazie alle sue conoscenze, il padre lo fece entrare da apprendista in uno dei laboratori artistici più grandi e rinomati di Firenze: la bottega di Andrea del Verrocchio. Il ragazzo - era circa il 1469 - diventò presto il prediletto del maestro: merito della sua immensa bravura, ma anche, pare, del suo bell'aspetto. L'omosessualità, all'epoca, era in teoria condannata, ma in realtà molto praticata. E non di rado, fra le pagine dei codici di Leonardo, insospettabili disegnetti scabrosi sembrano farvi riferimento. Prove certe o ammissioni non ne sono state trovate, finora. Rimane però un'accusa di sodomia datata 1476 e archiviata perché anonima. All'epoca erano due anni che il ragazzo prodigio non dipingeva e ce ne sarebbero voluti altri due prima che tornasse a farlo. Disamore? Nuovi interessi scientifici (e non)? In generale, diversi storici riconoscono a Leonardo una certa discontinuità lavorativa. Diverse sue opere rimasero incompiute o vennero rifiutate dai committenti. In mancanza di documenti, la letteratura ha trasformato questi strani "fallimenti" in una maledizione che avrebbe accompagnato il pittore fin dagli esordi. "Si trattò invece spesso del segnale di un ambiente che non riuscì ad apprezzare subito le sue idee innovative", sostiene lo storico dell'arte Costantino D'Orazio, nel suo saggio Leonardo segreto. È indubbio, però, che nella sua carriera, oltre all'eccessiva voglia di sperimentare, un certo peso lo ebbe anche la sfortuna. Come nel caso del Cenacolo. Ci lavorò tra il 1495 e il 1498, su commissione del duca di Milano, Ludovico Sforza. Ma come al solito fece di testa sua e scelse di dipingere su intonaco secco, invece che "a fresco", per poter lavorare senza fretta e continuare a seguire gli altri suoi innumerevoli interessi. Alla fine, l'umidità della parete del refettorio del Convento domenicano di Santa Maria delle Grazie gli presentò il conto. Se non l'immagine, almeno la fama dell'opera rimase comunque inviolata nei secoli. E, complici alcuni romanzi di fiction storica, tra cui *Il codice da Vinci* di Dan Brown e *La Cena segreta* di Javier Serra, finì per dare a Leonardo la nomea di eretico. Serra, in particolare, ha ipotizzato che il maestro di Vinci fosse un sostenitore dell'eresia catara (diffusa in Europa tra X e XIV secolo), di cui il Cenacolo conterrebbe alcuni simboli. C'è anche chi ha visto, nella sua predilezione per la figura di san Giovanni Battista, un indizio dell'adesione alla setta dei giovanniti (i cavalieri dell'Ordine di Malta devoti a San Giovanni). Tuttavia, ci dice Vasari, da buon uomo di scienza Leonardo non aveva particolare simpatia per la religione. Attualmente, comunque, non esistono dati per ricostruire il suo pensiero circa la dottrina cattolica. E neppure per sostenere che la Sindone di Torino sia opera sua. L'idea che il telo di lino che avrebbe avvolto il corpo di Cristo nel sepolcro, conservandone l'impronta, possa essere una creazione del genio toscano è di due "detective del mistero": Lynn Picknett e Clive Prince. Il volto della Sindone, fa loro eco l'artista americana Lillian Schwartz, sarebbe proprio un autoritratto di Leonardo. Nessuno di loro sembra dare troppa importanza al fatto che le fonti storiche e il radiocarbonio datino il lenzuolo a un periodo precedente di uno o due secoli la nascita di da Vinci. Oltre a quella di falsario e di eretico, Leonardo ha collezionato anche un'altra identità. La sua biografia racconta che nel 1502 abbandonò Firenze per rispondere alla chiamata di Cesare Borgia: il famigerato duca di Valentinois lo aveva nominato suo ingegnere militare, mentre combatteva per conquistare parte dell'Italia Centrale. E c'è chi sospetta che in realtà Leonardo sia passato al servizio di questo audace condottiero con l'incarico di inviare informazioni segrete alla Repubblica fiorentina. Fu una spia? «In effetti, nei mesi che lo vedono al fianco di Cesare Borgia, l'artista non sembra realizzare le grandi opere militari per cui è stato assoldato», azzarda D'Orazio. La sua esperienza da 007 si sarebbe comunque conclusa in meno di un anno. Dopo di allora lo troviamo di nuovo a Firenze, Milano e infine a Roma. Nel 1517, traslocò per l'ultima volta, ad Amboise (Francia), dove il re Francesco I lo nominò "primo pittore, architetto e ingegnere reale". Il sovrano gli conferì uno stipendio annuo di un migliaio di scudi e vitto e alloggio nel maniero di Cloux (oggi Clos-Luce) oltre a un'ammirazione sconfinata. Ma la felicità durò solo due anni. Ammalatosi, vecchio e malconcio, morì otto giorni dopo aver fatto testamento: era il 2 maggio 1519. Venne sepolto dove aveva chiesto, nella vicina cappella della chiesa di Saint Florentine. E qui si consuma l'ultimo mistero del genio toscano. Probabilmente i suoi resti andarono persi durante la ribellione calvinista del 1560, ma nel 1863 il poeta francese Arsene Houssaye convinse tutti di averli rinvenuti tra le rovine della chiesa, insieme a tre frammenti di una lapide, con le scritte parziali "INC", "LEO" ed "EU DUS VINC". Quelle ossa oggi si trovano nella vicina cappella di Saint-Hubert: ma si tratta davvero delle sue spoglie? "La verità è figlia del tempo", ha scritto Leonardo da Vinci.

(https://www.focus.it/cultura/storia/leonardo-da-vinci-genio-dalla-vita-misteriosa)

DOMANDE

6. Leonardo fu un artista

a. versatile.
b. geniale.
c. pazzo.
d. enigmatico.

7. L'incostanza lavorativa di Leonardo sembra dovuta a

a. la volubilità dell'artista.
b. una maledizione che aleggiava sull'artista.
c. l'incompletezza di molti suoi lavori.
d. l'incomprensione dell'ambiente verso le idee pioneristiche dell'artista.

8. Il Cenacolo è un'opera

a. contenente simboli eretici.
b. dipinta da Leonardo su intonaco secco.
c. dipinta da Leonardo su intonaco fresco.
d. realizzata da Leonardo in modo indipendente.

9. Alcuni sostengono che Leonardo fosse una spia perché

a. lavorò per Cesare Borgia.
b. Cesare Borgia lo nominò ingegnere militare.
c. non realizzò opere militari.
d. inviò informazioni segrete alla Repubblica fiorentina.

10. I resti del corpo di Leonardo

a. non si è certi che siano i suoi.
b. si trovano nella cappella della chiesa di Saint Florentine.
c. si trovano nella cappella di Saint – Hubert.
d. vennero persi durante la ribellione calvinista.

A.2 **Legga il testo e risponda alle domande negli spazi numerati da 11 a 15.**

Breve storia del fumetto

Il racconto per immagini fa parte, da sempre dell'arte di ogni epoca. Basti pensare alle colonne romane istoriate per narrare al popolo le gesta degli imperatori, oppure ai cicli musivi che ornano gran parte delle chiese antiche. Il fumetto è un linguaggio mediante il quale raccontare per immagini una narrazione o un concetto e rientra nella definizione di arte sequenziale. Sicuramente è un linguaggio artistico ma non tutto il fumetto può considerarsi a tutti gli effetti opera d'arte soprattutto per la serialità delle uscite che prevede un conseguente metodo di lavorazione seriale e meccanica appunto.
Il primo vero e proprio fumetto moderno prodotto fu Yellow Kid nato dalla penna di Richard Felton Outcault e pubblicato per la prima volta sul supplemento domenicale del New York American nel 1895. In realtà sono emersi molti altri casi, precedenti ad Outcault, di narrazioni per immagini molto simili al fumetto, come ad esempio Rodolphe Töppfer che, già nel 1827, aveva realizzato una serie di immagini accompagnate da didascalie in cui veniva raccontata, come esplica anche il titolo, la Histoire de M.Vieux Bois. Dopo il successo di Yellow Kid, il fumetto divenne un mezzo espressivo molto diffuso e prese posto soprattutto tra gli interessi di bambini e ragazzi. Negli anni, e con l'avvento delle nuove tecnologie, anche il lavoro del fumettista è molto cambiato. Si è passati dal disegno a mano a quello realizzato in grafica; inoltre, la possibilità delle animazioni ha aperto una notevole fetta di mercato e un conseguente sviluppo di una differente tipologia di lavoro. Basti pensare all'impero costruito da Walt Disney, partito con il disegno di un solo topolino. Ai giorni nostri esistono moltissime tipologie di fumetto, ognuna proveniente da una tradizione specifica come, ad esempio, quella Giapponese che riprende più le caratteristiche della produzione seriale con una numerosa quantità di manga e di tipologie di fumetti specifiche, o quella americana che vede come esponenti di punta i fumetti supereroistici (Capitan America, Spiderman, Batman ecc…). Sul suolo italiano il primo fumetto uscì nel 1908 sul Corriere dei Piccoli, supplemento del Corriere della Sera, con una storia autoconclusiva, senza palloncini e sviluppata in una sola tavola. Questa formula verrà adottata fino agli anni '70. I fumetti del Corrierino dialogavano con il lettore attraverso le immagini e testi in rima; i contenuti dovevano rivelare una morale poiché era considerato come uno strumento educativo in grado di contribuire alla formazione dei piccoli lettori, educando anche alla metrica poetica e alla prosa. Nacquero così personaggi come il Signor Bonaventura (1917) personaggio estremamente sfortunato, ma anche Kit Carson (1937) ispirato dalla fascinazione italiana per le storie ambientate nel West. Per arrivare agli anni '60 che videro la nascita di una delle opere fumettistiche ad avere una forte valenza artistica oltre alla narrazione: la serie di racconti di Hugo Pratt e del suo Corto Maltese. Infine, negli anni '80 Andrea Pazienza e i suoi personaggi dominarono la cultura "controcorrente" di quegli anni, con le pubblicazioni sulla rivista Frigidaire. Questi sono una piccolissima parte dei nomi che hanno fatto grande la storia del fumetto a livello internazionale. Il fumetto è comunicazione di massa e in virtù di questo ha influenzato e si è fatto influenzare dal lettore, reinventandosi e sviluppando capacità creative molto distanti tra i fumettisti stessi. Ha inoltre influenzato, per la particolarità di stampa e le immagini dal taglio grafico e dai contorni marcati, la pratica artistica di artisti come Roy Lichtenstein e più in generale l'arte Pop.

(https://zebrart.it/breve-storia-del-fumetto/)

DOMANDE

11. Il fumetto si può considerare una forma d'opera d'arte?

(da 4 a 10 parole)

12. Com'è cambiato nel tempo il lavoro del fumettista?

(da 8 a 15 parole)

13. Quale evento ha segnato un cambiamento decisivo nella storia del fumetto?

(da 8 a 15 parole)

14. Qual era la caratteristica del primo fumetto italiano?

(da 4 a 10 parole)

15. Come possiamo definire il fumetto?

(da 10 a 20 parole)

B. PROVA DI PRODUZIONE DI TESTI SCRITTI

B.1 **Svolga UNO dei seguenti compiti.**

(Da un minimo di 330 ad un massimo di 360 parole)

1. Lo spreco alimentare è un fenomeno diffuso in tutto il mondo, da tema secondario è ormai diventato un aspetto fondamentale nel mondo del green e della salvaguardia dell'ambiente. La perdita o lo spreco del cibo può avere un impatto negativo sulla sicurezza alimentare, sulla disponibilità di cibo e sul costo del cibo stesso. Oltre ai comportamenti responsabili dei consumatori è necessario utilizzare soluzioni innovative come l'introduzione di tecnologie volte a garantire la qualità del cibo e ridurre lo spreco. Rifletta sulla situazione nel Suo paese e sui Suoi personali comportamenti e scelte per evitare lo spreco alimentare. Scriva un Suo commento su un blog green, riportando la Sua esperienza e proponendo soluzioni sostenibili per arginare questo problema.

2. Tiziano Terzani scriveva: "Ogni posto è una miniera. Basta lasciarcisi andare, darsi tempo, stare seduti in una sala da tè ad osservare la gente che passa, mettersi in un angolo del mercato, andare a farsi i capelli e poi seguire il bandolo di una matassa che può cominciare con una parola, con un incontro, con l'amico di un amico di una persona che si è appena incontrata e il posto più scialbo, più insignificante della terra diventa uno specchio del mondo, una finestra sulla vita, un teatro di umanità dinanzi al quale ci si potrebbe fermare senza più il bisogno di andare altrove. La miniera è esattamente là dove si è: basta scavare". Questa definizione è appropriata per i viaggiatori, alla ricerca perenne di sé stessi, della scoperta, del diverso, di culture e tradizioni lontane da noi. Poco o niente si adatta al turista-viaggiatore di oggi, da quello del week end, che per poche ore di sole e di mare si sottopone alla tortura del traffico, all'amante della vacanza organizzata, preferibilmente esotica, in cerca di avventura in un villaggio o club estivo. Lei ha deciso di fare un lungo viaggio e Le piacerebbe condividerlo con un amico italiano. Scriva una lettera in cui propone una destinazione o un percorso per il viaggio e spieghi al Suo amico la Sua idea di viaggio, che cosa cerca e da cosa fugge.

3. Scriva un racconto che inizi così: "Laura e Carlo salirono nella soffitta della loro nuova casa. La ristrutturazione andava per le lunghe e loro erano contenti di poter esplorare i luoghi più nascosti della vecchia casa. In soffitta trovarono un piccolo nascondiglio pieno di vecchie lettere d'amore indirizzate al precedente proprietario. Sorpresi cominciarono ad aprirle una alla volta e leggendole scoprirono..."

B.2 **Svolga i seguenti compiti.**

(Da un minimo di 90 ad un massimo di 110 parole)

1. Lei lavora in un ufficio in fase di ristrutturazione. Il Suo capo oggi è molto arrabbiato, perché l'impresa di costruzioni non ha completato i lavori nei tempi stabiliti. Molte cose non funzionano ancora: l'aria condizionata non si accende, i computer sono scollegati, i cavi elettrici non sono al loro posto e manca la luce in tutti i locali. Inoltre la consegna degli uffici rinnovati è in ritardo di un mese. Il direttore Le chiede di scrivere una lettera di reclamo alla ditta incaricata di svolgere i lavori di ristrutturazione, richiedendo un rimborso per il ritardo nei lavori e per il mancato funzionamento degli impianti.

(Da un minimo di 70 ad un massimo di 90 parole)

2. Il capo dell'impresa di ristrutturazioni per la quale Lei lavora le chiede di rispondere a una lettera di protesta inviata dal direttore di un complesso di uffici che la ditta ha in ristrutturazione. Ci sono stati ritardi nei lavori e diversi imprevisti, per i quali la ditta è realmente responsabile. Il Suo capo le suggerisce di scrivere nella risposta le scuse della ditta per i ritardi e disservizi, spiegando che tuttavia non sarà possibile provvedere ad alcun rimborso.

1 ORA E 15 MINUTI

TEST 8

CELI 5

CERTIFICATO DI CONOSCENZA DELLA LINGUA ITALIANA

Livello C2

C **Prova di Competenza Linguistica** *(20 punti)*

Nome e Cognome dello studente

Data

C. PROVA DI COMPETENZA LINGUISTICA

C.1 **Completi il testo scrivendo la parola mancante negli spazi numerati da 1 a 13. Una sola parola è possibile.**

Pasquetta: pic-nic e gite fuori porta per 4 italiani su 10

Per il pranzo di Pasqua gli italiani hanno speso circa 1,8 miliardi di euro, il 25% in più rispetto allo scorso anno. Al mare, in montagna o in campagna, fuori o dentro la città, non importa la meta ma il desiderio di trascorrere una giornata di svago e all'**...(1)...**, e quasi quatto italiani su dieci (39%) hanno scelto di fare un pic-nic o una gita fuori porta **...(2)...** rispetto della tradizione del lunedì di Pasquetta. Emerge da un'analisi di Coldiretti che evidenzia la voglia di evasione dei cittadini **...(3)...** due anni caratterizzati dalle misure di restrizione imposte dalla pandemia. Non a caso proprio le gite fuori **...(4)...** sono in cima alla classifica delle mete preferite per la Pasquetta 2022. Il 36% degli italiani ha deciso comunque di trascorrere le festività pasquali a casa propria per rilassarsi e un 20% ha pensato di far visita a parenti e amici. **...(5)...** i piatti più gettonati per il lunedì dell'Angeloci sono: lasagne, salumi, formaggi, uova sode e le tradizionali grigliate a base di carne, pesce e verdure. Non mancano però polpette, frittate di pasta o di verdure, pizze farcite, ratatouille e macedonia. Il menù in molti casi è a base degli avanzi di Pasqua per la **...(6)...** gli italiani, stima la Coldiretti, hanno speso circa 1,8 miliardi di euro, il 25% in più **...(7)...** allo scorso anno, sia per effetto dei rincari ma **...(8)...** per la voglia di convivialità con le tavolate che si sono allungate ad una media di sei persone, 2 in più rispetto al 2021. Oltre 350mila persone hanno scelto un agriturismo per il pranzo di Pasquetta, per trascorrere una giornata **...(9)...** dalle città, nel verde, ma senza rinunciare **...(10)...** comodità dell'ospitalità delle aziende di campagna. Molte delle 25mila aziende agrituristiche presenti in Italia infine, si sono attrezzate per la giornata con l'offerta di alloggio e di pasti completi ma anche **...(11)...** a disposizione colazioni al sacco o spazi per pic-nic, tende, roulotte e camper, per rispettare le esigenze di indipendenza di **...(12)...** ama prepararsi da mangiare in piena autonomia ricorrendo eventualmente solo all'acquisto dei prodotti aziendali a chilometro **...(13)...** di Campagna Amica.

(https://www.coldiretti.it/economia/pasquetta-picnic-e-gite-fuori-porta-per-4-italiani-su-10)

C.2 **Completi il testo scrivendo negli spazi numerati da 14 a 25 il verbo mancante (nella forma, nel modo e nel tempo opportuni) scegliendolo tra quelli sottoelencati.**

Giancarlo Giammetti: «La moda, i litigi. Stare con Valentino? È un miracolo»

Chi era Giancarlo Giammetti quando una sera di luglio del 1960 conosce Valentino Garavani in via Veneto, a Roma?

«Un po' un figlio di papà, iscritto ad Architettura, che frequentavo pochissimo. Quella sera, **...(14)...** l'apertura del Pipistrello Night Club seduto al Café de Paris, dove mio padre aveva il conto aperto. In quell'inizio di Dolce Vita, era difficile trovare posto, per cui si sono avvicinati tre ragazzi e **...(15)...** con me. Uno era Valentino».

Nasce un sodalizio che crea un impero.

«È nato subito un rapporto personale. Lui incontrava difficoltà di gestione della sartoria. Ai tempi, non si chiamavano maison o company. Pur nell'incapacità dei miei 22 anni, mi è venuto na-

turale aiutarlo. Siamo nati insieme, lui **...(16)...** le vecchie società, ne abbiamo aperta una nuova e tutto è cominciato».
Valentino ha detto che ha sempre sognato la bellezza e che da ragazzo fingeva di dormire e sognava le attrici: Judy Garland, Hedy Lamarr... Lei che sognava?
«Di viaggiare, andare a Parigi, a New York. Di **...(17)...** e di finire studi che detestavo».
In breve, lei e Valentino diventaste protagonisti della Dolce Vita.
«Perché iniziavamo a vestire le attrici. Liz Taylor, per girare Cleopatra, restò sei mesi a Roma, nacque un'amicizia e l'abito scelto per la prima di Spartacus, in chiffon col bordo di struzzo, ci **...(18)...** conoscere all'estero».
Il suo sogno di viaggiare e divertirsi si era realizzato?
«Non abbiamo mai pensato di essere arrivati, ma sempre che si poteva fare meglio. Però, dal 1977, tengo ogni giorno un diario. Scrivo non più di cinque righe, è come un'agenda delle cose belle fatte. Ho sempre pensato che **...(19)...** esperienze abbastanza uniche e non volevo dimenticarle con l'età».
Quale luogo chiama casa?
«Sono molto in giro, ma forse Roma. Mi **...(20)...** rivederla stimolante come tanti anni fa».
Com'è stato il primo giorno in cui lui era solo il fondatore e lei solo il presidente onorario?
«Per me e per Valentino niente è più stato drammatico, da allora. Da quando eravamo ragazzi non avevamo avuto mai un minuto in cui non sapevamo cosa **...(21)...** un mese dopo. Ora possiamo decidere sul momento. La libertà è stata la più grande vittoria. Soprattutto per lui che, disegnando le collezioni, non aveva mai avuto un giorno in cui non lavorava».
Un bilancio del primo decennio di libertà?
«Ho lavorato su progetti divertenti che mi hanno tenuto molto impegnato senza necessità o angoscia dell'ora esatta in cui fare le cose. Non posso ancora annunciarlo, ma **...(22)...** un grosso avvenimento sul lavoro di Valentino e dei suoi successori, dal '60 a oggi».
Avete fatto coming out solo nel 2004, raccontando che **...(23)...** insieme per dodici anni. Perché così tardi?
«Perché nessuno, prima, ce l'ha mai chiesto. Se no, **...(24)...** onestamente. Non ci siamo mai nascosti».
Lei cosa non sopporta?
«I leccapiedi».
Ne ha incontrati molti?
«Proprio per questo mi danno fastidio. Anche perché Valentino **...(25)...** estremamente naïf e, a volte, ci crede ancora. Per cui, devo proteggere anche lui e ho a che fare col doppio dei leccapiedi».

(https://www.corriere.it/moda/news/20_gennaio_05/giancarlo-giammetti-la-moda-litigi-stare-valentino-miracolo-9853905e-2f19-11ea-838c-ac55de770e3c.shtml)

Essere	Piacere	Rispondere	Divertirsi
Chiudere	Aspettare	Vivere	Esserci
Rimanere	Sedersi	Fare	Fare

C.3 **Nella maggior parte delle righe numerate da 26 a 39 ci sono errori di distrazione. Identifichi, negli spazi numerati da 26 a 39, con un √ le eventuali righe che non contengono errori; in caso contrario individui gli errori e scriva la forma corretta.**

La storia di Lucilla: il primo maggio in corsia

26. "Il mio primo maggio? In corsia, come sempre, per aiutare chi hanno bisogno".

27. Ad affermarlo è Lucilla Crudele, specializzante in servizio al pronto soccorso del Policlinico di Bari,

28. in prima fila lungo il periodo della pandemia. Lucilla ha 30 anni ed è orgogliosa del suo lavoro,

29. è una passione e insieme una missione. "Le giornate sono lunghe, intense, non puoi distrarsi,

30. l'attenzione deve essere mai al massimo quando hai tra le mani la vita delle persone.

31. La mattinata inizia presto: sveglia alle 6.30, il tempo di lavarsi, vestirsi e subito verso il policlinico.

32. Lì temperatura, badge e spogliatoio. Poi vestizione e inizia il cambio".

33. Quello della presa delle consegne è un momento delicato, prendi in carico i pazienti, le loro

34. problematiche, li esami da richiedere, altri già fatti da valutare. E poi bisogna ricostruire la storia

35. clinica, le patologie pregresse per capire la strategia di intervento. Per alcuni pazienti tutto fila liscio,

36. ma per altri la situazione è più grave e bisogno prendere in fretta una decisione, la migliore".

37. Non ci sono orari, giorni festivi e pause nel lavoro di un medico alle prese per l'emergenza.

38. Lucilla riflette: "Non c'è mai una fine giornata, il pronto soccorso non dorme mai e anche il medico fa

39. fatica a stacciare la spina" e pensa al periodo più buio della pandemia.

(https://www.rainews.it/articoli/2022/04/la-storia-di-lucilla-il-mio-primo-maggio-in-corsia-per-aiutare-chi-ha-bisogno--00a15438-5166-4471-9e0f-038705349731.html)

C.4 **Completi il testo scegliendo la parola opportuna tra quelle proposte da 40 a 51. Indichi, vicino ad ogni numero, la lettera A, B, C o D corrispondente alla parola scelta.**

Libri per Ragazze e Ragazzi. Al lupo al lupo!

La creatrice di Geronimo Stilton torna con un romanzo di **...(40)...** avvincente. E qui spiega come gli animali, insieme ai grandi classici, siano un'eterna fonte di ispirazione. "Fin da bambina ho avuto due grandi amori nella mia vita, i libri e gli animali, e posso dire di averli **...(41)...** entrambi. Oggi, infatti, sono una scrittrice per ragazzi... e, guarda caso, i miei libri hanno per protagonisti gli animali! La mia vita è stata segnata dagli animali e lo sarà sempre. E questa passione mi ha portata a viaggiare in luoghi, vicini e lontani, dalle foreste del Centrafrica all'isola di Zanzibar, dalle **...(42)...** del Nord America alle riserve naturali d'Abruzzo.
Come **...(43)...** WWF Italia, inoltre, ho cercato di contribuire a diffondere l'amore e il rispetto per la natura scoprendo anche che gli animali hanno il potere di "parlare" alle persone e di aiutarle a capire meglio se stesse. Come? Semplice, perché sono animali! Noi esseri umani abbiamo da sempre uno stretto rapporto con loro. Dagli albori essi, infatti, fanno parte della nostra vita quotidiana: da loro abbiamo imparato come sopravvivere e continuano a insegnarci anche oggi. Non è un caso che Leonardo Da Vinci, attento e appassionato **...(44)...** del mondo, abbia scritto: "La natura è la fonte di tutta la vera conoscenza".
Gli animali da sempre ci ispirano: basti pensare alle divinità egizie, alla mitologia greca, alla tradizione orale dei **...(45)...** americani o alle antiche leggende africane. Inoltre, animali totemici, simbolici, magici, archetipici, antropomorfi e persino parlanti sono i protagonisti della letteratura, dall'antichità a oggi per comunicare **...(46)...** profondi e potenti.
La fattoria degli animali di G. Orwell, per esempio, è una disincantata critica alla società, mentre *Il gabbiano* Jonathan Livingstone di R. Bach è una complessa metafora della **...(47)...** umana, e ancora *Il libro della giungla* di R. Kipling ci insegna con l'orso Balù e la pantera Bagheera che tutto nella natura ha un senso, se sappiamo coglierlo! Quello tra animali e scrittori è un **...(48)...** creativo che non finirà mai. Così diversi da noi, ma al tempo stesso così simili, gli animali ci offrono la possibilità di immedesimarci in loro. E lasciano "spazio" a **...(49)...** per potersi riconoscere nella loro voce. Tanti miei libri li hanno per protagonisti proprio per questo motivo: perché sono in grado di parlare al cuore di tutti, senza nessuna preclusione, e specialmente ai bambini, che in loro si riconoscono con **...(50)...** Ho iniziato con Geronimo Stilton, il mio topo scrittore, tenero, buffo e pasticcione, che ha **...(51)...** l'infanzia di tanti ragazzi e ragazze in tutto il mondo, che ora sono diventati genitori e a loro volta leggono le sue storie ai loro figli perché Geronimo continua a essere l'amico con cui confidarsi e identificarsi.

(https://www.repubblica.it/robinson/2022/05/07/news/libri_per_ragazze_e_ragazzi_al_lupo_al_lupo-348520479/)

40	**A** educazione	**B** creazione	**C** formazione	**D** fondazione
41	**A** abbinati	**B** coniugati	**C** sposati	**D** affiancati
42	**A** selve	**B** praterie	**C** nature	**D** selvatiche
43	**A** consigliere	**B** assistente	**C** suggeritore	**D** confidente
44	**A** ispettore	**B** controllore	**C** esaminatore	**D** osservatore
45	**A** locali	**B** primordiali	**C** cittadini	**D** nativi
46	**A** annunci	**B** significati	**C** messaggi	**D** insegnamenti
47	**A** condizione	**B** origine	**C** situazione	**D** posizione
48	**A** club	**B** sodalizio	**C** circolo	**D** gruppo
49	**A** chiunque	**B** ogni	**C** qualunque	**D** tutti
50	**A** trasparenza	**B** immediatezza	**C** franchezza	**D** evidenza
51	**A** armonizzato	**B** condotto	**C** scortato	**D** accompagnato

30 MINUTI

TEST 8

CELI 5

CERTIFICATO DI CONOSCENZA DELLA LINGUA ITALIANA

Livello C2

D **Prova di Comprensione dell'Ascolto** *(30 punti)*

Nome e Cognome dello studente

____

____

Data

____

____

D. PROVA DI COMPRENSIONE DELL'ASCOLTO

Traccia 22

D.1 **Ascolterete due testi. Indichi vicino a ogni numero da 1 a 9 la lettera A, B, C o D corrispondente alla risposta scelta. Ascolterete i testi due volte.**

1° testo

1. **La radiotelevisione italiana ha organizzato una festa in diretta per**
   a. festeggiare i venti anni di Nicoletta Strambelli.
   b. festeggiare i diciotto anni di Patty Pravo.
   c. festeggiare le vendite della canzone Azzurro.
   d. festeggiare l'uscita dell'album Revolution dei Beatles.

2. **La voce di Patty Pravo è diversa da quella di Mina perché**
   a. è indomabile.
   b. è bassa.
   c. è simile alle voci d'oltremanica.
   d. è profonda.

3. **La cantante ha viaggiato molto ed è andata spesso a**
   a. Venezia.
   b. Los Angeles.
   c. Londra.
   d. San Francisco.

4. **Patty Pravo si posiziona**
   a. al di fuori dell'ambiente melodico italiano.
   b. all'interno dell'ambiente melodico italiano.
   c. nelle traiettorie commerciali dell'epoca.
   d. nei gruppi musicali che cantavano al Piper.

5. **La voce di Patty Pravo nella canzone La bambola ci fa pensare a**
   a. una donna remissiva.
   b. una donna trattata come una bambola.
   c. una donna maltrattata dal suo uomo.
   d. una donna che si rifiuta di sottostare agli uomini.

(https://www.raiplaysound.it/audio/2022/05/Storia-di-una-canzone-Ep05-Patty-Pravo---La-bambola-6ced7f42-46b1-4e3d-9888-4b4b495c32c3.html)

2° testo

6. Samantha Cristoforetti partirà per lo spazio

a. per la terza volta.
b. per sei mesi.
c. tra il 13 e il 23 aprile.
d. tra il 21 e il 23 aprile.

7. Uno degli esperimenti è volto a

a. verificare come l'assenza di peso può modificare la funzione endocrina delle cellule.
b. verificare i danni causati dallo stress ossidativo.
c. prevenire le malattie neurodegenerative.
d. conoscere le cellule del sistema nervoso.

8. Per conciliare vita familiare e lavoro, l'astronauta

a. ha scritto molti post sul frigo in modo da aiutare il marito.
b. si è avvalsa dell'aiuto del marito.
c. ha chiesto l'aiuto dei figli.
d. ha dovuto chiedere al marito un cambiamento di stile di vita.

9. Questa volta il periodo di addestramento della Cristoforetti

a. è iniziato tre anni fa.
b. si è svolto nel giro di pochi mesi.
c. è iniziato da circa un anno.
d. è cominciato in anticipo.

(Canale YouTube Il Messaggero: https://www.youtube.com/watch?v=_NmKiFrZyfs)

Traccia 23

D.2 **Ascolterete ora una parte di un programma dedicato all'Abruzzo. Non tutte le affermazioni da 10 a 20 sono presenti nel testo. Indicare vicino al numero dell'affermazione.SÌ, se è presente No, se non è presente. Ascolterete il testo due volte.**

10. Alle spalle della presentatrice si scorge la cima del Gran Sasso.

11. Il parco ha lo scopo di proteggere le pinete e il mare.

12. La costa teramana è una zona attenta al rispetto dell'ambiente.

13. Bandiera blu è un riconoscimento dato dalla regione Abruzzo.

14. Nel meraviglioso panorama c'è anche un lago.

15. In questo mare si pescano le vongole.

16. La vongola, in Abruzzo, si chiama paparazza.

17. Faranno una certificazione del prodotto.

18. Per raccogliere le vongole si usa il rastrello.

19. Sulla barca c'è anche un tubo che pulisce le vongole dalla sabbia.

20. Durante la pesca è difficile fare la raccolta differenziata.

(Linea Verde estate - Rai1: https://www.youtube.com/watch?v=1oL_-3breFA)

Traccia 24

D.3 **Ascolterete un testo che parla del pane. Completi le informazioni con poche parole (massimo quattro) negli spazi numerati da 21 a 30. È possibile usare le stesse parole del testo oppure dei sinonimi. Ascolterete il testo una sola volta.**

Il profumo del pane

21. chissà se c'è un'unica storia o se esistono **...(21)...** e storie curiose localizzate in continenti differenti

22. Il pane è **...(22)...** nel senso che è molto più di quanto la nostra esperienza ci consente di mettere a fuoco

23. Ma oltre a quanto **...(23)...** il pane è molte altre cose

24. è un alimento che colloca, che distingue **...(24)...** il sapiens come l'unico essere in grado di produrre

25. Quindi, potremmo dire in **...(25)...** e risolutiva che il pane è cultura

26. Anzi, potremmo dire che è **...(26)...** perché non soltanto rinvia alle capacità trasformative dell'uomo

27. un prodotto sul quale l'uomo ha riversato una **...(27)...** di significati

28. alcuni dati archeologici ci consentono di inserirlo **...(28)...** come un cibo neolitico

29. un cibo molto antico anche se non **...(29)...** che l'uomo abbia utilizzato

30. attorno alla sua produzione **...(30)...** molto importanti delle vicende umane

(https://www.raiplaysound.it/audio/2022/02/De-Gustibus-Ep09-Profumo-di-pane-681fa764-ccad-4aea-9e05-c998a9984c48.html)

20 MINUTI

TEST

8

CELI 5

CERTIFICATO DI CONOSCENZA DELLA LINGUA ITALIANA

Livello C2

Prova di Produzione Orale

Lo studente esaminerà il materiale sul quale si svilupperà la conversazione con il suo insegnante.

Il materiale consiste in:

A Un testo da riassumere e utilizzare come spunto di conversazione

B Foto da descrivere e utilizzare come spunto di conversazione

C Frasi o citazioni da commentare

Il materiale (foto, testo e citazioni) viene consegnato al candidato circa 20 minuti prima dell'inizio della prova.

Nome e Cognome dello studente

____

____

Data

____

____

Domande guida

FOTO

- Descriva quello che è rappresentato nella foto.
- Sentiamo spesso affermare che i soldi non fanno la felicità. Si trova d'accordo con questo assunto? Ne spieghi il motivo illustrando il Suo rapporto con il denaro.
- A Suo avviso nella vita ha una maggior importanza l'essere o l'avere? Quale tendenza rileva nella società odierna?

TESTO

- Riassuma il testo.
- Secondo la Sua opinione cosa vuol dire esattamente l'imprenditore quando afferma che la dignità umana ci verrà restituita solo attraverso la coscienza? Cosa pensa di questa affermazione? Ne parli e se lo ritiene opportuno faccia riferimento a fatti vissuti direttamente o indirettamente.
- A Suo avviso i suggerimenti proposti da Cusinelli sono attuabili o troppo idealistici? Se fosse un imprenditore come imposterebbe la Sua azienda? Quali obiettivi desidererebbe raggiungere?

ESPRESSIONI E MASSIME

- Spieghi il generico significato delle espressioni.
- Ci sono occasioni in cui è meglio tacere? Quali e perchè?

A **Descriva la foto e risponda alle eventuali domande che Le verranno poste.**

(https://pixabay.com/it/illustrations/soldi-piovere-dollaro-ipotizzare-1268883/)

B **Legga e riassuma il testo. Risponda alle domande che eventualmente Le verranno poste.**

Brunello Cucinelli: un'impresa con al centro l'uomo

Nel 1985 Brunello Cucinelli avvia un'attività imprenditoriale che non tarda ad attirare l'interesse dei media e degli studiosi. La ragione di tale notorietà non consiste soltanto nel suo riconoscimento quale leader nel settore dell'abbigliamento in cachemire (i dati sintetici del 2009 parlano di 155,24 mil/euro e di 476 dipendenti), ma soprattutto nella filosofia con cui Cucinelli plasma l'intera impresa.
"Nella mia organizzazione il punto di riferimento è il bene comune, come strumento di guida per il perseguimento di azioni prudenti e coraggiose. Nella mia impresa ho messo l'uomo al centro di qualsiasi processo produttivo, perché sono convinto che la dignità umana ci sia restituita solo attraverso la riscoperta della coscienza.
Il padre si trasferisce a lavorare dalla campagna in fabbrica. "Quello che non mi piaceva molto era che la sera tornando dal lavoro qualche volta aveva gli occhi lucidi e diceva 'ma cosa ho fatto io a Dio per essere umiliato?' Lui aveva 45 anni io 15 o 16". "Da lì è scaturito quel qualcosa e mi sono detto: 'qualsiasi cosa farò io nella vita vorrei farlo per la dignità dell'uomo, per migliorare le condizioni dell'essere umano nel lavoro". Faceva un lavoro durissimo sotto il profilo fisico e lo stipendio era quello di un operaio. Non era quello che contestavo, ma l'idea che lui venisse offeso. Questa è la mia formazione". "Volevo creare un'impresa diversa, ispirandomi a ciò che era stato fatto a mio padre. Volevo fare l'inverso: volevo lavorare per la dignità dell'uomo. Volevo realizzare un'impresa che facesse profitti con etica, dignità e morale."
"Abbiamo in Umbria una cultura enorme della maglieria ma non del cashmere, ed ebbi questa idea di fare cashmere colorato. Non c'era sul mercato, sotto il profilo del prodotto fui innovativo". Brunello racconta: "Iniziai senza una lira, anzi avevo qualche liretta di debito. Andai in banca e mi feci dare un piccolo prestito. Quindi non avevo soldi, iniziai questa attività e poi le cose sono andate bene sotto il profilo industriale perché avevo un prodotto nuovo. Il tema di fondo era: "Come posso alleviare la durezza economica del lavoro? E lì sono andato dietro al mio istinto, all'esperienza del mio babbo. Non ho mai avuto un maestro, volevo fare l'inverso di quello che era stato fatto a mio padre: veniva offeso e io non volevo offendere, lavorava in condizioni climatiche pessime, io volevo far lavorare in condizioni climatiche eccezionali. Quale può essere questo modello, che adesso si chiama modello di business, quale può essere il modello del lavoro? Ho fatto unicamente questo: volevo avere profitti perché un'impresa non può non avere profitti e riuscirci con etica, dignità e morale". È l'uomo al centro di tutto e tale opzione rende anche il lavoro più umano. Il richiamo alla bellezza - a cui si vuole aspirare nell'interiorità come nel proprio contesto di vita - e al bene comune è costante e si traduce in un assiduo impegno a rinnovare il Borgo di Solomeo, a creare un Foro delle Arti e una Fondazione. "Credo in un'impresa umanistica: un'impresa che risponda nella forma più nobile a tutte le regole di etica che l'uomo ha definito nel corso dei secoli. Sogno una forma di capitalismo umanistico contemporaneo con forti radici antiche, dove il profitto si consegua senza danno o offesa per alcuno, e parte dello stesso si utilizzi per ogni iniziativa in grado di migliorare concretamente la condizione della vita umana: servizi, scuole, luoghi di culto e recupero dei beni culturali".

(http://generativita.it/it/storie/unimpresa-con-al-centro-luomo/)

C **Legga attentamente e commenti le seguenti espressioni e massime su cui si svolgerà parte della conversazione.**

ESPRESSIONI e MASSIME

Il silenzio

- *Il silenzio fa più rumore di mille parole.*

- *Non è la distanza che separa le persone, ma il silenzio.*

- *La parola è d'argento, il silenzio è d'oro.*

CELI 5

CERTIFICATO DI CONOSCENZA DELLA LINGUA ITALIANA

Livello C2

Trascrizione dei testi registrati per la prova di comprensione dell'ascolto

1° test

D.1 **Ascolterete due testi. Indichi vicino a ogni numero da 1 a 9 la lettera A, B, C o D corrispondente alla risposta scelta. I testi vanno ascoltati due volte.**

Fahrenheit, i libri e le idee
I Portici di Bologna sono patrimonio dell'umanità Unesco

M Tre città: Bologna, Roma e Firenze, ma anche una storia di erbacce, ma anche una storia di divinazioni. E molto altro nel pomeriggio di Fahrenheit.

Noi oggi, abbiamo detto, parleremo di tre città, in modi diversi naturalmente. Intanto partiamo da Bologna. Come forse avete letto, i portici di Bologna sono stati nominati patrimonio dell'Unesco. A commentare la notizia con noi c'è una scrittrice bolognese, nonché storica dell'arte, Alessandra Sarchi. Buon pomeriggio e benvenuta a Fahrenheit.

F Buon pomeriggio a tutte e a tutti.

M Alessandra Sarchi, come ha accolto la notizia, perché è una notizia che ci colpisce, quella della nomina appunto dei portici di Bologna. Sono lunghissimi, credo 38 chilometri all'inizio, poi adesso sono molti di più in realtà, che inizialmente erano pensati per riparare i bolognesi dalla pioggia, ma insomma, alla fine hanno cambiato effettivamente il paesaggio bolognese.

F Sì, in realtà per i bolognesi questa notizia non è giunta così inaspettata, proprio perché sono un percorso cittadino e anche extracittadino - la lunghezza complessiva pare si aggiri intorno ai 62 chilometri - perché sono un luogo di grande convivialità, di grande socialità, e anche nel tempo sono diventati un luogo di espressione artistica, perché sono molto belli. Alcuni anche molto decorati. Quindi per i bolognesi costituiscono effettivamente una parte del tessuto cittadino non meno importante di una chiesa o di una piazza famosa che, volendo, avrebbe potuto aggiudicarsi questo riconoscimento. D'altra parte, ci sono tante associazioni, e tanti studiosi, sia locali che internazionali, che da diversi anni premevano perché questa candidatura andasse in porto. Quindi diciamo che in città è stata accolta con grande gioia, ma anche come qualcosa che in un certo senso ci si aspettava e si voleva molto. Forse dall'esterno è più singolare proprio perché i portici sono una singolarità di Bologna, almeno in questa misura, in questa estensione. D'altronde la maniera in cui nascono è molto interessante perché nascono come invasione del suolo pubblico da parte di privati per poter avere più cubatura nelle case, per poter costruire un altro piano sopra delle colonne o delle stampelle, che inizialmente erano in legno. Se ne vedono ancora alcune a Bologna, ce ne sono alcune molto ben conservate. E poi via via diventano luogo di riparo per le botteghe e luogo anche di incontro. Di un incontro che avviene all'insegna di una certa democrazia, insomma, perché tutte le classi sociali nel portico si mescolano, e perché passeggiare sotto i portici è anche un'attività che può avere degli aspetti non solo appunto del commercio e della convivialità sociale, ma anche della meditazione, della riflessione, del poter ammirare la città stando riparati, sia dal sole che dalle intemperie. Insomma, sono un luogo che, fra pubblico e privato, offre uno spazio agli individui e alla comunità importante.

M Noi ricordiamo ovviamente le lodi che sono state intessute nei secoli dai letterati. Sono rimasti incantati e affascinati da questa particolarissima forma architettonica, che poi è stata tante cose nei secoli.

F Sì, il fatto stesso che ci fossero delle prescrizioni precise ad un certo punto da parte del Comune sul fatto che i portici dovessero avere una certa altezza per consentire il passaggio anche di uomini a cavallo, per esempio, o di carrozze. Davvero sono un luogo strano, perché è privato, cioè appartiene a chi è proprietario della casa, ma è anche pubblico, perché comunque la città, la comunità interviene. Però c'è anche una problematicità legata a questo aspetto e che negli ultimi venti anni è diventato davvero un problema, perché a Bologna i portici diventano davvero un bersaglio principale di un degrado che, si spera, con questo riconoscimento venga un po' arrestato. Ci sono proprio sfregi a un tessuto prezioso che è di mattoni, di intonaci, di colonne di marmo talvolta. Poi c'è un'altra criticità. Proprio il fatto che sono di tutti, sono percorsi da tutti, io mi auguro che il conferimento di questo riconoscimento sia l'inizio di un lavoro sulla sua reale accessibilità a tutti, cioè a non vedenti, a persone con problemi motori, perché non lo sono, non in tutti i tratti. Ci sono tanti impedimenti, gradini, mar ciapiedi troppo bruschi, interruzioni... che per persone che hanno difficoltà di tipo percettivo possono costituire un grande ostacolo. Viceversa, proprio perché sono percorsi con cui si può girare tutta la città sarebbe bello che diventassero davvero accessibili a tutti.

2° test

A ruota libera, storie di bici e donne

M Si dice che in un semplice telaio con due ruote si possa leggere la storia della donna meglio che in tanti trattati. In questa prima puntata vogliamo partire dalle donne che hanno fatto la storia della bicicletta; una storia di emancipazione, di conquiste e di libertà. Lo facciamo insieme ad Antonella Stillitano, autrice del libro "Donne in bicicletta. Una finestra sulla storia del ciclismo al femminile", Ediciclo editore. E allora, Stillitano, giornalista, studiosa dello sport, autrice di questo volume molto denso, 470 pagine, frutto di un lungo lavoro di ricerca condotto per alzare il velo su un settore, il ciclismo femminile, oggetto di discriminazioni, di pregiudizi, e su un rapporto tra donne e bici travagliato e contrastato. Un rapporto che, Antonella, hai voluto ripercorrere dalla fine dell'Ottocento fino ai giorni nostri.

F Sì, effettivamente sì, il colpo d'occhio è stato lungo e quindi sono partita da lontano. Però in realtà pensavo anche di fare una cosa più rapida, perché non immaginavo che ci fosse tanto da scoprire. Il ciclismo femminile, che è sempre stato messo da parte, ostacolato e deriso anche, in realtà aveva una sua storia da raccontare. Alla fine, mi sono molto divertita a parlare, soprattutto con queste donne che correvano negli anni Sessanta e Settanta, le loro storie e gli aneddoti. Insomma, è stata anche una bella esperienza umana.

M Un pregiudizio, un'ostilità nei confronti delle prime donne che vanno in bicicletta già sul finire dell'Ottocento, che nasce… perché? Forse perché la postura era un po' disdicevole?

F Mah, all'inizio le donne subiscono lo stesso tipo di condanna morale dei preti - cioè anche ai preti era

proibito andare in bicicletta - perché le movenze risultavano poco aggraziate. In più anche i preti, usando la tonaca, avevano il problema della gonna che si impigliava tra i raggi. Quindi all'inizio diciamo che queste due categorie di soggetti vengono un po' esclusi dai soggetti privilegiati che potrebbero utilizzare questo mezzo di locomozione.
Poi in realtà per la donna c'è tutto un discorso legato all'abbigliamento, perché una donna che va in bicicletta non mette il busto con le stecche di balena, non usa questi gonnelloni grandi, questi pizzi, questi vestiti strizzati in vita. Deve usare un abbigliamento più razionale, come si diceva, e quindi possibilmente usare delle gonne pantaloni o dei pantaloni. E questo suscitava scandalo. Quindi la donna che usciva in bicicletta con i pantaloni era qualcosa di rivoluzionario per il tempo.
E poi si aggiungevano obiezioni morali, perché la donna in bicicletta, comunque, usando questo abbigliamento e potendosi muovere in libertà e autonomia, sicuramente... si dava una connotazione morale negativa.
E poi c'erano anche fantasie e obiezioni mediche. Possiamo dire che addirittura c'era chi consigliava alle donne troppo nervose di andare in bicicletta perché dovevano scaricare il nervosismo; e addirittura qualcuno, un giornale degli anni Ottanta del secolo scorso, del 1885, scrisse addirittura che poteva essere, diciamo, positivo anche all'interno di un matrimonio che una donna scaricasse le sue tensioni andando in bicicletta, perché questo poteva renderla più tranquilla quando era in casa.
Quindi insomma è sempre stato un mezzo un po' strano, e l'avvicinamento delle donne a questo mezzo ha sempre sollevato molte critiche.

M Ecco, invece durante la Resistenza c'è un po' un'evoluzione di questo rapporto?

F Sì, grazie a Dio, le donne della Resistenza usavano la bicicletta per muoversi e facevano dei tratti anche impervi. Queste donne usano delle biciclette pesantissime, molto diverse da quelle che si usano ora, e facevano dei percorsi molto accidentati, lunghi, in condizioni pessime, anche sotto la neve. E in qualche modo il loro impegno ha cambiato il modo di vedere la donna in bicicletta, tanto che poi, dopo la Seconda Guerra Mondiale, è stato normale vedere donne operaie che andavano in fabbrica in bicicletta. Quindi questi apporti hanno certamente modificato l'immagine sociale della bicicletta.

D.2 **Ascolterete ora un'intervista a uno chef digitale. Non tutte le affermazioni da 10 a 20 sono presenti nel testo. Indichi vicino al numero dell'affermazione. SÌ, se è presente. No, se non è presente.**

Ascolterete il testo due volte.

Nuove professioni: lo chef digitale

F Tutti sappiamo che il digitale ha cambiato i nostri metodi di lavorare, di comunicare, di divertirsi, in modi che dieci anni fa non erano minimamente contemplati. Ma ha cambiato anche il nostro modo di preparare i cibi e di degustarli, e... sì, anche lo chef di cucina scopre che giorno dopo giorno le tastiere invadono il suo regno, comanda il forno da un touchpad, raccoglie le ricette in un database e ordina il pesce con una e-mail.

Anche i soggetti più resistenti si devono adeguare. Dal termometro alla bilancia, scompaiono le versioni analogiche degli strumenti di lavoro più semplici, mentre quelli più complessi non hanno più libretti d'istruzioni cartacei, ma CD o siti da consultare prima dell'utilizzo. Anche qui però le generazioni contano: una certa fascia di operatori del settore, diciamo i senior, arruolano figli e nipoti e appaltano l'interfaccia di tutto quello che è digitale, alla seconda o alla terza generazione. La fascia d'età media mantiene il piede in due scarpe e la generazione nativa digitale fotografa un piatto con il telefonino, lo condivide sui social network, segue corsi online per piatti che non cucinerà mai, perché in qualche modo fanno paura, diciamo. Il piatto virtuale ha preso il sopravvento, ma ci sono persone e siti che possono aiutare anche i nativi digitali a non aver paura di cucinare cibi anche complessi. E a questo si dedica Nicolò Zambelli, lo chef digitale.
In cosa consiste il tuo lavoro?

M Il mio lavoro consiste nel creare video riguardanti il mondo del food, non solo ricette, ma esperienze, e condividerli su tutti i social media.

F Parliamo della tua giornata tipo.

M Mah, ormai Chef in Camicia è una vera e propria azienda, per cui siamo uno staff di più di venticinque persone. Il mio lavoro ogni giorno è differente, dall'attività commerciale, quindi andare a trovare le aziende che vogliono lavorare insieme a noi, a coordinare i team, ma soprattutto dirigere la parte di creatività, quindi pensare ogni giorno a che tipo di contenuti creare per i nostri utenti.

F Qual è la forchetta di guadagno per un lavoro come il tuo?

M Dipende da quanto sei bravo, dipende da quanto sei grande, nel senso..., la monetizzazione, dai canali social a Youtube, è una parte residuale di quello che è il business. La maggior parte degli incassi deriva direttamente dalle aziende che comprano gli spazi pubblicitari all'interno dei tuoi video.

F Fondamentalmente il guadagno è un guadagno se uno si mette in proprio, se ha la capacità di gestire questi siti come se fossero delle imprese.

M Chef in Camicia ha avuto la scelta giusta quando ha fatto del ruolo di influencer/blogger una professione vera e propria, quando ha professionalizzato quel ruolo.

F Come ti sei formato per arrivare a essere uno chef digitale? in cucina a casa della mamma?

M Soprattutto a casa del padre, perché era il mio papà che cucinava in casa. Da lui ho appreso sempre l'arte, soprattutto perché aveva un miliardo di libri in casa di cucina. Per cui sono cresciuto leggendo La cucina italiana e guardando i programmi del Gambero Rosso, e... da autodidatta, diciamo così.

F Le vostre ricette più gettonate quali sono?

M Abbiamo questo format che ripropone le ricette degli chef stellati, però come le farebbero a casa loro.

Quindi in una maniera che poi possono essere rifatte a casa.

F La vera ricetta per diventare chef digitale?

M Secondo me la vera ricetta per cavarsela nella vita in realtà è cercare di fare della propria passione un lavoro.

D.3 **Ascolterete un testo che tratta del valore culturale del caffè. Completi le informazioni con poche parole (massimo quattro) negli spazi numerati da 21 a 30. È possibile usare le stesse parole del testo oppure dei sinonimi.**

Ascolterete il testo una sola volta.

Il Caffè. Marino Niola: "Quella tazza di cultura napoletana da valorizzare"

F Buongiorno Marino, buona giornata!

M Buona giornata a te!

F Allora, hai già fatto il caffè? C'è già la stanza che profuma. Possiamo parlare?

M Sì, certo. La stanza profuma. Anzi, devo dire la verità che ne ho già fatti due, perché il secondo caffè è fondamentale. Il primo serve, appunto, a svegliarti, ma il secondo serve a farti stare al mondo, effettivamente.

F Il caffè che aiuta a iniziare con il piede giusto la giornata, a prendere il via, ma anche a fare una pausa. Abbiamo chiesto a Marino Niola, antropologo partenopeo DOC, che di buon mattino è già alla sua seconda tazzina di caffè, di raccontarci miti, fatti e misfatti del rito del caffè.

M Il caffè arriva da molto lontano, dall'Arabia quasi certamente, tanto è vero che ancora oggi la miscela più pregiata si chiama Arabica. E poi fa un lungo giro prima di arrivare da noi in Italia, perché per alcuni secoli, fra il Cinquecento e il Settecento non viene nemmeno considerata una bevanda, ma una medicina, secondo alcuni addirittura un veleno. Ad un certo momento poi nascono le prime caffetterie in Europa, a Vienna, a Londra, a Parigi, e poi lentamente, ma molto lentamente entra nei consumi e nei costumi degli europei. Poi arriva anche in Italia ovviamente, dove le prime caffetterie aprono nel Settecento, i primi caffè storici, però la bevanda diventa di uso comune quando entra nelle case, perché altrimenti i caffè non sarebbero bastati, non sarebbero stati sufficienti a farne un mito, una bevanda identitaria. Quando entra nelle case è... boom! e questo succede soprattutto a Napoli, dove il caffè è un consumo trasversale, perché lo si beve nei bar, nei caffè, lo si beve velocemente in piedi, perché i bar napoletani hanno un turnover rapidissimo, perché è una bevanda che appunto serve proprio ad accelerare la vita. Però poi entra nelle case e diventa cultura, diventa cultura diffusa, diventa un collante delle relazioni collettive. Ecco, diciamo che se una città possiamo immaginarla come un grande corpo, a Napoli il caffè è il sangue che circola dentro questo corpo. E davanti a questo sangue la città si scioglie.

F Come mai attecchisce così a Napoli? c'è qualche ragione?

M Sì, attecchisce a Napoli. Una ragione fondamentale, a mio avviso, è che Napoli è una città che ha sempre stigmatizzato fortemente l'ebbrezza alcolica, e in questo somiglia un po' alla civiltà araba, da cui il caffè proviene. Gli arabi trovano nel caffè una bevanda che rende lucidi, che favorisce il controllo, non lo fa perdere come il vino, come l'alcol. E per gli arabi, tra l'altro, è una bevanda sacra, il nome stesso KAVA, il nome arabo, deriva quasi sicuramente dalla KABA, cioè dalla pietra sacra della Mecca. A Napoli c'è qualcosa di questo tipo, è una bevanda che favorisce il controllo, e Napoli è una città che ama moltissimo il controllo, e chi perde il controllo di sé viene fortemente stigmatizzato. Perché Napoli è una città veloce, una città febbrile, nonostante lo stereotipo della lentezza. Non è vero, Napoli è una delle città meno lente che esistano.

2° test

D.1 Ascolterete due testi. Indichi vicino a ogni numero da 1 a 9 la lettera A, B, C o D corrispondente alla risposta scelta. I testi vanno ascoltati due volte.

La nascita della tv italiana. Pillole di cultura

F "La RAI Radiotelevisione Italiana inizia oggi il suo regolare servizio di trasmissioni televisive".
Con questo annuncio trasmesso in diretta il 3 gennaio 1954 Fulvia Colombo diede avvio alle trasmissioni televisive regolari del programma Nazionale, l'attuale Rai 1. Nacque come URI (Unione radiofonica italiana) divenne EIAR (Ente italiano audizioni radiofoniche) cambiò nome in RAI (Radio audizioni italiane) nell'Italia liberata del dopoguerra che divenne, infine, anche ente televisivo, la radiotelevisione italiana, mantenendo però l'ultimo acronimo RAI.
In quella storica domenica mattina, alle ore 11.00, gli abbonati al servizio televisivo nazionale erano soltanto novanta che diventarono, poi, più di un milione nel giro di quattro anni.
Il primo programma televisivo in assoluto fu "Arrivi e partenze" condotto da Mike Bongiorno.
Nel 1954, non tutto il territorio nazionale era coperto dal segnale televisivo e le trasmissioni iniziavano nel pomeriggio per finire la sera tranne nei giorni festivi e prefestivi, nei quali l'orario d'inizio era anticipato alle 11 di mattina. Durante la giornata, poi, erano interrotte da qualche ora di pausa, nelle quali veniva trasmesso in modo fisso, il famoso monoscopio Rai ovviamente e rigorosamente in bianco e nero. Solamente nel 1957 con un decennio di anticipo circa rispetto alle previsioni, tutta l'Italia fu in grado di ricevere il segnale televisivo. Questo fu un anno molto importante perché la RAI disse finalmente di sì alla pubblicità e il 3 febbraio nacque Carosello: un programma della durata di dieci minuti che andava in onda dalle 20.50 alle 21.00 e consisteva in una serie di filmati, spesso schetc comici o cartoni animati che avevano alla fine il famoso codino pubblicitario. Carosello andò in onda dal 3 febbraio 1957 al primo gennaio 1977 e vennero trasmessi complessivamente 7261 episodi. Nell'anno successivo 1958 lo Stato iniziò a trasmettere programmi nati per combattere l'analfabetismo che all'epoca era molto diffuso. La trasmissione di maggior successo fu "Non è mai troppo tardi" che cominciò, però, a essere trasmessa nel 1960 con il celeberrimo maestro Alberto Manzi.

Si stima che, seguendo il programma, quasi un milione e mezzo di persone sia riuscito a conseguire la licenza elementare. Il progetto ebbe, inoltre, un grande successo internazionale in quanto fu imitato da 72 paesi. Date importanti: il 4 novembre 1961 venne inaugurata la seconda rete televisiva denominata Secondo programma e in seguito rete 2. Il primo febbraio del 1977 iniziarono ufficialmente le trasmissioni televisive a colori. Il 15 dicembre 1979 venne inaugurata la rete 3 o tv3: rete televisiva ideata per la diffusione di programmi regionali. Nell'ottobre del 1983 vennero rinominati i canali televisivi rete 1, rete 2 e rete 3 e diventando gli attuali Rai 1 Rai 2 e Rai 3.

Le origini del Natale

M Il 25 dicembre è Natale e fin qui nulla di nuovo. Ma da dove nasce questa tradizione? Secondo la religione cristiana il 25 dicembre è il giorno della nascita di Gesù, un giorno di festa condiviso da quasi tutto il mondo occidentale ma non è sempre stato così.

F Sì, perché, nelle Sacre Scritture, a dire il vero, non è indicata una data precisa e il 25 dicembre è stato stabilito solo nel quarto secolo dopo Cristo. Inizialmente, le date attribuite alla nascita di Gesù erano il 20 maggio, il 19 aprile, il 25 marzo, il 17 e il 20 novembre. A cosa si deve, quindi, la data del 25 dicembre?

M Dobbiamo fare un salto indietro fino all'epoca degli antichi romani. In epoca imperiale dal 17 al 23 dicembre si celebravano "I Saturnali" giorni di festeggiamenti e banchetti in cui i romani erano soliti scambiarsi dei doni. Nel primo secolo avanti Cristo, Giulio Cesare istituì il calendario solare detto anche "giuliano", molto simile al nostro detto "gregoriano" da Papa Gregorio XIII. Su suggerimento di Cleopatra, Giulio Cesare si affidò all'astronomo egizio Sosigene di Alessandria per riformare i mesi che scandivano la vita dei romani all'epoca.

F Erroneamente, l'astronomo indicò nel 25 dicembre il giorno del solstizio d'inverno: il giorno più corto dell'anno. Sebbene, con il solstizio d'inverno comincino i mesi più freddi dell'anno, questa giornata particolare è sempre stata festeggiata da moltissimi popoli del mondo. È il giorno in cui il sole ricomincia a nascere e ad allungare lentamente la durata delle ore di luce fino al solstizio d'estate. Secoli prima dell'arrivo del Cristianesimo, quindi, tantissimi popoli celebravano la luce e la rinascita dai giorni più bui dell'inverno proprio a ridosso della data del Natale.

M In Scandinavia, i norvegesi celebravano Iule dal 21 di dicembre fino a gennaio. In Germania onoravano Odino. A Babilonia, tremila anni avanti Cristo, veniva festeggiato il Dio Sole. Nella cultura iraniana si festeggiava la notte: Ialda, che significa rinascita. E potremmo andare avanti a lungo, partendo da Stonehenge fino ad arrivare al Dio Horus in Egitto. Ma torniamo, per un attimo, a Roma. Nel 272 Aureliano sconfisse la sua acerrima nemica la regina Zenobia del regno di Palmira, oggi nell'attuale Siria, grazie ad una visione del sole che lo incitava a non demordere nell'impresa.

F Tornato a Roma nel 274 dopo Cristo, istituì il 25 dicembre la festa del "dies natali solis invicti" che significa compleanno del sole invincibile, chiamato anche "sol invictus". Per i romani, inoltre, cominciava anche il nuovo anno: un nuovo ciclo. La festa, che chiudeva "I Saturnali", divenne via via sempre più importante, venne tramandata anche dagli imperatori successivi ad Aureliano.

M Anni dopo, l'imperatore Costantino, dopo aver abbracciato la fede cristiana, nel 330 dopo Cristo trasforma la festa del "sol invictus" nella festa del Natale. Ma il culto del sole non era così facile da eliminare nella cultura romana, tanto che 130 anni dopo, Papa San Leone Magno scriveva: "è così tanto stimata questa religione del sole che alcuni cristiani, prima di entrare nella basilica di San Pietro, dopo aver salito la scalinata, si volgono verso il sole e piegando la testa s'inchinano in onore dell'astro fulgente."

M E l'albero di Natale? Questa tradizione ha origine nei paesi del nord: celti e vichinghi erano soliti tagliare gli abeti con l'avvicinarsi dell'inverno, venivano portati nelle case e addobbati come buon auspicio per i doni che la primavera avrebbe riportato.

D.2 **Ascolterete ora un'intervista a un'autrice di libri di grammatica. Non tutte le affermazioni da 10 a 20 sono presenti nel testo. Indichi vicino al numero dell'affermazione. Sì, se è presente No, se non è presente. Ascolterete il testo due volte.**

Il libro di grammatica

M Il libro di grammatica ha qualcosa di quasi leggendario nelle nostre vite, perché accanto al vocabolario, al dizionario è quel libro che ci rimanda appunto alla difficoltà anche di apprendere delle regole linguistiche che, magari, abbiamo assorbito. Istintivamente nel corso dell'infanzia che, poi invece appunto, dobbiamo mettere meglio a fuoco, riapprendere per certi versi. E vogliamo, oggi, cominciare a parlare a "La lingua batte" di grammatica, di libro di grammatica di come si congegna, si configura un libro di grammatica in questi appena iniziati anni 20, a partire da un volume UTET uscito nell'autunno del 2020 "Grammatica italiana essenziale e ragionata per insegnare e imparare" di Cristiana De Santis e Michele Prandi. Abbiamo con noi Cristiana De Santis. Nell'introduzione viene suggerito, diciamo così, di non pensare alla grammatica solo come a una serie di norme appunto, no, un aspetto tutto prescrittivo, uno stampo rigido e allora la grammatica può essere qualcos'altro se, dicono gli autori, si entra dalla porta giusta: ma qual è la porta giusta per entrare in una grammatica, in un libro di grammatica?

F Volevamo creare uno strumento che fosse utile sia per la formazione degli insegnanti, sia per quegli adulti che, appunto, vogliono, ripensare al loro sapere grammaticale e non più in una maniera scolastica, ma in una maniera più adulta, e farlo attraverso un percorso guidato. Ci sono territori della lingua, effettivamente, in cui siamo più liberi, liberi di scegliere tra le opzioni che il sistema ci mette a disposizione in cui dobbiamo, anche, esercitare la nostra responsabilità. Per questo il ragionamento è fondamentale nel percorso con il quale, appunto, attraversiamo la grammatica per ripensarla in modo nuovo. La porta giusta qual è? Sicuramente non è quella dalla quale siamo stati costretti ad entrare, di solito, a scuola, e che era modellata ai bisogni dello studio del latino; quindi, un tipo di grammatica legata allo studio delle lingue classiche, non allo studio delle lingue che non sono morte, ma quelle che hanno solo una tradizione scritta, che non sono lingue parlate, non sono lingue che rispondono, anche, a bisogni comunicativi. Ecco, a proposito della normatività, mi piaceva ricordare una citazione di Gramsci, quando postilla la grammatica di Panzini parla proprio del bisogno di una normatività di carattere diverso, più elastico dal ragionevole al ragionevole quindi, senz'altro, una grammatica non può rinunciare ad elencare delle norme che siano, anche, di guida, appunto, ad un uso consapevole, responsabile, socialmente accettabile. Ma è necessario aprire, anche lo sguardo verso le varietà e le diverse possibilità espressive, anche perché ci sono molti usi della lingua e si cerca anche, a volte, di guardare non solo all'uso comune, ecco, ma anche agli usi espressivi, quindi, ai bisogni comunicativi legati, anche, a esigenze argomentative particolari o letterarie, poetiche.

M Ecco, Lei, prima faceva riferimento alla grammatica di Panzini, quindi, una grammatica lontana. Quando si decide di lavorare a una nuova grammatica, come Lei ha fatto Cristiana De Santis, insieme al suo coautore Michele Prandi per UTET, bè, in fondo si tratta, anche di confrontarsi con chi ha scritto delle grammatiche prima di noi. Come potremmo raccontare il cambiamento, proprio, l'evoluzione della struttura del libro di grammatica? A cosa si presta attenzione oggi? Magari ad aspetti a cui non si prestava attenzione anche solo trenta, quaranta, cinquanta anni fa...

F In effetti, quando, appunto abbiamo deciso di cambiare impostazione, quindi, dicevo, rispetto anche ad altri libri precedenti di grammatica che avevamo noi stessi prodotto, ci siamo resi conto che, in effetti, le grammatiche come un po' i dizionari, sono un po' come copie, cioè uno uguale all'altro, tendono molto a copiarsi, riprodursi e, poi, fondamentalmente riproducendo un modello che è quello tradizionale; quindi, si parte dalle parti del discorso e poi si arriva alla dimensione della sintassi. Invece, noi, in questo caso, siamo partiti dalla frase e dal testo per vedere, poi, le parole all'interno della frase del testo e considerarle non solo per la loro forma e per il loro significato ma soprattutto per la loro funzione. Certo ci siamo concentrati e confrontati con le grammatiche di riferimento, però, ecco quello che ha spostato fondamentalmente la descrizione è stata proprio la scelta di partire dai dati linguistici, poi di commentarli per poi astrarre delle regole. E questo, appunto, ha portato, innanzitutto a semplificare molto, quindi, a fare quell'operazione che nell'introduzione chiamiamo il disboscamento, dall'altra anche a formulare delle definizioni molto più agili, molto più flessibili, ecco, e relativizzare anche il peso dell'eccezione. Spesso, abbiamo mostrato le eccezioni in una sezione che si chiama "mettiamoci alla prova" nella quale s'invita a riflettere, appunto, su aspetti della grammatica che, spesso, per ragioni legate anche all'uso della lingua, contraddicono quella aspettativa di regolarità che noi, come parlanti madrelingua, avremmo.

D.3 **Ascolterete un testo che tratta di natura e ambiente. Completi le informazioni con poche parole (massimo quattro) negli spazi numerati da 21 a 30. È possibile usare le stesse parole del testo oppure dei sinonimi. Ascolterete il testo una sola volta.**

La natura è ancora naturale?

M Il titolo è un po' curioso ma, effettivamente, quanto c'è ancora di naturale in natura? Se ci pensate, i giardini, i parchi sono, in realtà, degli zoo artificiali di piante venute da ogni parte. In natura non esistono i giardini. Anche tutte le coltivazioni che vediamo nei campi, beh, sono dei concentrati di piante e vegetali mutati geneticamente attraverso selezioni innaturali. Gli stessi animali d'allevamento, come polli e tacchini, vivono in specie di campi di concentramento con la luce accesa tutto il giorno, le mucche vengono munte a macchina e non si accoppiano più con un toro, ma con una siringa. Persino gli ultimi animali liberi sono protetti in speciali parchi, spesso sono osservati attraverso dei collari e a volte persino foraggiati. Anche i cibi che mangiamo vengono sottoposti a lavorazioni industriali e sono il frutto di lunghe selezioni di incroci e innesti che sono venuti nel corso del tempo da contadini e, poi, da esperti che li hanno migliorati geneticamente sotto vari aspetti. Oggi ci sono nuove tecniche, quelle dell'ingegneria genetica, disponibili per migliorare ulteriormente le caratteristiche del cibo, anche se in questo campo, lo sappiamo, ci si sta muovendo con molta prudenza ci sono le cosiddette tecniche OGM osteggiate dagli ecologi e anche quelle del "crisper" più accettate. Su questo argomento è intervenuta, per il ciclo "prepararsi al futuro" Paola Bonfante, una professoressa dell'università di Torino, grande esperta in agricoltura. Ma, cominciamo con una scheda preparata da Elisabetta Bernardi.

F Guardate questi numeri che scorrono: nel mondo siamo quasi otto miliardi, circa ottocentocinquanta mila persone sono sottonutrite, ma un miliardo e settecento sono in sovrappeso e circa settecentocinquanta milioni sono obese. Molti muoiono perché non hanno abbastanza cibo e un numero straordinario di milioni di dollari vengono spesi per controbilanciare problemi legati all'obesità. Nel 2100 la popolazione della terra sarà aumentata ancora di più: ci sarà cibo per tutti? In teoria, la risposta è sì. Il nostro pianeta potrebbe praticamente sostenere una popolazione più grande. Ma non è solo una questione di quantità, la qualità di ciò che si mangia è altrettanto importante. Occorre che il cibo contenga tutti i nutrienti richiesti da un'alimentazione sana, sia equamente distribuito tra paesi ricchi e meno ricchi e sia prodotto con metodi rispettosi dell'ambiente. Quest'anno sono già scomparsi un milione di ettari di foresta e abbiamo buttato nell'atmosfera quasi dieci miliardi di tonnellate di CO_2 e anche se l'agricoltura è responsabile di solo l'8% di CO_2 ha un ruolo da protagonista nella deforestazione e nell'erosione di terra coltivabile. L'agricoltore del futuro dovrà prestare ancora più attenzione alla salvaguardia dell'ambiente, oltre ad avere conoscenze di chimica, biochimica, biologia, alimentazione e di economia, naturalmente.

3° test

D.1 **Ascolterete due testi. Indichi vicino a ogni numero da 1 a 9 la lettera A, B, C o D corrispondente alla risposta scelta. Ascolterete il testo una sola volta.**

1°TESTO
I lavori di domani: Interactive Stories specialist

F I lavori di domani in pillole. Storie e recitazione che insegnano a lavorare meglio. Il lavoro dell'Interactive Stories specialist consiste nella creazione di queste storie che, oltre ad affascinare i fruitori, devono avere la capacità di spingerli ad agire, rendendoli parte integrante della narrazione. Questa è la strada di Daniele Milani, Interactive Stories specialist.

M Il mio lavoro consiste fondamentalmente nella creazione di storie interattive, quindi di narrazioni in particolare audiovisive, che però non sono dei film, ma sono delle attività di fruizione che richiedono al fruitore di interagire, di fare delle scelte e attuare dei comportamenti.

F Questo deriva tutto dal fatto che c'è un'esperienza di attore a trecentosessanta gradi. Quindi qual è stata la tua formazione?

M Io ho iniziato come attore nella scuola Paolo Grassi, ma poi mi sono formato per questo lavoro come autore con il Master della Cattolica di Milano. Ma ce ne sono altri di Master. Oggi la scuola Holden è sicuramente all'avanguardia per tutto ciò che è narrazione, a Milano ci sono corsi di altissimo livello. Insomma dal teatro è nato l'amore per l'audiovisivo.

F Fammi esempi per capire. Chi ti coinvolge? Con chi ti relazioni nella tua giornata?

M Veniamo chiamati soprattutto dalle aziende per dinamiche legate soprattutto al team working, in questo periodo. Cioè tutti quei team che devono lavorare a distanza eliminando totalmente tutta la ritualità che crea la relazione, che sviluppa lo spirito di squadra. Eppure devono essere team, perché oggi magari c'è un manager che si trova a Barcellona, uno a Milano e uno a Roma, per dire, e però devono lavorare insieme. Le nostre storie interattive permettono a queste persone di fare una formazione altamente coinvolgente a livello emotivo, e al tempo stesso li aiuta a capire che anche a distanza si può essere team e a instaurare quelle relazioni fondamentali che creano l'identità di un'azienda.

F Siamo curiosi. Una storia interattiva.

M Allora, il primo prodotto che abbiamo lanciato sul mercato si chiama Digital Crime, è una sorta di puntata interattiva di una fiction in cui i fruitori giocano i ruoli dei protagonisti. Sono loro i detective e attraverso un'interfaccia che diamo loro, possono analizzare le prove, interagire, e sono loro che devono sviluppare la storia. Quindi giocano, analizzano gli indizi e gradualmente devono riuscire a ricostruire una storia di genere crime e capire se riescono a individuare il colpevole. Tutto questo, ci tengo a precisarlo perché è un valore aggiunto, per otto ore di gioco. Quindi vengono erogate anche in più giorni. È una storia complessa che ha le caratteristiche di una serie TV e si fruisce attraverso dei video interattivi in stile docufiction e i fruitori devono prendere delle decisioni.

F Qual è la forchetta di guadagno per il tuo lavoro?

M Il guadagno dipende molto da come si sviluppa questo lavoro. Si può fare dal punto di vista imprenditoriale, con una parte di investimento per produrre questi prodotti, ma c'è la possibilità anche di fare questo lavoro da dipendenti, perché oggi ci sono molti colossi che investono nelle storie interattive. Oggi viviamo in un momento in cui tutte le forme di narrazione digitale convergono tra di loro, si ibridano, videogiochi con il cinema, il cinema con la televisione.

2°TESTO

Carmelo Melilli – riparatore di strumenti a fiato

F Amici di Radio news24 ben trovati! Oggi abbiamo con noi un nuovo ospite in collegamento dalla Sicilia. Carmelo Melilli, riparatore di strumenti a fiato. Salve Carmelo e grazie di essere quest'oggi con noi.

M Buongiorno e grazie per l'occasione.

F Grazie a lei per aver accettato il nostro invito. Quest'oggi parleremo di musica, parleremo di strumenti e di riparazioni. Lo faremo con Lei che appunto è proprio un esperto del settore, quindi cominciamo un pò dall'inizio, come ha scoperto questa sua vocazione?

M Allora diciamo che innanzitutto la mia carriera di musicista è iniziata quando avevo 13 anni, nella banda locale, fin quando poi non ho conseguito la laurea in sassofono. Dopodiché mi sono reso conto che avevo questa particolare vocazione per la riparazione degli strumenti. E' nata un pò per caso questa passione e da lì insomma l'ho sviluppata, poi tramutandola in un lavoro. In tanti mi chiedono se è un lavoro con il quale si riesce a vivere, e tante volte non ci si crede, perché sono lavori poco menzionati. Questo perché solitamente nel panorama musicale si tende a riconoscere il ruolo di tecnico solo agli accordatori di pianoforti, non tenendo conto che nella vastità del campo musicale vi è pure il mondo degli strumenti a fiato.

F Ecco allora, approfondiamo un pò di più questi argomenti, cosa significa riparare degli strumenti a fiato, quali sono questi strumenti, quanto tempo ci vuole?

M Allora, i fiati sono tutti quegli strumenti che proprio per il termine che utilizziamo vengono suonati tramite l'aria e generano poi un suono. Questi strumenti si trovano solitamente nelle bande musicali. Chi come me fa questo lavoro é di supporto ai musicisti di fiati, che hanno continuamente necessità di revisionare gli strumenti o di ripararli quando non funzionano bene. Ecco, mettiamola così, io mi occupo principalmente di strumenti facenti parte della famiglia dei legni, quindi per capirci flauti clarinetti e sassofoni. Sono specializzato in questa questa tipologia di strumenti e il mio lavoro è di essere da supporto ai musicisti che suonano questi strumenti.

F Fino a ora quali sono state le riparazioni più belle, quelle che un pò le sono rimaste più a cuore?

M Ma, sicuramente uno dei lavori più belli che posso fare è quello del restauro degli strumenti. Infatti il mio lavoro non è solamente l'atto di riparazione, ma è anche quello di restauro di strumenti anche precedenti la guerra, riportarli in vita e quindi ridandogli la possibilità di poter suonare ancora ai giorni nostri. Cosa che non è assolutamente facile e richiede talvolta anche tempi abbastanza lunghi. Diciamo che non è solo il riparare gli strumenti moderni, ma anche quello di restaurarli direi che è importante.

F Quindi fare divulgazione e far capire alle persone che anche quelli che apparentemente, per i profani, possono sembrare strumenti più o meno uguali, in realtà non lo sono affatto. Allora io vorrei lanciare questo hashtag: "riparazione di strumenti a fiato", in modo da poter condividere la nostra intervista. Invito i nostri ascoltatori a scoprire molto di più su di lei e sui suoi strumenti, sulle riparazioni, attraverso i canali social che abbiamo menzionato, e a condividere anche opinioni e commenti. Detto questo, Carmelo io, La ringrazio ancora per essere stato con noi, Le faccio grandi in bocca al lupo e spero di poterLa ospitare in futuro a Radionews 24. Restate con noi per altre storie ed interviste.

D.2 **Ascolterete ora un'intervista a un formatore di un'accademia di Design Industriale.**
Non tutte le affermazioni da 10 a 20 sono presenti nel testo. Indichi vicino al numero dell'affermazione. SÌ, se è presente No, se non è presente. Ascolterete il testo due volte.

Formazione e nuove tecnologie

F Nell'era del digitale matita e righello diventano tecnologici e un progetto, ad esempio una nuova auto si vede ancor prima di essere realizzata. Parliamo di tecniche di design che si apprendono in accademia con l'aiuto di porfessionisti del settore.

M Abbiamo creato un'Accademy, un'aula formativa dove riusciamo a trasformare i neolaureati, i neodiplomati, in talenti per il futuro. Insegniamo tutto quello che riguarda la parte di attività legata al mondo dell'industria automobilistica. Principalmente tutta la parte di sviluppo di nuove idee per quanto riguarda le attività dello stile, della fattibilità e dell'ingegneria.

F Che cosa manca a questi ragazzi e ragazze, quando escono delle Università e dalle scuole, per arrivare al mondo del lavoro?

M I ragazzi hanno bisogno di essere accompagnati dalle nostre risorse, che hanno sviluppato con il tempo la conoscenza della materia. I ragazzi vengono inseriti nelle nostre piattaforme lavorative, quindi vengono essenzialmente a ritrovarsi gomito a gomito con quelli che sono i loro formatori, i loro istruttori, per poi pian piano prendere quella che è la loro strada.

F I giovani talenti qui imparano, approfondiscono il design industriale?

M Parliamo del disegno industriale in generale, ma soprattutto il disegno delle automobili, e dell'automobile in tutti i suoi particolari.

F Qui arrivano dei semi-professionisti. Che cosa voi date in più a loro per arrivare nel mondo del lavoro?

M Allora, si parla sicuramente di formazione attiva, quindi dei corsi su programmi specifici e su hardware che noi dobbiamo utilizzare per il nostro lavoro quotidiano. Però la parte più importante e che ci piace sviluppare, per noi che siamo un'azienda che guarda sempre al futuro, è che permettiamo loro di disegnare il futuro con il rapporto diretto con il cliente; quindi, tutta quella che è la formazione attraverso la presentazione dei propri progetti direttamente a chi fa la richiesta. Nel nostro lavoro molto spesso si dice che il disegno deve parlare da solo. Verissimo, però è anche vero che nel momento in cui lo si presenta a persone che non sono del settore è giusto che ci sia la spiegazione corretta a seconda del progetto che si presenta.

F Possiamo dire come la tecnologia aiuta l'idea del designer a essere realizzata?

M Sviluppare una proposta di stile su una tavoletta grafica permette di essere molto più efficienti, permette di fare dei passi indietro che una volta, quando si lavorava a mano, era impossibile fare. Qui con un click si possono fare due o tre passi indietro nella proposta. Una volta non sarebbe stato possibile.

F Con questa tecnologia lei riesce in aula a dare informazioni teoriche, ma i ragazzi sul computer lo rendono pratico, subito.

M Noi prima di iniziare il corso studiamo le esigenze dei clienti e dei progetti in partenza, viene quindi redatto un programma e stabiliti degli obiettivi, che sono degli esercizi, delle elaborazioni. Nella fase finale noi assegniamo un progetto reale con cui loro si misurano, anche con alcune competenze trasversali, che sono molto importanti nel mondo del lavoro. La figura più ricercata infatti è una persona che sappia lavorare sia nella gestione dei dati che nella presentazione dei dati. Fino a un decennio fa questi mestieri erano separati, oggi invece si richiede alle persone molta più flessibilità e una visione d'insieme delle applicazioni.

F E dunque le nuove tecnologie cambiano le attività produttive, ma anche la formazione.

D.3 **Ascolterete un testo che parla della cantante italiana Mina. Completi le informazioni con poche parole (massimo quattro) negli spazi numerati da 21 a 30. È possibile usare le stesse parole del testo oppure dei sinonimi. Ascolterete il testo una sola volta.**

Che cielo perfetto nella stanza di Mina

M Due sole sillabe, che però contengono tutta la grande storia della canzone italiana. Due sole sillabe, facili da pronunciare, impossibili da non ricordare, legate a una voce unica, perfetta, inconfondibile. Le sillabe del suo nome: Mina. Due sillabe e solo quattro lettere che costituiscono l'architrave della canzone italiana moderna. Quella che dalla fine degli anni Cinquanta, da quando Domenico Modugno spalancò le braccia per iniziare il suo volo "nel blu dipinto di blu", ha costituito la colonna sonora delle nostre vite e dato forma alla nostra cultura popolare. Tutto è passato attraverso la voce di Mina, tutte le melodie, antiche, moderne e futuribili, tutte le storie, d'amore ovviamente, ma anche di dolore, di attesa, di passione, sociali, politiche, immaginarie. Mina è tutto questo, e altro ancora, perché a ben guardare persino la sua biografia è adatta a contenere mille altre vicende umane, compresi gli scandali, i misteri e le leggende. Superati in un sol balzo gli ottant'anni, Mina è oggi seduta sul trono che la vede ancora regina della canzone italiana e della nostra cultura. Per questo ricordiamo "Il cielo in una stanza", una canzone che dura meno di tre minuti, ma che in quel tempo perfetto racconta l'amore come nessuno l'aveva mai cantato prima. La canzone altri interpreti l'avevano rifiutata, ma Mogol insistette con Mina che, in quel perfetto bilanciamento di sensualità, poesia, amore, trova la sua perfetta espressione. Ascoltatela con attenzione e provate a capire perché è un'esecuzione destinata all'eternità.

4° test

D.1 **Ascolterete due testi. Indichi vicino a ogni numero da 1 a 9 la lettera A, B, C o D corrispondente alla risposta scelta. Ascolterete i testi due volte.**

1°TESTO

Una spaghettata solidale

F #haveagoodpasta, in italiano: "mangiati una buona pasta", è la vostra iniziativa in vista della Giornata mondiale della Pasta di lunedì prossimo, 25 ottobre. È una giornata creata dai produttori per incrementare il consumo della pasta. Con la Caritas italiana quest'anno volete regalare fino a trecentomila piatti di pasta. Come possiamo partecipare anche dall'estero?

M Ma allora, partecipare da tutto il mondo si può, nella maniera più facile per celebrare la pasta e la Giornata mondiale della pasta. Semplicemente preparare un piatto di pasta a casa e condividere, perché il momento del consumo della pasta è il momento della condivisione. Abbiamo vissuto dei momenti durissimi, li abbiamo vissuti chiusi in casa, la pasta è stata un'amica di tutte le famiglie. La pasta è un prodotto che va bene ai nonni, va bene ai bambini, mette d'accordo tutti intorno alle tavole, ma è ovvio che dobbiamo ricordarci tutti che ci sono delle persone che non possono nemmeno permettersi un piatto di pasta. Per questo noi pastai abbiamo deciso quest'anno di contribuire, assieme a Caritas italiana, a fornire, come detto, 300.000 porzioni di pasta in Italia. Ma ognuo di noi, in giro per il mondo, può comprare un pacco di pasta e donarlo a qualcuno meno fortunato di noi, affinché anche lui possa condividere un buon piatto di pasta, e non solo nella Giornata mondiale della pasta.

F L'idea di comprare un pacco di pasta e regalarlo a qualcun'altro è una bellissima idea, però voi avete proprio invitato anche a postare delle foto di pasta, di piatti di pasta sui social e avete una sorta di contatore online che aumenterà a ogni post con una foto e con l'hashtag #haveagoodpasta. Ecco, come e dove arriveranno concretamente questi piatti di pasta sul tavolo di persone bisognose?

M La condivisione, il fatto di poter aumentare i numeri dell'hashtag, ci porterà poi a fare un conteggio e a far arrivare alle Caritas di Milano, Roma, Napoli e Palermo i piatti di pasta che verranno distribuiti alle persone che di norma usufruiscono purtroppo dei servizi così importanti e fondamentali di Caritas. Noi abbiamo parlato nei giorni scorsi con uno dei direttori di Caritas Ambrosiana di Milano e ci siamo resi conto di quanto la pasta sia stata importante, come già detto in precedenza, per poter fornire e favorire un momento di serenità e normalità a persone che mai fino a poco tempo prima avrebbero potuto immaginare di accedere ai servizi di Caritas.

F Una domanda. Lei faceva accenno al fatto che la povertà purtroppo è aumentata in Italia, e non solo, nell'ultimo anno e mezzo, ma ora si parla anche dell'aumento dei prezzi della pasta. Qual è il problema in questo momento?

M Il problema è un problema generale per quanto riguarda le materie prime in tutto il mondo. Per quanto riguarda specificatamente il mondo del grano duro, di cui la pasta italiana è composta come singolo ingrediente, si parla di una carenza di quasi il 30% di grano. Questo fa parte di un altro dei grandi problemi che in questo periodo storico sembra portare con sé, ovvero il problema climatico. Negli Stati Uniti e in Canada c'è stato un momento di forte siccità, che ha causato la perdita di quasi il 50% del raccolto in quei territori. Raccolto che purtroppo non è stato controbilanciato da maggiori raccolti in Europa e quindi quest'anno abbiamo dovuto fare i conti con una perdita di volumi intorno al 25-30% a livello mondiale. Questo chiaramente ha spinto il valore dei prezzi molto in alto, così come per altro i valori di tante altre materie prime.

F E anche la richiesta di pasta in un periodo difficile è aumentata, perché, lo sappiamo, la pasta ci rende felici. Fare del bene mangiando la pasta: cosa si può chiedere di più? Grazie a Riccardo Felicetti, Presidente dei Pastai italiani, con cui abbiamo parlato dell'iniziativa #haveagoodpasta in occasione della Giornata mondiale della Pasta.

2°TESTO

Don Luigi Ciotti – Una vita contro le mafie, al fianco degli emarginati

M Io, da piccolo, sognavo di fare il vigile del fuoco: mi ha sempre colpito questo inventarsi di tutto per soccorrere i bisogni delle persone.

F La passione e l'impegno hanno sempre accompagnato Don Luigi Ciotti nella sua lotta per dare dignità, libertà e speranza alle persone. A soli venti anni fonda il gruppo Abele: associazione che promuove l'inclusione e la giustizia sociale. Nel 1995 annuncia la nascita di Libera: una rete di associazioni contro le mafie, con la consapevolezza che opporsi è un compito che riguarda l'intera società civile, un compito politico, sociale, culturale ed etico. Come prima iniziativa Libera chiede, attraverso una petizione popolare, di destinare a uso sociale i beni confiscati ai mafiosi e ai corrotti.

M La confisca dei beni ai mafiosi è uno schiaffo alle organizzazioni criminali: un violento schiaffo e, soprattutto, una bonifica culturale. Da beni esclusivi in mano a persone che hanno commesso dei crimini, devono diventare dei beni condivisi, restituiti all'uso sociale. Per realizzare tutto questo avevamo raccolto nel 1995-96 un milione di firme: cittadini che hanno messo la loro faccia per dire da che parte si sta. I mafiosi hanno reagito a tutto questo: abbiamo subito violenze, incendi, distruzioni però, alla fine, anche se restano tutta una serie di segnali inquietanti è la vittoria dello Stato, la vittoria delle istituzioni, è la vittoria dei cittadini. Dobbiamo sottrarre tutto questo, restituirlo alla collettività.

F Una potenza invisibile. Le mafie si stanno espandendo sempre di più e diventano sempre più potenti ma i dati e i sondaggi affermano che la percezione delle persone è che la mafia non esista più.

M Negli ultimi anni soprattutto, gli ultimi tempi nel paese si è andati verso la normalizzazione, è diventato uno dei tanti problemi, complice il fatto che le mafie hanno cambiato un po' la loro forma, c'è meno sangue, ci sono meno attentati.
Ma le mafie oggi - bisogna andare un pochettino oltre, al di là delle forme tradizionali - noi le troviamo sparse un po'per il mondo, si sono globalizzate e le troviamo nelle grandi operazioni finanziarie dei paradisi fiscali, nella borsa, negli investimenti immobiliari: investono denaro nei fondi e fanno acquisti sulla faccia del pianeta. Stanno investendo molto, ci sono ancora alcune situazioni di violenza nel paese, ma non sono le grandi vicende che hanno scosso e hanno toccato le coscienze e le emozioni di tante persone. Oggi le mafie sono molto più silenti, molto più silenziose, ma sono ancora più ricche, ancora più forti, ancora più globalizzate e soprattutto loro hanno creato rete. Soprattutto per quanto riguarda l'Italia non c'è regione che può dichiararsi esente e quindi tocca a noi non sottovalutare, tocca a noi impegnarci anche a moltiplicare questa coscienza e questa consapevolezza della gente. Tocca a noi alzare la voce quando in molti preferiscono un prudente silenzio.

D.2 **Ascolterete ora una trasmissione radiofonica dedicata a una scrittrice italiana: Anna Maria Ortese. Non tutte le affermazioni da 10 a 20 sono presenti nel testo. Indichi vicino al numero dell'affermazione. SÌ, se è presente No, se non è presente. Ascolterete il testo due volte.**

Anna Maria Ortese

F "Mio padre volle costruire quella casa con le pietre di una cava che aveva comprato insieme a un terreno, ma non poté mai finirla, sembrava la casa dei fantasmi: senza porte, senza finestre col tetto metà coperto e metà no, il pavimento mezzo di pietra e mezzo di terra. Da questo pavimento sbucavano scorpioni, topi e scarafaggi, dalle porte aperte entravano gli sciacalli era un inferno" Così Anna Maria Ortese racconta la sua casa africana in cui avrebbe dovuto vivere da bambina. La scrittrice nasce a Roma il 14 giugno del 1914 però non si sentirà mai davvero romana. I suoi genitori sono Oreste, che fa il funzionario in prefettura e vanta origini catalane, infatti, pare che Ortese forse l'esito dell'italianizzazione di un originario Hortez, e Beatrice Vaccà sua madre napoletana discendente da una famiglia di apprezzati scultori della Lunigiana del 700. Il padre per lavoro viaggia in continuazione e fa muovere tutta la famiglia insieme a lui. Lasciata la capitale si trasferiscono in Puglia, in Campania, in Basilicata, ma solo a causa delle sue irrequietezze si trasferiscono per 3 anni dal 1925 al 1928 in Libia, che allora era colonia italiana, e li Oreste compra questo terreno ai confini del deserto e inizia a costruire quella disgraziatissima nuova casa che ha descritto Annamaria. Eppure, nonostante la fatica e le difficoltà, il periodo africano resta un'esperienza fondamentale nella sua memoria. Dice: "mi ha abituata allo spazio, questa è la lezione dell'Africa: essere dentro la natura anziché fuori." Anna Maria è la penultima di sei fratelli di "una famiglia miserrima, di nessun rilievo sociale, sempre sopraffatta dal problema del pane quotidiano, della sopravvivenza e sola, senza lavoro, abbarbicata al niente" così scrive. Lei finisce le elementari alla scuola italiana di Tripoli, dopo essere stata bocciata in terza e dice di sé stessa: "sapevo solo leggere, scrivere poco." Gli Ortese, dopo l'Africa, si trasferiscono a Napoli. La sua casa partenopea è in via del Piliero e dà sul porto. Anna Maria ha una stanza ad angolo che affaccia sul mare da cui vede navi, brigantini, golette che salpano sotto la luce del faro. In quella casa comincia a leggere e ad appassionarsi alla lettura. All'inizio, in realtà, è diffidente verso i libri perché le suggeriscono solo la fatica, la noia della scuola che ha frequentato poco e ha abbandonato al primo anno di un Istituto Commerciale. Agli studi Anna Maria preferisce lunghe passeggiate, leggere libri di viaggio e di avventura. La Ortese scrive: "leggevo moltissimo, fantasticavo su grandi viaggi che avrei fatto, i miei fratelli sono partiti: erano maschi. Io no. Viaggiavo con la testa". È un'autodidatta, ama anche disegnare: fa ritratti su grandi fogli bianchi e si cimenta anche nello studio del pianoforte ma, infine, si appassiona alla letteratura e scopre la sua vocazione di scrittrice. Legge e rilegge i grandi romanzi e trascrive le parole che non conosce, quelle che non capisce e dice: "scrivere è una malattia, mi costano molto queste cose luccicanti che cerco di costruire." In "Corpo celeste", una sorta d'opera testamento che condensa il suo pensiero, Anna Maria Ortese scrive: "scrivere è cercare la calma, qualche volta trovarla, è tornare a casa, lo stesso che leggere. Chi scrive e legge realmente, cioè solo per sé, rientra a casa, sta bene. Chi non scrive o non legge mai o solo per comando, per ragioni pratiche è sempre fuori casa anche se ne ha molte: è un povero e rende la vita più povera."

D.3 **Ascolterete una trasmissione che parla di una serie televisiva coreana: "Squid game". Completate le informazioni con poche parole (massimo quattro) negli spazi numerati da 21 a 30. È possibile usare le stesse parole del testo oppure dei sinonimi.**

"Squid game" a scuola?

F Gli allarmi per quello che riguarda il mondo e vorrei dire la cultura dei bambini, sono una faccenda ciclica. Se andiamo alla fine degli anni Settanta, ricorderemo la polemica contro gli "anime" ovvero i cartoni animati giapponesi, che provocarono anche un'interrogazione parlamentare di Siberio Corvisieri e vennero difesi, invece, da Gianni Rodari. Poi, a seguire, i videogiochi sempre e comunque, e poi i Pokémon, siamo nel 2000, in questo caso è tutto quello che, nel tempo, viene ritenuto nocivo. Ora è la volta di una serie televisiva che, in verità, non è rivolta ai bambini perché Netflix, che la trasmette, raccomanda la visione sopra i quattordici anni. È una serie sudcoreana di un successo gigantesco che, detto molto in sintesi, inscena delle sfide mortali che, però, si basano proprio su antichi giochi infantili. Ora, in tutto il mondo, certo c'è il gradimento, ma ci sono anche petizioni di educatori e genitori che riguardano il timore di emulazione di bambini che possano seguire, diciamo, lo stesso principio che è quello classico delle distopie, cioè si inscena un reality show il cui risultato, però, è la morte, se le regole non vengono seguite o se si perde: qualcosa che è sempre stato fatto.

[...] Però, andiamo ad ascoltare dai nostri ospiti se, quando scoppiano polemiche di questo tipo, la censura, l'allontanamento - fermo restando che si tratta di una serie per sopra quattordici anni, quindi, insomma, dovrebbe esserci già un primo limite - occorre, appunto, censurare, allontanare, chiedere, come è stato fatto e viene fatto da molti genitori, addirittura la fine della serie, oppure se si possono, chissà magari usare anche a scopo educativo. Buon pomeriggio, Alberto Pellai.

M Buon pomeriggio, grazie per l'invito.

F Alberto Pellai è medico, psicologo dell'età evolutiva. Tra i suoi libri "Io dico no al bullismo" che è uscito per Mondadori. È anche autore di un intervento che è passato di mano in mano, anzi di WhatsApp in WhatsApp. nei gruppi di genitori. Dove, mi sembra di capire, ma sarà Lei a dirlo, esprime la Sua preoccupazione per il fenomeno di Squid game?

M Ma, in realtà, io esprimo la preoccupazione di molti insegnanti che, improvvisamente, vedono i bambini di otto, nove, dieci anni imitare nel loro gioco situazioni che sono presenti all'interno di una serie, che non è chiaramente adatta ai bambini, e si domandano se questo è o non è un problema. Quindi, lo hanno scritto a me, io ho scritto un post in cui ho rimandato la stessa domanda, ho detto: ma questa è una cosa che hanno visto i cinque, sei insegnanti che mi hanno scritto o la stanno constatando molti altri educatori? La diffusione che, poi, ha avuto il post con milioni di visualizzazioni e migliaia di commenti è che molti educatori in questo momento si trovano disorientati di fronte a bambini che, nelle loro attività quotidiane, portano esperienze, parole, immagini che non sono elaborate probabilmente. E l'altro elemento per cui io ho provato a problematizzare la visione di Squid game da parte di soggetti così piccoli, è che, siccome è una serie che propone immagini classicamente molto esplicite, davvero orrorifiche, ci dobbiamo domandare: ma la mente di un bambino di otto, nove, dieci, undici anni è capace di contenere, metabolizzare ed elaborare queste immagini?

5° test

D.1 **Ascolterete due testi. Indichi vicino a ogni numero da 1 a 9 la lettera A, B, C o D corrispondente alla risposta scelta. Ascolterete i testi due volte.**

1°TESTO

Zerocalcare – serie tv dell'anno

M "Strappare lungo i bordi" è la serie animata di Zerocalcare prodotta da Netflix, alla quale è riuscita un'impresa sempre più rara di questi tempi, praticamente un miracolo: tenere insieme divertimento e lacrime, qualità di scrittura e ampia popolarità. Infine, la capacità da parte di un autore di fumetti di arrivare a un pubblico più vasto, senza però far indignare i puristi e i seguaci della prima ora. In questo terzo episodio speciale di Corriere Daily dedicato alle cose da ricordare del 2021, Chiara Severgnini e lo

stesso Zero Calcare, il cui vero nome è Michele Rech, ci racconteranno il prodotto TV dell'anno. Avvertenza, l'unica cosa di cui non parleremo è la presunta questione dell'eccessivo accento romano di tutti i personaggi. Questo è Corriere Daily, il podcast quotidiano che racconta persone storie e luoghi con le parole dei giornalisti del Corriere della Sera.
Chiara, nell'improbabile caso ci sia ancora qualcuno che non sa che cos'è "Strappare lungo i bordi", vogliamo provare a spiegarglielo?

F Si tratta della prima serie animata di Zerocalcare. Iniziamo col dire che lui è una vera e propria star del fumetto italiano, ha iniziato disegnando illustrazioni per il mondo dei centri sociali romani. Oggi ha all'attivo una decina di apprezzatissime graphic novel, compreso un acclamato reportage a fumetti dal Kurdistan, tantissimi lavori per riviste e quotidiani, e da metà novembre, anche una serie animata appunto. Prodotta per Netflix da Movimenti production in collaborazione con Bao publishing, la storica casa editrice di Michele Rech, alias Zerocalcare, "Strappare lungo i bordi" è schizzata subito in cima alle classifiche delle serie più viste sulla piattaforma di streaming. Si tratta di sei episodi da circa 20 minuti incentrati su un viaggio da Roma a Biella fatto da Zerocalcare e due suoi amici, Sara e Secco. La serie è punteggiata di digressioni e gag esilaranti, ma nell'insieme è decisamente commovente e riesce a parlare con delicatezza anche di un tema doloroso come il suicidio. Sicuramente dimostra la maturità di Zerocalcare come autore, e non solo ai suoi fan storici. Per lui lanciarsi nell'animazione è stato un po' un salto nel buio perché non aveva mai realizzato una serie animata prima d'ora.

M Perché secondo te questa svolta proprio in questo momento?

F Zerocalcare aveva cominciato a sperimentare con i video durante il primo lockdown, con una serie di esilaranti corti autoprodotti che sono stati trasmessi da Propaganda Live. Chi lo segue sa che è un patito della serialità; dunque, quello delle serie TV è un medium che conosce molto bene e con cui evidentemente aveva voglia di cimentarsi. I motivi li ho chiesti a lui. Ecco cosa mi ha risposto.

M Allora, io a un certo punto ho deciso che mi ero un po' stufato di fare continuamente soltanto fumetti per un motivo poi abbastanza specifico. In realtà da una parte mi è sempre piaciuta tantissimo l'idea che insieme alla narrazione ci sia una colonna sonora che aiuti a creare l'atmosfera, eccetera. Nei fumetti io questa cosa la facevo di solito scrivendo fuori dai balloon, fuori dalle vignette il testo di una canzone, ci mettevo il simbolo delle note. Però penso che solo una persona su cento si andasse effettivamente a sentire la canzone che stavo suggerendo. Mentre l'idea di poterla imporre alla persona che fruisce della storia e fargli sentire quello che voglio, per controllare il più possibile quella esperienza a 360° in realtà è qualcosa che mi ha sempre stuzzicato. E poi c'era la questione anche dell'immediatezza, nel senso che i fumetti sono molto belli, li leggono molte persone che ci si dedicano, eccetera, però per molte altre persone il video ha un livello di immediatezza che è imparagonabile. Mi piaceva sfruttare anche quella potenzialità lì.

F A Michele ho chiesto anche se mentre lavorava a "Strappare lungo i bordi" aveva in testa dei modelli o fonti di ispirazione.

M No, non ho mai avuto modelli specifici, nel senso che l'unica cosa che avevo in testa quando proprio ho pensato di voler fare animazione era un fumetto francese di una quindicina di anni fa che raccontava piccole scene quotidiane della banlieu parigina. In realtà mentre stavo lavorando a questa cosa in maniera anche abbastanza avanzata ho scoperto Bojack Horseman, che è stato proprio un colpo di fulmine, però l'ho scoperto troppo tardi per poterlo saccheggiare, diciamo, dentro la serie stessa.

2°TESTO

Oggi in aula, Prof. Galiano

F Professor Galiano, Lei insegna Italiano in una scuola di Pordenone e tra meno di un'ora tornerà in classe nel mezzo di una pandemia. Con quale spirito entrerà in classe?

M Bè, oggi entrerò in classe con la gioia di rivedere gli studenti e la paura che da domani si potrebbe passare a fare un'altra cosa, che non piace a nessuno.

F Sono quasi due anni infatti che le istituzioni provano a gestire ore di lezione a tutela del servizio scolastico. Queste soluzioni secondo lei sono state efficaci?

M Le soluzioni che sono state messe in campo in questi due anni più che altro hanno fatto vedere in modo lampante il vero peso che ha il reparto della scuola e dell'istruzione per il nostro paese. Noi che ci lavoriamo dentro ci rendiamo conto che si inizia a parlare di scuola solo il 7 di gennaio, tre giorni prima dell'inizio delle lezioni, e sono due anni che si va avanti così, cioè è l'ultima cosa di cui si parla. E' questa la sensazione, un po' da "ultima ruota del carro", che ci sentiamo. Il problema sai qual è? Non siamo tanto noi insegnanti, perché vabbè..., il grosso problema è quando se ne accorgono i ragazzi e le ragazze, che si sentono l'ultima voce da ascoltare. Ed è una brutta percezione, perché in realtà è la percezione che hanno del loro valore come futuro, come appunto immagine del futuro che viene guardato sempre come un problema "che ci penseremo poi". Questo fa molto male.

F Professor Galiano, Lei oltre a insegnare e scrivere libri è molto attivo sui social dove ha migliaia di follower. Posta video molto coinvolgenti, perfino su Tik Tok, ed è stato definito "Prof. stile attimo fuggente". Oggi i ragazzi cosa provano, secondo Lei?

M Io ho questo angolo di osservazione, diciamo privilegiato, perché, come molti miei colleghi, sappiamo che per studiare i nostri ragazzi bisogna anche andare a vedere i luoghi dove si esprimono di più. In questo caso oggi probabilmente è TikTok il posto dove lo fanno di più, insieme a Instagram, e guardandoli da lì si capisce che c'è molta rabbia, si sente proprio che sono arrabbiati. E questo perché non si sentono ascoltati, non si percepiscono come visti dal mondo degli adulti, non hanno un posto dove poter esprimere il loro punto di vista e dove questo punto di vista viene messo in agenda, messo come prima cosa in considerazione. Questo li fa molto arrabbiare. Ma la cosa bella è che esprimono questa rabbia - e questo mi piace molto - con l'ironia, cioè ci sono molti video in cui ci prendono in giro, prendono in giro anche un po' loro stessi, prendono in giro la DaD, prendono in giro queste situazioni un po' grottesche che si creano con la DaD: la lezione fatta da sotto le coperte... queste cose che per noi sono quasi all'ordine del giorno. Però è bello che sappiano esprimere questa forte rabbia anche con l'uso dell'ironia.

F E ai genitori, professore, soprattutto a quelli stanchi e avviliti dall'emergenza pandemica, che cosa consiglia?

M Di non cedere troppo alla tentazione della lamentela e del continuo "così non va". È vero che sono tante le cose che non vanno, ma è pericoloso soffermarsi su quello, più che sul "bene, ok, cosa possiamo fare? Che soluzione possiamo prendere?". Cerchiamo di essere la parte forte, perché in questo momento i ragazzi sono molto fragili, hanno bisogno di tanto aiuto da parte nostra. Quindi non possiamo cedere noi, dobbiamo essere la parte forte, che tiene botta, che resta in piedi e che sa anche sorridere. Magari poi facciamoci il nostro pianto, però, ecco, cerchiamo di far vedere che ci siamo che non abbiamo perso la ragione. È un consiglio che do anche a me stesso.

F Nel suo libro Lei afferma che per crescere si deve imparare a sbagliare. Ma come si fa?

M Imparare a sbagliare è un'arte! È per questo che il libro si intitola "L'arte di sbagliare alla grande". Come ogni arte ha bisogno di molta pratica, bisogna sbagliare tanto, fare tanti errori se si vuole migliorare. Questo è possibile in un ambiente dove l'errore è salutato non come colpa, ma come tentativo, tentativo che non è andato bene. E' un'arte che si esercita anche lavorando sul concetto di quello che io chiamo "della penna verde"; cioè noi siamo abituati, come insegnanti, a lavorare solo con la penna rossa, sottolineando solo gli errori. Invece funziona molto anche lavorare con la penna verde, che invece gli dice: "guarda qua che bene che hai fatto!" Ecco, sottolineare tutte le cose positive è un grande incentivo a migliorarsi e ad affrontare con più serenità le parti in rosso, perché c'è anche la parte in verde, e se la vedi ti fa capire che c'è un talento in te, c'è un valore, e quindi sei più motivato a migliorare.

D.2 Ascolterete ora un'intervista sui diritti delle piante. Non tutte le affermazioni da 10 a 20 sono presenti nel testo. Indichi vicino al numero dell'affermazione. SÌ, se è presente No, se non è presente. Ascolterete il testo due volte.

Le piante non sono soltanto risorse: è il momento di riconoscere i loro diritti

M Alessandra Viola l'ho lasciata una decina di anni fa che aveva incominciato ad occuparsi di piante e poi è diventata l'avvocato dei diritti delle piante, se così possiamo dire. Le ho chiesto un intervento brevissimo di 5 minuti. Grazie Alessandra.

F Grazie Riccardo. Mi fa piacere che abbiamo parlato di diritti fino ad ora, perché è proprio quello di cui sono venuta a parlarvi anch'io. Naturalmente non voglio fare una lezione di Giurisprudenza, non vi preoccupate, però i diritti sono proprio uno strumento incredibile, uno strumento straordinario. Io ho immaginato un movimento come black power, non so, come women power, per i diritti dei neri, per i diritti delle donne. L'ho chiamato flower power, e già potete immaginare a quali diritti mi sto riferendo. Questo movimento è un movimento che ci aiuterà a cambiare il mondo, ci aiuterà contro i cambiamenti climatici, ma ci aiuterà anche a costruire un mondo più bello, un mondo più giusto. Come facciamo a riuscirci a partire dalle piante? Le piante sembrano degli esseri viventi inferiori, ci sembrano un po' la carta da parati del mondo. Bisogna che ci curiamo da quella che è stata definita dagli scienziati la plant blindness, cioè dalla nostra cecità vegetale. Noi le piante, in pratica, non le vediamo. Se qualcuno vi mostra una foto in cui c'è una scimmia nella foresta e vi chiedete cosa vedete, nove volte su dieci rispondete: una scimmia. E tutte le piante è come se non ci fossero, sono effettivamente proprio solo lo sfondo della nostra vita. Da questa plant blindness si può guarire, si deve guarire se vogliamo riuscire a cambiare il mondo in cui viviamo e questo green - si parla tanto di rivoluzione verde, di Green New Deal - alla fine questo green, questo colore cosa pensate che sia? Questo qui è il colore delle piante, è il colore della natura, della natura vegetale, che è l'ottanta per cento di tutto quello che è vivo sul pianeta. Quindi il flower power deve aiutarci un po' a cambiare prospettiva, perché anche la lingua, vedete, ci trae in inganno. Per esempio, noi diciamo "poverino! guarda è ridotto un vegetale" che vuol dire che a quello lì è successo qualcosa, magari è in coma, è diminuito nelle sue funzioni percettive, probabilmente non si muove più. Quindi nella lingua passa questa idea, che essere vegetale sia qualcosa che funziona poco, qualcosa che non è in contatto con l'ambiente. Invece nella natura è tutto il contrario, perché i vegetali sono più sensibili, più senzienti di quanto siamo noi. Da questo punto di vista ci somigliano, perché hanno i nostri cinque sensi, ci vedono, quindi vedono le frequenze luminose, ma secondo le ultime ricerche forse riescono anche a vedere i contorni degli oggetti, pensate. Cominciate a sentirvi osservati? Sentono i rumori, sentono gli odori, hanno il senso del tatto, hanno il senso del gusto, hanno tutti e cinque i nostri sensi e in più ne hanno altri quindici. Altro che essere diminuiti! Sono tutti completamente un'altra cosa. Quindi ci somigliano moltissimo, ma naturalmente sono anche molto diversi da noi, hanno il tronco, le foglie ovviamente, ma sono diversi da noi soprattutto per una caratteristica fondamentale: non hanno diritti. Le piante le consideriamo proprietà di chi possiede il terreno sul quale vivono. Quindi poco importa che la scienza ci abbia detto che sono intelligenti, che sono capaci di accudire i loro figli e i loro parenti, perché in realtà noi continuiamo a considerarle degli oggetti. Ora è questa la prospettiva che noi dobbiamo cambiare. Perché le piante, quindi, non hanno dei diritti se la ricerca ci dice che dovrebbero? Non ce li hanno perché noi abbiamo sempre pensato che sia così. Però dovete pensare anche che eravamo pure convinti che i bambini non avessero diritti, che le donne non avessero diritti, che i neri non avessero diritti e riconoscere quei diritti ci ha aiutati a cambiare in meglio la società. Ora immaginate quando riconosceremo i diritti dell'80% di tutto quello che è vivo sulla terra quale nuovo mondo si dischiuderà davanti ai nostri occhi. Grazie.

D.3 **Ascolterete un testo sulle fontanelle nelle città italiane. Completi le informazioni con poche parole (massimo quattro) negli spazi numerati da 21 a 30. È possibile usare le stesse parole del testo oppure dei sinonimi. Ascolterete il testo una sola volta.**

Le fontanelle

M Per fortuna che ci sono le fontanelle: mentre il termometro sale a precipizio e il bisogno di bere cresce, per fortuna esistono le fontane pubbliche a cui dissetarsi. Sono trascorsi dieci anni dal referendum sull'acqua pubblica, quando ventisei milioni di italiani votarono perché l'acqua non fosse un bene privato, fonte di profitto per pochi, ma un bene di tutti. Purtroppo quel risultato è rimasto lettera morta. Per fortuna ci sono ancora le fontanelle nelle strade e nelle piazze italiane cui ricorrere in questi giorni di solleone. Quando sono apparsi i distributori di acqua per tutti? Nell'Ottocento le città europee si sono dotate di fontane pubbliche. Napoleone, con un decreto del 1806, promosse la realizzazione di quindici fontane a cui i parigini potevano abbeverarsi gratuitamente. Ma saranno le epidemie di colera a spingere i governanti a fornire acqua pulita nei luoghi pubblici. Verso la fine del diciannovesimo secolo si pose il problema estetico della forma e delle dimensioni di questi erogatori collegati alle tubature dell'acqua. Dovevano essere visibili, funzionali, resistenti ed economici. E non deturpare il paesaggio, come scrive Vittorio Maniago Lampugnani nel suo "Frammenti urbani". Sempre a Parigi, capitale del diciannovesimo secolo, furono realizzati diversi modelli in ghisa e verniciati di verde. Fu un filantropo inglese a pagarle. Ne furono istallate duecento ed esistono ancora oggi. Anche Torino non fu da meno. Nel 1854 fu preparato un progetto comunale per istallarle e poco più tardi apparve il primo "toré", un parallelepipedo di ghisa con volta cilindrica, dipinto di verde. Sul fronte la piccola testa di toro, simbolo della città, che versa acqua potabile. Roma nel 1874 istallò colonne in ghisa con tre cannelle a forma di drago e furono poste nei quartieri più poveri della città. Poi si passò all'unico rubinetto a forma di naso, così che le fontanelle furono chiamate "nasoni", dotate di un piccolo foro nel tubo per far uscire lo zampillo tappando la cannella. Il più antico "nasone" si trova vicino al Pantheon. Oggi ce ne sono duemilacinquecento, spesso poco curati. A Milano nel 1931 furono istituite le fontanelle di color verde scuro in ghisa, ispirate a quelle di Parigi, con lo stemma della città a colori. Sono chiamate "vedovelle" o "draghi verdi" e ce ne sono settecento. In molte città italiane non ci sono o non sono mantenute, alla faccia di quei ventisei milioni di italiani che oggi sarebbero ancora di più se si votasse per l'acqua pubblica. Per favore curatele, e istallatene altre. Acqua gratis per tutti!

6° test

D.1 **Ascolterete due testi. Indichi vicino a ogni numero da 1 a 9 la lettera A, B, C o D corrispondente alla risposta scelta. Ascolterete i testi due volte.**

1°TESTO

Educazione alimentare

F Bentornati a Tg2 costume e società. Mai come quest'anno abbiamo messo su peso, facendoci tentare da pizze, dolci, pastasciutta. E adesso tutti noi fatichiamo a perdere questi chili in più. Allora, vediamo come calibrare i nostri piatti con cibi genuini che aiutano a dimagrire.
A metterli su i chili si fa presto, smaltirli quando l'ago della bilancia si impenna diventa un'impresa ardua.

Quest'anno la fatidica prova costume sembra ancora più insormontabile. L'aumento della circonferenza addominale è un segnale che abbiamo mangiato male, facendo salire l'infiammazione. Il pesce è sicuramente l'alimento principe che contiene gli Omega 3, adatti ad abbassare il nostro livello infiammatorio. E non è detto che tocchi spendere una fortuna per inserire nella nostra dieta la quota di pesce che ci serve per rimetterci in forma. L'alternativa a sogliole, spigole e orate sono i pesci poveri: sgombri e alici su tutti, ricchi di sostanze benefiche Omega 3 e vitamina D, un'eccellenza dei nostri mari. Scegliamo i pesci pescati, prima di tutto, e non quelli allevati, e impariamo a mangiare quello che offre la pesca del giorno. Davanti al bancone, dove pure l'occhio vuole la sua parte, è essenziale saperlo riconoscere.

M La colorazione è tutto, la lucentezza, riconoscerlo dall'occhio e dal profumo.

F Anche le cozze dal punto di vista nutrizionale sono un'ottima soluzione per comporre i nostri piatti.

M C'è una qualità di cozze che arriva tutta intrecciata, così si mantiene molto bene, rimangono con l'acqua di mare dentro e quando si aprono in padella sono molto succose. Le cozze sono un ottimo piatto che può essere consumato anche due o tre volte alla settimana con tranquillità. Costano poco e sono anche di facilissima preparazione.

F L'estate fa riscoprire le insalate. Un'ampia varietà di verdure che si sposano con il pesce, in questo caso l'arzilla.

M L'arzilla è il pesce azzurro che possiamo usare per condire le nostre insalate. Lo possiamo lessare e poi conservare con l'olio extravergine in frigorifero e quando vogliamo possiamo aggiungerlo alle nostre insalate. Diventa assolutamente un piatto unico.

F Fondamentale mangiare bilanciato, con la giusta dose di proteine, grassi e carboidrati.
Un esempio di piatto bilanciato potrebbe essere un bel filetto di pesce di sgombro, sui 120 grammi, un bel piatto di verdura cruda o un po' di verdura cotta, che possono essere verdure grigliate o verdure ripassate in padella, e un piccolo frutto.

M La dieta rimane fondamentale per recuperare il peso forma, ma può essere supportata dall'allenamento e da macchinari all'avanguardia, per esempio la criosauna, la più amata dalle star: a 170 gradi sottozero in 3 minuti combatte l'invecchiamento. Quest'altro macchinario, simile a un tapis roulant, associa l'esercizio aerobico a quello sottovuoto e a quello termale a infrarossi. Il risultato è un miglioramento della circolazione e un'accelerazione del metabolismo.

2°TESTO

Giovani e violenti

M La solitudine, il sistema educativo di valori, la famiglia, la provenienza e anche la famiglia di provenienza, e poi naturalmente, come ovvio che sia, anche la responsabilità personale, perché non è che è sempre e solo colpa della società. Parliamo delle violenze giovanili delle ultime settimane, degli ultimi giorni. Un discorso ampio che abbiamo iniziato a fare già da tempo, ma che è letteralmente esploso quando ci sono state le violenze di Capodanno a Milano, e di violenze di questo tipo vediamo traccia un po' tutti i giorni. Lo raccontiamo quotidianamente; oggi in un pezzo sul quotidiano la Repubblica firmato Alessandra Ziniti si parla di 20.000 minori indagati o arrestati, un trend in crescita, il 46% sono figli di immigrati o italiani di seconda generazione. È in aumento di quasi il 20% il numero di minori denunciati e arrestati per reato riconducibile nell'ambito del bullismo delle piccole baby gang. E di questo parliamo oggi con Cristina Màggia, presidente del tribunale per i minorenni di Brescia e dell'associazione italiana dei magistrati per i minorenni e la famiglia. Buongiorno dottoressa Maggia, bentornata ai nostri microfoni.

F Buongiorno a Lei, grazie per questo invito.

M Allora dottoressa Màggia, Lei che ha il polso della situazione, se riesce a darci un'idea di quello che sta succedendo, anche se è chiaro che ogni luogo ha le sue caratteristiche, ogni fenomeno ha le sue caratteristiche, ogni caso ha le sue caratteristiche, però se riusciamo a dare una sensazione...

F Allora, purtroppo la sensazione che ho io è diversa da quella che Lei ha raccontato poco fa, nel senso che i numeri dei processi penali che abbiamo acquisito in occasione dell'inaugurazione dell'anno giudiziario sia a Brescia ma un po' in tutta Italia sono costanti, quindi le denunce non sono in aumento, non c'è stata nessuna impennata particolare. Certamente c'è stata una tipologia di situazioni connotate da violenza che sono esplose e che già probabilmente covavano prima e che la pandemia ha fatto deflagrare. Anche perché non dimentichiamoci che questi ragazzi sono stati privati di tutto per un lunghissimo periodo di tempo, tutti i luoghi di aggregazione erano stati interdetti, tutte le possibili attività sportive e i divertimenti... non c'è stato più nulla, quindi quando poi si apre un pochino la finestra ovviamente esplodono. Non dimentichiamoci che sono adolescenti, quindi sono ragazzi che stanno costruendo una loro identità con grande fatica nella più totale assenza degli adulti. Adulti che mandano messaggi di tipo esibizionistico costante, che ovviamente i figli acquisiscono, perché i primi ad essere sui social sono gli adulti, e i ragazzi fanno la stessa cosa. Quindi calma, non c'è una emergenza particolare. All'interno di questo contesto ci sono tanti ragazzi che hanno una ulteriore fragilità; c'è una fragilità data dell'adolescenza, ma poi una fragilità dell'essere a cavallo tra due mondi, perché sono figli di famiglie immigrate con delle culture e una fatica di integrazione che non sappiamo. Vivono nel mondo occidentale, quindi con appunto tutta una serie di miti del possedere, dell'essere, dell'apparire che connota il nostro mondo occidentale. La fatica per loro è grandissima.

M Mi sembra che ci abbia dato già due o tre elementi importantissimi. Il primo è stato dirci che i numeri non sono cambiati, ma il tipo di comportamenti sono cambiati, nel senso che alcuni tipi di violenza che vediamo adesso li vediamo più adesso di quanto non li vedessimo prima.

F Sì, io sono stata diverse volte nei quartieri popolari di Milano per parlare coi ragazzi, per capire la situazione, e sono rimasta colpita da un'integrazione fallita. Nella società italiana cioè c'è una ghettizzazione fortissima che ho notato e che velocemente è arrivata oggi a ragazzi che hanno 17-18 anni, che si sentono più orgogliosi a sentirsi immigrati stranieri, nonostante siano nati e cresciuti in Italia, rispetto all'essere italiani. Questo elemento mi ha veramente allarmato e deluso, perché tutto ci si aspettava in questi 20-30 anni di emigrazione, con la nascita delle seconde generazioni, ma non questo. Ma la colpa assolutamente non è di questi ragazzi, ma è di una società e di un paese che in questi anni invece di portare avanti delle politiche e delle iniziative che potessero integrare queste persone, parlo anche di politiche abitative, in realtà invece i ghetti li abbiamo creati in tutta Italia, in quartieri popolari dove si mettono tutti quanti lì. E quindi il disagio nasce lì, ed è un disagio di grande povertà, ma anche di grande rivalsa. È come se fossero dei ragazzi che guardano tutto, ma è tutto in vetrina, non lo possono toccare; quindi, per farsi coraggio si dicono che sono immigrati stranieri.

D.2 **Ascolterete ora un'intervista sull'importanza delle piante nell'ambiente. Non tutte le affermazioni da 10 a 20 sono presenti nel testo. Indichi vicino al numero dell'affermazione. SÌ, se è presente No, se non è presente. Ascolterete il testo due volte.**

M'illumino di meno

F L'11 marzo torna M'illumino di meno è il momento giusto per pedalare, rinverdire, migliorare e spegnere le luci. La data ve l'abbiamo detta, 11 marzo 2022, milluminodi meno.rai.it, per sapere tutto, ma qualcosa cominciamo a raccontarvelo. Quest'anno ancora ribadiamo l'importanza di rinverdire, di mettere piante dovunque. E allora ci facciamo dare una benedizione, siamo felici che sia un po' con noi in questa lunga rincorsa, in questo invito a spegnere le luci e a piantare alberi. Da Stefano Mancuso, professore all'università di Firenze. Professore, buonasera.

M Buonasera.

F Sparga il suo fogliame di conoscenza su di noi che dobbiamo piantare ovunque 1000 miliardi di alberi.

M Dunque, immagino che, ormai, chiunque conosca il problema del riscaldamento globale. Comunque, diciamo lo sintetizzo rapidamente. Le attività umane producono anidridi carboniche e altri gas, ma l'anidride carbonica è quello principale, il quale a sua volta impedisce il raffreddamento del pianeta; quindi il pianeta si riscalda, via via sempre di più. Quello che dobbiamo fare è, quindi, ridurre l'anidride carbonica nell'atmosfera. Tutto quello che stiamo facendo fino ad ora riguarda la riduzione delle emissioni, cioè noi proviamo, in qualche maniera, a produrre meno anidride carbonica. Devo dire con risultati abbastanza approssimativi, se pensiamo che ogni anno che passa produciamo sempre più anidride carbonica di quello precedente, quindi non ci stiamo riuscendo. Un'altra possibilità per affrontare lo stesso problema è quello di - invece che produrne di meno, cosa che comunque dobbiamo fare - è di cercare di assorbire dall'atmosfera quella che abbiamo già prodotto. E come si fa questo? Con gli alberi. Cioè, esistono anche delle macchine, per esempio in Islanda ultimamente hanno fatto una fabbrica che fissa l'anidride carbonica nell'atmosfera e la mette nel terreno. Però, al momento, l'efficienza degli alberi è circa mille volte superiore.

F Anche perché, scusi Mancuso, non è un ritorno alla natura; ma perché diavolo fare una fabbrica quando un pioppo fa quel lavoro lì?

M Non solo perché diavolo fare una fabbrica, ma perché fare una fabbrica che ha un'efficienza che è mille volte inferiore a quella degli alberi? Direi che, di gran lunga, la soluzione migliore per fissare l'anidride carbonica è piantare alberi. Quindi ne dovremmo mettere 1000 miliardi sul pianeta nei prossimi 10 anni, una quantità enorme. Quello che è importante è che quanti più di questi alberi noi mettiamo in ambito urbano, cioè vicino alle città o immediatamente nelle vicinanze delle città, la loro efficienza è tanto maggiore quanto più sono vicini alla sorgente dell'anidride carbonica, che, al momento, sono le città. Le città producono l'80% più o meno dell'anidride carbonica del pianeta. Allora mettere piante dappertutto, mettere alberi dappertutto nel pianeta è al momento il servizio migliore che si può fare per combattere il riscaldamento globale, metterle in città o in ambito quindi urbano, periurbano, è ancora, diciamo, meglio.

F Professor Mancuso, le piante fuori ma anche dentro... Lei racconta molto i benefici negli ospedali, ma anche dentro le scuole, negli uffici...

M Le racconto, giusto per capire che cosa fanno le piante all'interno degli edifici, Le racconto i risultati di una ricerca che è stata fatta in Norvegia. Hanno preso una scuola, metà delle aule sono state mantenute così come le conosciamo, quindi, diciamo perfettamente sterili e, un'altra metà, invece, è stata riempita di piante. Dopo di che, si sono seguiti i risultati degli studenti che frequentavano quelle classi. La valutazione scolastica negli studenti delle classi con piante è migliorata del 30%. La socialità è aumentata a dismisura ed è scomparso qualunque tipo di fenomeno di bullismo. E la quantità dei giorni di malattia sulle classi con piante si è dimezzata.

D.3 **Ascolterete un testo che parla di un film di Federico Fellini "Le notti di Cabiria". Completi le informazioni con poche parole (massimo quattro) negli spazi numerati da 21 a 30. È possibile usare le stesse parole del testo oppure dei sinonimi. Ascolterete il testo una sola volta.**

Le notti di Cabiria, regia di Federico Fellini (1958), il racconto del film di Antonio Monda

M Benvenuti ai Film della mia vita, la pellicola che ho scelto questa settimana è Le notti di Cabiria di Federico Fellini del 1958. È difficile scegliere un film di Fellini, ha fatto così tanti capolavori, come vi dicevo. Ritengo che sia nella mia trinità ideale insieme a John Ford e a, ovviamente, Charlie Chaplin. Fellini aveva una teoria e sosteneva che un grande regista dà il proprio meglio in 10 anni. Se applichiamo questa sua teoria vediamo che, in effetti, tra il '52, l'anno dei Vitelloni, e il '62, l'anno di Otto e mezzo, Fellini ha realizzato i suoi capolavori maggiori cioè i Vitelloni, La strada, Il bidone, Le notti di Cabiria, La dolce vita e Otto e mezzo. È ovvio che, anche in seguito, ha realizzato delle opere straordinarie ma forse il periodo più alto, più compiuto è proprio questo. Cosa ha di speciale questo film? è un film, innanzitutto, di un approccio completamente umanista, di grandissima pietà. Fellini cerca di capire il punto di vista di questa giovane prostituta, Maria Ceccarelli, interpretata meravigliosamente da Giulietta Masina, e cerca di seguire la sua vita attraverso una serie di episodi. Pensate che, quando il film venne presentato, alcuni critici ritenevano che non avesse una vera e propria struttura. La sceneggiatura è, invece, solidissima ed è affidata, ovviamente, allo stesso Fellini ma anche ad Ennio Flaiano e a Pier Paolo Pasolini, al quale Fellini chiese di scrivere i dialoghi delle prostitute. Il film ha degli episodi memorabili, anzi sono quasi tutti memorabili gli episodi. La processione al Divino Amore, dove ci sono dei credenti sinceri, onesti, ma ci sono anche dei malviventi che non sono credenti e hanno solo un approccio superstizioso e superficiale alla fede. E poi ovviamente, l'episodio con il divo, interpretato auto ironicamente da Amedeo Nazzari. Sono tantissimi i momenti straordinari, ma il film diventa assolutamente sublime quando la povera Cabiria - il nome è preso dal colossal fascista di Giovanni Pastrone, proprio per giocare in antitesi - ebbene quando diventa preda di un malfattore che si chiama Oscar - l'anno prima Fellini aveva vinto un Oscar e lo rivincerà con questo film – Oscar che finge di essere innamorato, finge di volerla sposare ma in realtà vuole soltanto ucciderla e depredarla. Ebbene quel momento, quel crescendo pieno di illusione, pieno di tenerezza, che verrà a infrangersi di fronte all'orrore di questo personaggio è veramente straziante. Come è straziante il momento in cui lei realizza che lui vuole ucciderla e dice: "uccidimi uccidimi", vuole morire. Ebbene, dopo questo momento terribile, in riva a un lago dei Castelli Romani, Giulietta Masina, Cabiria, ritornando a casa senza più soldi, senza più amore, senza più nulla, senza neanche una casa, si imbatte in un gruppo di ragazzi che sono reduci, crediamo, da una festa, da un momento di gioia. Il solo vedere questi ragazzi e il fatto che uno di loro la invita a festeggiare, ad esser felice, genera in lei un sorriso, è uno dei più bei sorrisi, come uno dei più bei finali della storia del cinema. E, con un tocco di genio, Fellini chiede a Cabiria di sorridere non soltanto a loro ma alla macchina da presa, al mondo, a noi. Ci vediamo la settimana prossima con un altro film della mia vita.

7° test

D.1 **Ascolterete due testi. Indichi vicino a ogni numero da 1 a 9 la lettera A, B, C o D corrispondente alla risposta scelta. Ascolterete i testi due volte.**

1°TESTO

10 domande a Nicola Lagioia

F Che tipo di scrittore sei? Descriviti.

M Mi chiamo Nicola Lagioia, sono uno scrittore e per adesso ho pubblicato quattro romanzi. Sono uno scrittore lento e pubblico un libro ogni cinque o anni sei anni e non perché io faccia poco fra un romanzo e l'altro, ma perché ci lavoro continuamente. Scrivo romanzi abbastanza ponderosi, trecento, quattrocento pagine, e con delle trame abbastanza... non complicate, solo con una struttura, diciamo così, almeno per me è così e spero che lo sia molto meno per il lettore, impegnativa.

F Quali sono i temi e i luoghi ricorrenti nei tuoi libri?

M Se dovessi trovare l'argomento dei miei romanzi, potrei dire forse racconti di famiglia, perché è difficile parlare dell'Italia senza passare per il racconto sulla famiglia, e forse la perdita dell'innocenza. Oltre alla famiglia, forse un altro tema è la situazione metropolitana, sia che si è a Roma o a Bari. Le città, per quanto mi riguarda, sia letteralmente sia proprio nella vita vera, devono essere i luoghi in cui è possibile fare esperienza. Ecco perché mi piacciono le città come Roma, come Bari, come Napoli, come Palermo.

F Quale tuo romanzo consiglieresti a un nuovo lettore?

M Se dovessi suggerire a un lettore che non mi conosce da quale mio libro cominciare per capire un po' di che cosa mi occupo, forse direi "Riportando tutto a casa", che è il terzo romanzo che ho pubblicato ma non è il più famoso. "Riportando tutto a casa" racconta Bari negli anni Ottanta, racconta la storia di un attraversamento della linea d'ombra, cioè di preadolescenti che diventano adulti nella Bari degli anni ottanta. Perché questo libro? Sia perché gli anni Ottanta non sono così tanto rappresentati nella letteratura italiana, che è piena di racconti dei sessanta, settanta e cinquanta, degli anni cinquanta poi non ne parliamo!, e anche perché Bari è poco raccontata.

F A quale espressione italiana o dialettale sei legato?

M Io sono di Bari, il dialetto barese è incomprensibile; adesso vi dirò qualcosa di incomprensibile e poi ve la traduco. Quando ero giovane suonavo la batteria in un complessino rock e andavamo a "fare i matrimoni", a suonare nei matrimoni, e c'erano ovviamente gli invitati più giovani che volevano ascoltare quella musica. Ma c'erano anche i più anziani, e lì c'era accanto a noi il pianista storico barese che si faceva tutti i matrimoni della provincia di Bari, il quale mi guarda e dice questa frase in barese: "mò! Ti si fatte u uazzebàn!" e indicava la mia batteria Yamaha. Questa parola in barese nasce dai primi complessini jazz che avevano scritto sulla grancassa "Jazz band", che in barese è diventato "uazzebàn", a indicare la batteria stessa. Ecco che un termine inglese, arrivato con una musica che certamente non è mediterranea, viene invece ricolonizzato dal dialetto. In italiano non accadrebbe mai. Ecco perché il dialetto è veramante interessante, persino fecondo e persino divertente.

F C'è una parola che detesti?

M Non esistono parole che io detesti, per il fatto di essere un romanziere. Il romanzo, la prosa, è uno "stomacaccio" in grado di metabolizzare qualunque cosa. Quindi in un romanzo, indipendentemente se alto o basso, ci entra dentro di tutto: il gergo, le parolacce, c'entrano dentro le parole pop, che ad alcuni non piacciono perché sembrano l'antitesi della letteratura. L'importante è che qualunque cosa entri nello stomaco del romanzo venga poi metabolizzato e venga riconvertito in codici letterari. C'è una trasformazione: anche la più brutta delle parole, ricontestualizzata e messa nel giusto contesto, nella giusta rete narrativa e linguistica di un romanzo, e persino in una poesia, può risuonare con il tutto in maniera molto bella.

F C'è una parola che usi spesso nei tuoi libri?

M Quando finisco di scrivere un romanzo di solito, dopo averlo letto e riscritto anche per centinaia di volte, non lo rileggo mai. Una volta che è andato, è andato. Quindi non sto attento, una volta che mi suona bene, una volta che funziona, non vado a cercare le occorrenze, quante volte ho utilizzato una certa parola. Quindi questa cosa non la so. Seppure ci sono alcune Università in Italia che si fanno dare tutte quante le versioni dei romanzi degli scrittori contemporanei perché poi magari qualcuno li studierà. Però per esempio mi piace molto quando scrivo "il ragazzo e la ragazza", perché il tema della giovinezza, del passaggio del tempo, si dice spesso che sia un po' il protagonista della letteratura.

F Qual è il tuo rapporto con la lingua italiana?

M Si dice spesso che ogni scrittore ha molti padri e una sola madre. I padri, e in realtà anche le madri, sarebbero gli scrittori e le scrittrici che sono stati importanti per lui, che ha divorato durante l'adolescenza, la giovinezza, che sono stati importanti per la sua formazione. La madre però sarebbe una, e sarebbe la lingua, che nel mio caso è l'italiano. In realtà questo non è neanche del tutto vero; lo scrittore può ritrovarsi ad avere persino due o più madri, pensate agli scrittori che cambiano lingua. Ma che sia una o più di una lingua su cui lavorano gli scrittori, in realtà quel lavoro artigianale, sulla scelta di un aggettivo su cui uno scrittore può stare anche una settimana, sul modo in cui costruisce la frase, sulla scelta delle parole, addirittura sulla punteggiatura, quello è proprio il lavoro dello scrittore. Io amo gli scrittori che fanno del lavoro sulla propria lingua l'architrave o uno degli architravi della loro produzione romanzesca.

2°TESTO

Il Trend della moda è sostenibile

F Quando ero piccola sognavo di diventare una stilista, perché a me è sempre piaciuto disegnare. Ho continuato a disegnare anche quando andavo a scuola, disegnavo per le mie amiche che dicevano: "disegnami un figurino!" Ancora oggi alcune amiche li tengono da conto questi disegni e me li hanno fatti rivedere. E' una passione quella.

M Anche se il disegno è sempre stato la sua passione, Nicoletta Spagnoli sceglie di laurearsi in chimica e farmacia e di andare negli Stati Uniti per fare un corso di specializzazione. Il destino però ha altri progetti per lei e a metà degli anni Ottanta il padre la chiama a lavorare nell'ufficio Stile dell'azienda di famiglia. Così Nicoletta torna in Italia e può mettere a frutto il suo talento per il disegno. Oggi è una delle figure di spicco dell'alta moda italiana, imprenditrice, manager e designer di successo, la sua azienda è sempre stata all'avanguardia anche della sostenibilità.

F La sostenibilità della moda ormai è diventata un impegno per noi imprenditori italiani di moda, e soprattutto importante il benessere dei dipendenti e chiaramente la materia prima. Consumatori sempre più attenti, non si accontentano più di indossare capi belli e di qualità, ma vogliono sapere anche come questi capi vengono prodotti. Noi siamo stati come azienda sempre attenti all'ambiente e agli animali, a partire dalla nostra storia, che è partita dalla pettinatura del coniglio da parte della mia bisnonna Luisa Spagnoli, che pettinava i conigli affinché l'animale poi non soffrisse, per ottenere poi una lana, una fibra naturale di grandissima qualità.

M Anche un tessuto può essere green, ma per poter avere questa definizione deve rispettare dei canoni ben precisi. I consumatori possono riconoscere sull'etichetta i marchi certificati dall'Unione Europea, che indicano se il capo di abbigliamento che stanno acquistando è stato realizzato nel rispetto dell'ambiente, cioè se le materie prime non sono state trattate con sostanze dannose, se sono stati utilizzati materiali di riciclo, se è stata usata energia da fonti rinnovabili, se è stata fatta una buona gestione dell'acqua, ma anche se sono stati rispettati i diritti dei lavoratori.

F I tessuti certificati sono quei tessuti che vengono garantiti dai nostri fornitori, che ci garantiscono un basso impatto ambientale. Quindi vengono usati normalmente, sono cotoni, lini, non basta solamente usare dei tessuti per avere un prodotto proprio green, ma bisogna stare attenti innanzitutto ai coloranti e anche soprattutto poi come vengono cuciti. Noi stiamo lavorando anche sul packaging, per esempio, che deve essere fatto con materiali biodegradabili, evitare la plastica, e magari con materiali che sono riciclati. Un'azienda, per essere sostenibile, deve avere una filiera di qualità, deve partire dal prodotto, che deve essere fatto con materiali ecologici, deve avere un basso impatto ambientale. I lavoratori che creano oggi il prodotto e anche quelli che lo distribuiscono devono essere pagati equamente e trattati con dignità. Per noi il benessere dei dipendenti è importante quanto il prodotto che creiamo. Per far sì che un prodotto sia vincente però, deve essere anche bello.

M Qualità low cost. Le grandi firme della moda vanno incontro alle esigenze dei giovani e si aprono al low cost, il mercato con prezzi concorrenziali, producendo le Capsule Collection. Le Capsule sono delle piccole collezioni composte da pochi elementi facilmente abbinabili tra loro, che vengono venduti nei grandi magazzini. Frutto della collaborazione tra stilisti e catene low cost, spesso realizzate nel rispetto dell'ambiente. È un modo quindi per poter acquistare capi firmati a prezzi accessibili a molti.

F Noi vorremmo creare delle Capsule di tessuti interamente green, cioè partendo dal tessuto e anche poi la confezione. Per avere un prodotto green deve essere tessuto naturale biodegradabile. Sarà una cosa piuttosto lunga, però ormai abbiamo abbracciato questo tema e lo porteremo fino in fondo. Noi nel nostro piccolo cerchiamo di raccontare la nostra storia virtuosa, cercando di migliorarci sempre.

M Il fenomeno più rilevante degli ultimi anni è la fast fashion, l'usa e getta della moda. Alcune recenti statistiche evidenziano che oggi il consumatore medio acquista il 60% in più dei capi rispetto a 15 anni fa e li conserva soltanto per la metà del tempo.

F Fast Fashion parte dal concetto che i capi hanno prezzi contenuti, prezzi bassi, e gioca psicologicamente sul consumatore spingendolo a comprare capi d'impulso, di bassa qualità, forte del fatto che questi capi possono essere indossati, usati, e diciamo rovinati e buttati nel breve tempo possibile. Questo è un approccio che dopo la pandemia, secondo me, è diventato un po' obsoleto, perché abbiamo visto che c'è un cambiamento da parte del consumatore, che compra più capi durevoli nel tempo.

D.2 **Ascolterete ora l'intervista a uno scienziato che si occupa di intelligenza artificiale. Non tutte le affermazioni da 10 a 20 sono presenti nel testo. Indicare vicino al numero dell'affermazione. SÌ, se è presente No, se non è presente. Ascolterete il testo due volte.**

Intelligenza artificiale

F Benvenuti a questa seconda parte dell'intervista al Dottor Gemello. Benvenuto di nuovo.

M Grazie. Ciao a tutti.

F La prima volta abbiamo introdotto l'argomento delle reti neurali, dell'intelligenza artificiale e del riconoscimento vocale, di cui vorrei parlare un po' più approfonditamente oggi. Vorrei anche poi parlare nello specifico delle lingue, di come si applica oggi questo a vari aspetti delle lingue della traduzione. Secondo te che impatto avrà anche in futuro sull'apprendimento delle lingue?

M Sì, partiamo un po' alla lontana. L'intelligenza artificiale è un settore dell'informatica che vuole produrre dei programmi di computer in grado di emulare delle attività intelligenti che sono tipiche degli esseri umani. Facciamo degli esempi: queste attività possono essere il riconoscimento della voce o riconoscimento di immagini, la comprensione di testi scritti inclusa anche la capacità di rispondere a domande su questi testi o di farne il riassunto, oppure anche di farne la traduzione in varie lingue. Un altro esempio importante dell'intelligenza artificiale è il dialogo uomo-macchina. C'era il famoso test di Turing che era basato sulla capacità di dialogare con un essere umano, senza essere scoperti, da parte di un'intelligenza artificiale. Cioè se un'intelligenza artificale riesce a sostenere un dialogo con un essere umano senza essere smascherata, allora questa intelligenza passa il test di Turing.

F Come hai spiegato però la scorsa volta il grande passo avanti è stato fatto con l'arrivo delle delle reti neurali.

M Sì esatto, infatti per tutta una parte della storia dell'intelligenza artificiale si facevano questi programmi di computer, codificati da programmatori esperti, che cercavano di trasferire nel programma di computer delle conoscenze umane sotto forma di regole logiche, di algoritmi, anche di approcci più statistici, ma erano comunque informazioni che l'uomo metteva nel programma e cercava di costruire un comportamento intelligente usando un algoritmo. Poi c'è stato il passaggio a queste reti neurali, in cui questi comportamenti intelligenti emergono da un comportamento collettivo di piccolissime unità artificiali, che sono questi neuroni, e questi modelli non vengono più programmati da un esperto, ma vengono addestrati sulla base di tantissimi esempi della realtà da modellare. Quindi un cambio grosso di approccio.

F Avevamo fatto l'esempio, la scorsa volta, della traduzione. Tu dicevi che se diamo tanti testi in una lingua e tanti testi tradotti da esseri umani però, la macchina inizia a cogliere delle correlazioni.

M Esatto, queste correlazioni, fino a che non diventa in grado di tradurre. Prima di usare le reti neuronali ci volevano degli esperti, degli esperti linguistici, esperti di grammatica, ci voleva un vocabolario, un lessico. Dopo, queste figure di esperti umani non servono più, ma serve una grande quantità di materiale tradotto da esseri umani.

F Per esempio, un altro campo in cui vediamo lo stesso uso di enormi quantità di esempi e quello del riconoscimento di immagini.

M Ecco, con il riconoscimento di immagini in modo analogo ci sono dei modelli di reti neurali, alcuni un po' particolari, che sono in grado di andare a cercare dei rettangoli, dei quadrati su ogni punto dell'immagine alla ricerca di particolari elementi, ad esempio un segnale stradale, un'automobile, un viso - sai quando vengono circondati da quadratini tutte le facce? - Ecco, anche in questo caso le reti neuronali sono addestrate con grandissime quantità di materiale classificato. Materiale in cui si dice: ecco, in questa immagine ci sono delle facce, ci sono delle persone, c'è un cane, c'è un gatto, c'è un'automobile. Quindi a partire da questi grandissimi materiali classificati, milioni, miliardi di immagini, la rete neuronale è in grado di apprendere, appunto di classificare queste immagini.

F Sì, per esempio mi viene in mente Google foto, ma ci sono altri servizi simili che sono in grado di capire che cosa c'è in una foto. Puoi fare una ricerca nell'intero archivio foto di specifici elementi e ti trova le foto che contengono questi elementi.

M Esattamente, perché Google ha definito un numero di topics, di argomenti in cui questa rete classifica, possono essere alcune migliaia, ha fatto vedere per ogni topic milioni e miliardi di foto di quel topic e la rete neurale, quando gli sottoponi un'immagine nuova, va a cercare tra tutti questi topic, questi argomenti, e dice appunto: cosa c'è in questa foto? c'è il mare, c'è una persona, c'è un uccello, c'è un cane.

F Certo, certo, secondo te in quali campi può essere davvero rivoluzionaria l'intelligenza artificiale?

M Ma, sicuramente, diciamo, l'analisi di dati, quindi analizzare grandi quantità di dati trovando immagini, trovando testi. Questo è sicuramente un settore che ha tante applicazioni. Ci sono però anche discorsi sulla sicurezza, ad esempio il riconoscimento automatico del viso delle persone che passano per la strada, come già in Cina è stato fatto. Sicuramente tutto il discorso della guida autonoma prenderà piede, magari a partire dai treni, dai camion, dalle cose più semplici per poi arrivare alle auto. Poi sicuramente in ambito medico; penso che i radiologi saranno sostituiti abbastanza a breve da queste macchine di intelligenza artificiale, che sono in grado di analizzare le radiografie, le TAC, e fare diagnosi molto accurate e scoprire anche i più piccoli problemi. Un'altra cosa che sarà sicuramente fatta è l'applicazione nel settore militare, cioè i droni autonomi, che saranno in grado di attaccare il nemico in modo autonomo. E qui ci sono gravi problemi anche etici, però credo proprio che si andrà anche in quella direzione.

F Hai detto poi che le reti neurali sono ormai predominanti nel settore dell' intelligenza artificiale e che questa rivoluzione è successa intorno al 2010.

M Si, esattamente il 2010 è il cosiddetto Secondo Rinascimento delle delle reti neurali, perché il primo è stato nel 1986, quando appunto è stato introdotto un importante metodo di apprendimento delle reti neurali che gli ha permesso di diventare metodi funzionanti. La seconda rivoluzione nel 2010 ha permesso di addestrare invece reti molto più grandi e molto più potenti, grazie soprattutto all'introduzione delle schede grafiche.

D.3 **Ascolterete un testo che parla di Venezia. Completi le informazioni con poche parole (massimo quattro) negli spazi numerati da 21 a 30. È possibile usare le stesse parole del testo oppure dei sinonimi.**
Ascolterete il testo una sola volta.

La Venezia che non si vede

F Sembra quasi che Venezia non sia una città, ma una cartolina. Venezia è un miracolo, un mito nel mondo, una città sull'acqua con strade fatte di mare, intrisa di arte, di storia, la meta del turismo per antonomasia. Tutte cose che sappiamo benissimo, però siccome a me le cose meno si sanno e più mi piacciono, mi piace girare per Venezia a caccia di veneziani veri, che mi raccontino la Venezia loro, non la Venezia dei turisti e delle guide turistiche. Insomma ormai i veneziani sono una minoranza, su dieci persone che incontri a Venezia otto sono turisti. Quindi mi chiedo, come lo riconosci un veneziano? l'ho chiesto a dei veneziani e loro mi hanno raccontato che i segnali sono vari e di varia natura. Un primo indizio è il Gazzettino sotto il braccio. Il Gazzettino sotto il braccio è l'indizio che uno è di Venezia, che è uscito, ha comprato il giornale e poi si reca verso il bar, che è sempre vicino a un tabaccaio. I tabaccai sono sempre vicini a un bar, perché evidentemente caffè e sigaretta sono un must a Venezia. Quindi se ne vanno con questo Gazzettino e hanno un modo di camminare che li riconosci subito, perché vanno dritti per la loro strada, sono grandi camminatori non essendo avvezzi alle macchine e detestando il vaporetto. Mi hanno detto che i veneziani non salirebbero mai per niente al mondo su una gondola e prendono in giro chi spende €50 per andare su una vecchia scomoda barca di legno; detestano il vaporetto perché è pieno di turisti con le valigie, sono scomodi, e magari lo prendono solo di notte, che non c'è più nessuno, i turisti sono a dormire a Mestre e loro salgono sul traghetto ed eventualmente si fanno una passeggiata per una meravigliosa Venezia notturna. Li vedi camminare questi Veneziani col Gazzettino sotto il braccio, usciti dal tabaccaio e preso il caffè, per andare dove devono andare con un passo velocissimo e incredibilmente esperto, capace di fare gincane incredibili, perché non chiedono permesso e non spintonano nemmeno, sanno come evitare il turista. Se tu segui questi veneziani ti portano per una Venezia altra, una Venezia dove si beve lo Spritz vero, dove si beve "l'ombra" di vino, che si chiama così perché i mercanti alla fine del lavoro, all'ombra delle chiese, si bevevano questo bicchiere di vino. E poi ci sono i bambini che escono da scuola coi pattini a rotelle o giocano nelle stradine e i ragazzi si riuniscono a Campo Santa Margherita dove ci sono i bar con tavoli fuori e sempre la combriccola di vecchietti che stanno lì a giocare a scopa e a chiacchierare; oppure c'è la signora dell'ultimo piano che cala la corda col sacchetto dell'immondizia col gancio. Insomma, riconosci che in mezzo a quei fotografi, a quegli obiettivi, a quei turisti di tutte le etnie c'è una comunità meravigliosa che tiene viva la città di Venezia, che a quel punto non è più una cartolina, ma è pura poesia nella concretezza di una quotidianità ancora viva e pulsante. Andate a vedere quella Venezia.

8° test

D.1 Ascolterete due testi. Indichi vicino a ogni numero da 1 a 9 la lettera A, B, C o D corrispondente alla risposta scelta. Ascolterete i testi due volte.

1°TESTO

Che cos'è una canzone? La bambola Patty Pravo

F Che cos'è una canzone? È moltissime cose, è, intanto, il frutto della creatività di un autore ma anche di chi la interpreta, di un cantante. È di proprietà di chi l'ascolta che ne dà l'interpretazione che preferisce, insomma dietro una canzone ci sono moltissime storie e noi cercheremo di raccontarle. Siamo nel 1968, una delle canzoni che vende di più in quel periodo proprio alla fine dell'anno si chiama Azzurro ed è firmata da Paolo Conte. È una canzone portata al successo da un Adriano Celentano febbricitante. È un anno il 1968, fatto di gioia e forse non troppa rivoluzione, anche se Revolution è il titolo di uno dei pezzi che finisce nell'album bianco dei Beatles; è un anno in cui una ragazza si fa strada in un mondo che è prevalentemente maschile, se non maschilista, e si fa strada con una canzone che lei non ha scritto ma che è una canzone che interpreta con una fierezza e nello stesso tempo una dolcezza che è solo sua. Il suo nome d'arte è Patty Pravo. Nel 1968 Patty Pravo compie vent'anni, la sua carriera è già importante; all'anagrafe si chiama Nicoletta Strambelli, è nata a Venezia. Nell'aprile del 1968 è così popolare, così dentro il movimento beat italiano che l'intera radiotelevisione italiana le organizza una festa di compleanno in diretta televisiva. Appartiene alla stessa schiera di personaggi pop di cui fanno parte, per esempio Caterina Caselli, di cui fa parte Nada che arriva, però, dal Festival di Sanremo, insomma è una ragazza che interpreta i suoi tempi in un mondo, come dicevamo, dove però la musica dei complessi beat è quasi esclusivamente maschile. Il tentativo dell'apparato musicale ma anche televisivo di appropriarsi di Nicoletta Strambelli avviene a più fasi: intanto, si cerca di renderla simile o vicina a una grande voce che abbiamo avuto e che abbiamo ancora in Italia, quella di Mina. Mina che nasce come baby boom, nasce come una cantante irrequieta e indomabile. Ma Patty Pravo è diversa, intanto, è diversa per il timbro, la tessitura della voce: una voce che va sui bassi, una voce tenebrosa, una voce che si coniuga molto bene con quello che è un po' l'ambiente che arriva da oltreoceano, d'oltremanica. Nicoletta Strambelli è bilingue, ha studiato letteratura orientale a Venezia, viaggia molto e va a finire tante volte a Londra: la swinging London per lei non ha segreti, il modo di cantare l'avvicina di più a quello che succede appunto a Londra oppure a San Francisco e a Los Angeles negli anni 60. È l'epoca della psichedelia, è l'epoca di voci come quella di Janis Joplin, in tutto questo Patty si colloca, volutamente, fuori dall'ambiente melodico italiano. Per capire l'ascesa di Patty Pravo, bisogna andare nella Roma di quegli anni, una Roma dove di passaggio arriveranno anche gruppi come i Pink Floyd oppure come Jimi Hendrix e c'è, soprattutto, un posto che si chiama Piper, è uno di quei club che fanno venire in mente quello che sarà il GDC a Londra ovvero un club sotterraneo dove i ragazzi si trovano e ascoltano musica fuori dalle traiettorie commerciali dell'epoca. Il posto, però, dove una giovanissima Patty Pravo che arriva a Roma per studiare e anche per invaghirsi della moda dell'epoca, trova la sua consacrazione, appunto, questo Piper: viene addirittura raccontato da una canzone, una canzone che interpreta Patty Pravo che si chiama proprio la ragazza del Piper. Irrompe nella scena musicale, nel 1966 senza nessun preavviso: chi la scopre è Alberigo Crocetta che proprio al Piper Club aveva organizzato una serie di concerti. Ovviamente di quel periodo la ragazza del

Piper, appunto una canzone ma anche la descrizione di sé stessa, di Patty Pravo si dicono moltissime cose. Si dice che Patty Pravo abbia avuto una relazione non sentimentale, almeno fisica con Jimy Hendrix. Ma quello che è sicuro è che il suo modo di vestirsi, addirittura sponsorizzato da uno stilista come Ives Saint Lauren, il suo modo di mettere insieme canzoni di grande successo con una nonchalance che era solo particolare, solo sua. E il fatto che una canzone come Ragazzo triste, il suo secondo grande singolo di successo, venga trasmessa nonostante tutto da un'emittente come la Radio Vaticana fa sì che improvvisamente Patty Pravo diventi una stella del beat in Italia. [...] E La bambola? È una canzone che Patty Pravo decide di interpretare, ma non ne è convinta. La canzone non le piaceva, perché, apparentemente, racconta di una donna remissiva che viene trattata male dal suo uomo che la fa girare e che, in qualche modo la tratta come una bambola. Paradossalmente, però, la voce bassa e drammatica di Patty Pravo ci fa pensare a una donna che si ribella al suo ruolo di bambola, anzi che si rifiuta di finire tra le bambole che, a questo uomo prepotente e arrogante, non piacciono più.

2°TESTO

Samantha Cristoforetti ritorna nello spazio

M Siamo molto orgogliosi di avere con noi in collegamento da Huston, Samantha Cristoforetti, a pochi giorni dalla partenza per la sua seconda missione nello spazio. Partirà dal 21 fino al 23 di aprile - c'è questa finestra per il lancio - e trascorrerà cinque mesi in orbita sulla stazione spaziale internazionale per la missione Minerva dell'agenzia spaziale europea. [...] Tra gli esperimenti che farete, almeno una decina sono nuovi: ce n'è qualcuno che ha attirato la Sua attenzione?

F Tra gli esperimenti nuovi che hanno colto la mia attenzione e che però non ho ancora svolto ma che conosco perché mi sono stati raccontati, ce ne sono un paio in vitro su tessuti - dell'agenzia spaziale italiana - che mi sembrano molto interessanti, come sulle cellule del sistema nervoso, sulle cellule neuronali, che sono, diciamo, molto passibili di subire danni nell'ambiente spaziale da stress ossidativo, cosa che, poi, nel tempo, può portare a malattie neurodegenerative. E quindi, c'è un team di ricercatori e ricercatrici che vuole investigare la possibilità che l'aggiunta, la somministrazione di particolari nano particelle possa essere protettiva rispetto a questo stress ossidativo. E ce n'è un altro che mi è sembrato interessante, sempre su tessuti e su colture di cellule, in questo caso cellule ovariche, per vedere come la microgravità, come l'assenza di peso possa cambiare, in qualche modo, la funzione endocrina di queste cellule.

M [...] Quanti post–it ha messo sul frigorifero, visto che starà assente cinque mesi e che qualcuno la famiglia la manda avanti? Lo chiedo perché gli ultimi film, come Proxima, erano incentrati su figure come la Sua, comunque, divise tra queste missioni a lunga durata e i figli. Non è facile conciliare tutto. Come vi siete organizzati?

F Ho un partner, il papà dei miei figli, che si occuperà sia di mandare avanti la casa che dei bambini. Devo dire che lo fa già da sempre: è sempre stato lui la figura di riferimento principale, sia per la cura dei figli che per tutte le cose domestiche. Non è un cambiamento così radicale come può sembrare.

M [...] Come si spiega a un figlio: parto per lo spazio? Non c'è bisogno di spiegarglielo perché lo vede già fin da quando è nato?

F Sì, non essendo una cosa nuova, credo che un po' nelle famiglie degli astronauti i figli crescano sapendo che c'è questa possibilità, che prima o poi succederà che la mamma e/o il papà, in alcuni casi anche "e", nella maggioranza "o", andranno nello spazio. Poi, è chiaro che, in qualche modo, bisogna gestire l'assenza, la nostalgia. Poi dipende anche dall'età. Quando, per esempio, hanno cinque anni, che è l'età di mia figlia, è anche difficile che un bambino capisca la durata, la differenza fra due settimane e cinque mesi: sono cose che andranno, poi, gestite man mano che il tempo va avanti.

M L'altra volta, Lei ha portato cinquecento librini bellissimi, come bene personale. Ecco, questa volta ha già idea di cosa porterà?

F Purtroppo, questa volta, non ho avuto il tempo. Il periodo di addestramento è stato più breve. La volta scorsa tra il momento dell'assegnazione e il lancio ci sono stati quasi tre anni, due anni e mezzo abbondanti. Questa volta ho iniziato il training poco più di un anno fa, uno sprint velocissimo e le date di scadenza per consegnare le cose da impacchettare per lo spazio sono arrivate velocissime, nel giro di pochi mesi dall'inizio dell'addestramento: perché queste cose vanno preparate con largo anticipo e, quindi, non credo che avrò delle cose così particolari, fatte apposta come l'altra volta.

D.2 **Ascolterete ora una parte di un programma dedicato all'Abruzzo. Non tutte le affermazioni da 10 a 20 sono presenti nel testo. Indicare vicino al numero dell'affermazione. SÌ, se è presente No, se non è presente. Ascolterete il testo due volte.**

Linea Verde Abruzzo: costa teramana Pineto e Torre di Cerrano

F Mi trovo a bordo della motovedetta della guardia costiera di Giulianova, oggi Linea Verde è in Abruzzo, nella provincia di Teramo: una provincia che offre davvero tutto. Guardate alle mie spalle quant'è bello il Gran Sasso innevato, circa 3000 metri il Corno grande, per poi scendere verso i calanchi, ancora verso le dolci colline e poi il mare, il mare aperto di fronte a noi. È con me il presidente del parco marino Torre del Cerrano e anche il comandante della guardia costiera di Giulianova.
Buongiorno, ecco il parco marino Torre del Cerrano: 37 chilometri quadrati di parco marino, 7 chilometri di costa. Da dove a dove?

M Allora, noi comprendiamo le città di Pineto e Silvi, con i suoi bellissimi borghi antichi di Mutignano, Silvi alta, con una bellissima pineta di 8 chilometri sul mare. Il parco marino, di recente istituzione, tutelerà la costa, le pinete e appunto il mare.

F Ecco, so che qui ci sono sette sorelle, le chiamano "le sette sorelle blu", perché ci sono sette punti bandiera blu. Che cosa significa, intanto, per il turismo dell'Abruzzo?

M Significa che l'intera costa teramana, da Martinsicuro fino a Silvi, è una zona bella, pulita che tiene molto alla qualità delle acque e, quindi, ha avuto questo importante riconoscimento da parte dell'Unione Europea.

F Ecco, è davvero emozionante per me, vedere le montagne innevate. Penso anche per voi, anche se siete abituati e vivete qui... le montagne innevate, le colline e questo mare che, oggi, è calmissimo: sembra di essere in un lago. Qui cosa si pesca? Che vongola si pesca? Perché noi siamo venuti qui per capire...

M Beh, la pesca della vongola... noi vorremmo cercare di fare una certificazione del prodotto, nelle aeree vicino al parco - non dentro il parco - che chiameremo "la paparazza doc", "la paparazza del Cerrano", perché qui da noi la vongola si chiama paparazza e, quindi, daremo una certificazione del processo, del sistema di pesca e non del prodotto.

F Allora, le vongolare partono di mattina presto presto, come sta facendo questa: va al largo, raccoglie le vongole per, poi, rientrare la sera. Andiamo a vedere come si fa la raccolta delle vongole. Cosa state facendo?

M Stiamo calando il rastrello in mare. Si cala fino in fondo per raccogliere le vongole. Abbiamo, poi, questo tubo che, sotto pressione, sciacqua le vongole dalla sabbia. Noi siamo gli unici che facciamo la raccolta differenziata a bordo.

F Bello! Cosa significa?

M Che tutte le buste, le immondizie che troviamo in mare non le ributtiamo in mare: abbiamo dei bidoni a poppa e le disponiamo nei bidoni.

D.3 **Ascolterete un testo che parla del pane. Completi le informazioni con poche parole (massimo quattro) negli spazi numerati da 21 a 30. È possibile usare le stesse parole del testo oppure dei sinonimi.Ascolterete il testo una sola volta.**

Il profumo del pane

F Un cordiale saluto a tutti e benvenuti a De gustibus. Oggi, parliamo di un pilastro della nostra alimentazione, la cui origine si perde nella notte dei tempi. Chissà se c'è un'unica storia che definisce questa origine o se esistono versioni differenti di attribuzione, e storie curiose, forse localizzate in territori, nazioni, continenti differenti. Stiamo parlando del pane. E ci facciamo aiutare da un esperto: Ernesto Di Renzo, antropologo dell'alimentazione all'Università Tor Vergata di Roma. Cominciamo col definire il pane: cos'è il pane? Ammesso che sia possibile o abbia senso dare una definizione.

M Il pane è tante cose, volendo si potrebbe dire che il pane è una sostanza pletorica, nel senso che è molto di più di quanto la nostra esperienza diretta ci consente di mettere a fuoco e, quindi, di sapere. Il pane è, sostanzialmente, un prodotto da forno ottenuto attraverso un impasto di farina, acqua, lievito, sale anche se queste due componenti non sempre risultano presenti e necessarie. Quindi, un impasto che viene prima sottoposto a un processo di lievitazione e poi a uno di cottura. Ma, oltre a quanto specifica il dizionario, il pane è molte altre cose che noi possiamo pensare insieme. Il pane è semplicità ed elevato ingegno, è cibo che diventa civiltà, è alimento che rende gli uomini umani, nel senso che è un alimento che colloca, che distingue, che esclusivizza il sapiens come l'unico essere che è in grado di produrre e di trasformare quello che in natura non esiste. Quindi potremmo dire, in maniera estremamente sintetica e risolutiva, che il pane è cultura. Anzi, potremmo dire che il pane è cultura al quadrato perché non soltanto è qualcosa che rinvia alle capacità trasformative dell'uomo sul dominio della natura - tutto ciò che l'uomo trasforma rientra nel novero della cultura - ma poi è anche qualcosa in più, nel senso che è un cibo, un alimento, un prodotto sul quale l'uomo ha riversato una quantità notevole di segni, di significati, di immaterialità, di intangibilità che, in qualche modo, lo porta ad essere cultura al quadrato.

F Ma quando il pane ha fatto per la prima volta la sua comparsa sulle tavole dell'uomo?

M È difficile stabilire con esattezza quale sia stato il momento in cui l'uomo ha inventato il pane, anche se alcuni dati archeologici ci consentono di ritenerlo a pieno titolo come un cibo neolitico e, quindi, questo ci permette di collocarlo in date, comunque, non inferiori a 10-12 mila anni fa. Certamente un cibo molto antico, anche se non è fra i più antichi che l'uomo abbia utilizzato, ma la caratteristica del pane non è tanto quanto sia antico ma piuttosto il fatto che, poi, si è strettamente legato alla storia dell'uomo, strettamente legato alle vicende dell'uomo. E, attorno alla sua produzione, attorno al suo consumo, attorno alla sua distribuzione, si sono svolti capitoli molto importanti delle vicende umane.

TRACCE AUDIO

1. Celi 5: 1° D1
2. Celi 5: 1° D2
3. Celi 5: 1° D3

4. Celi 5: 2° D1
5. Celi 5: 2° D2
6. Celi 5: 2° D3

7. Celi 5: 3° D1
8. Celi 5: 3° D2
9. Celi 5: 3° D3

10. Celi 5: 4° D1
11. Celi 5: 4° D2
12. Celi 5: 4° D3

13. Celi 5: 5° D1
14. Celi 5: 5° D2
15. Celi 5: 5° D3

16. Celi 5: 6° D1
17. Celi 5: 6° D2
18. Celi 5: 6° D3

19. Celi 5: 7° D1
20. Celi 5: 7° D2
21. Celi 5: 7° D3

22. Celi 5: 8° D1
23. Celi 5: 8° D2
24. Celi 5: 8° D3

CELI 5

CERTIFICATO DI CONOSCENZA DELLA LINGUA ITALIANA

Livello C2

Chiavi

CELI 5

1° test

A.1 1. c 2. b 3. a 4. a 5. d 6. a 7. a 8. a 9. c 10. b

C.1 1. da 2. per 3. tutta 4. lezioni 5. gli 6. invece 7. anche 8. tempi 9. piuttosto/soprattutto 10. doppio 11. mentre 12. cura 13. fa

C.2 14. tendeva 15. arrivare 16. si sentiva 17. fece 18. riabbassò 19. aveva detto/disse 20. alzasse 21. fu costretto 22. si stanca 23. aggiunse 24. sembrò 25. avrebbe letto

C.3 26. vegana 27. convinta 28. di 29. avvocato 30. imbattersi 31. e 32. incontrassero 33. √ 34. sono iniziati 35. riflessione 36. chi 37. motto 38. allevati 39. √

C.4 40. a 41. d 42. c 43. b 44. d 45. b 46. c 47. c 48. c 49. d 50. a 51. b

D.1 1. b 2. b 3. c 4. d 5. a 6. c 7. a 8. c 9. d

D.2 10. sì 11. no 12. sì 13. sì 14. no 15. sì 16. sì 17. no 18. no 19. sì 20. sì

D.3 21. farti stare al mondo 22. fatti e misfatti 23. la miscela più pregiata 24. prime caffetterie 25. una bevanda identitaria 26. consumo trasversale 27. relazioni collettive 28. l'ebbrezza alcolica 29. stigmatizzato 30. una città febbrile

2° test

A.1 1. d 2. b 3. a 4. c 5. d 6. b 7. c 8. c 9. d 10. d

C.1 1. oggetto 2. tempo 3. parlare 4. dello 5. classifiche 6. come 7. casi 8. editrici 9. maggioranza 10. causa 11. successo 12. frutto 13. simili

C.2 14. sono 15. cominciò 16. si tratti 17. rinvenuta 18. ornasse 19. fu spostata 20. si tratterebbe 21. esponeva 22. ha dato 23. abbia preso 24. essere 25. tentò

C.3 26. intentato 27. √ 28. è 29. ricchezza 30. metà 31. coloro 32. √ 33. √ 34. intrapresa 35. sa 36. √ 37. luce 38. cui 39. indietro

C.4 40. c 41. b 42. d 43. d 44. a 45. b 46. d 47. c 48. c 49. a 50. a 51. b

D.1 1. a 2. d 3. a 4. a 5. c 6. b 7. b 8. c 9. a

D.2 10. no 11. sì 12. sì 13. no 14. sì 15. sì 16. sì 17. no 18. sì 19. sì 20. sì

D.3 21. naturale in natura 22. zoo artificiali 23. come polli e tacchini 24. ultimi animali liberi 25. vengono sottoposti 26. dell'ingegneria genetica 27. hanno abbastanza cibo 28. sarà aumentata ancora 29. tutti i nutrienti richiesti 30. attenzione alla salvaguardia

3° test

A.1 1. c 2. d 3. a 4. a 5. b 6. d 7. c 8. c 9. d 10. a

C.1 1. la 2. loro 3. tasti 4. dove 5. ci/che 6. da 7. ancora 8. a 9. pochi 10. per 11. andava 12. servizio 13. che

C.2 14. avesse detto 15. avremmo potuto 16. approfittando 17. ha lasciato 18. tornai 19. lessi 20. cominciai 21. parlava 22. se ne vanno 23. approfondirei 24. fosse 25. venne

C.3 26. assegnato 27. loro 28. duratura 29.√ 30. più 31. potere 32. suo 33. √ 34. violenta 35. indipendente 36. oggi 37. fatti 38. illegali 39. corso

C.4 40. d 41. a 42. c 43. b 44. c 45. a 46. d 47. b 48. c 49. c 50. a 51. b

D.1 1. d 2. c 3. c 4. b 5. a 6. c 7. a 8. b 9. b

D.2 10. sì 11. no 12. no 13. sì 14. sì 15. sì 16. no 17. sì 18. no 19. no 20. sì

D.3 21. da non ricordare 22. l'architrave 23. spalancò le braccia 24. cultura popolare 25. moderne e futuribili 26. perché a ben guardare 27. in un sol balzo 28. l'aveva mai cantato 29. bilanciamento 30. è un'esecuzione

4° test

A. 1 1. b 2. c 3. b 4. d 5. b 6. b 7. b 8. c 9. b 10. c

C.1 1. prima 2. riempire 3. maggior 4. video 5. faccia 6. che 7. online 8. processi 9. proprio 10. tramite 11. prevalenza 12. riscontro 13. prescindere

C.2 14. intitolò 15. fosse cercato 16. venne 17. scoppiò 18. si trovava 19. avrebbe compiuto 20. erano stati definiti 21. sono morti 22. è stato insegnato 23. si domanda 24. determinando 25. avrebbe scritto

C.3 26. √ 27. loro 28. √ 29. che 30. specifico 31. promette 32. per 33. √ 34. ad 35. singole 36. √ 37. costruire 38. ha 39. dato

C.4 40. b 41. d 42. c 43. a 44. b 45. a 46. b 47. d 48. a 49. c 50. c 51. a

D.1 1. b 2. b 3. d 4. a 5. c 6. c 7. a 8. a 9. b

D.2 10. sì 11. no 12. sì 13. sì 14. no 15. no 16. sì 17. no 18. no 19. sì 20. sì

D.3 21. anche un'interrogazione parlamentare 22. raccomanda la visione sopra 23. detto molto in sintesi 24. timore di emulazione 25. quando scoppiano polemiche 26. la stanno constatando 27. improvvisamente vedono i bambini 28. si trovano disorientati 29. classicamente molto esplicite 30. contenere, metabolizzare e elaborare.

5° test

A.1 1. b 2. b 3. a 4. b 5. d 6. b 7. c 8. a 9. c 10. d

C.1 1. per 2. da 3. che 4. infatti 5. più 6. un 7. senza 8. sotto 9. messaggeri 10. centenario 11. loro 12. alla 13. oggi

C.2 14. volesse 15. ha provato 16. fosse 17. si era preoccupato 18. avesse fatto 19. sta 20. conosceva 21. essere invitato 22. era uscita 23. mettesse 24. comportati 25. cercare

C.3 26. √ 27. una 28. inaugura 29. meglio 30. eccellenza 31. √ 32. si scambiano 33. febbraio 34. il 35. variare 36. detto 37. si verifica 38. tradizionale 39. siccome

C.4 40. c 41. d 42. b 43. a 44. b 45. c 46. d 47. b 48. c 49. a 50. b 51. d

D.1 1. b 2. b 3. a 4. d 5. d 6. c 7. a 8. c 9. d

D.2 10. no 11. no 12. sì 13. sì 14. no 15. sì 16. no 17. sì 18. sì 19. no 20. sì

D.3 21. sale a precipizio 22. fonte di profitto 23. lettera morta 24. abbeverarsi gratuitamente 25. tubature dell'acqua 26. non fu da meno 27. piccola testa di toro 28. far uscire lo zampillo 29. verde scuro in ghisa 30. e istallatene altre

6° test

A.1 1. b 2. c 3. a 4. d 5. a 6. c 7. d 8. a 9. b 10. c

C.1 1. sia 2. consigli 3. quello 4. propria 5. emerge/conta 6. volta 7. come 8. secondo 9. scena 10. vero 11. parte/zona/stanza 12. soluzione/proposta 13. godere

C.2 14. esistesse 15. sono 16. amavo 17. avrei capito/ho capito 18. mi cimentai 19. introducendo 20. avessero 21. venne 22. apprezzasse 23. aveva scelto/scelse 24. cercò 25. stavano girando

C.3 26. cosiddetti 27. √ 28. √ 29. da 30. provasse 31. √ 32 farsi 33. soltanto 34. di 35. in 36. ne 37. √ 38. pochi 39. se

C.4 40. c 41. b 42. c 43. b 44. a 45. b 46. d 47. c 48. b 49. d 50. b 51. a

D.1 1. d 2. c 3. a 4. b 5. d 6. b 7. b 8. c 9. d

D.2 10. sì 11. sì 12. no 13. sì 14. no 15. no 16. sì 17. sì 18. no 19. sì 20. sì

D.3 21. così tanti capolavori 22. dà il proprio meglio 23. un approccio completamente umanista 24. degli episodi memorabili 25. con il divo interpretato 26. verrà a infrangersi 27. lui vuole ucciderla 28. riva a un lago 29. la invita a festeggiare 30. alla macchina da presa

7° test

A.1 1. c 2. b 3. b 4. d 5. a 6. c 7. c 8. b 9. d 10. a

C.1 1. discussioni 2. incerte/varie 3. sugli 4. onore/nome 5. sia 6. poi/inoltre/anche 7. cui 8. oggi/anche/infatti 9. del 10. tutto 11. pubblicazione/creazione 12. prevedeva 13. ingredienti

C.2 14. sarebbe dovuto 15. me ne sono ricordata 16. dicendo 17. era stata 18. sarebbe andata-o 19. usciti 20. sostiene 21. ha accennato 22. mi domando 23. sono inciampata 24. sia successo 25. rialzandomi

C.3 26. lancia 27. punta 28. piattaforma 29. √ 30. principali 31. esperienze 32. innovazione 33. inserite 34. personalizzati 35. scegliere 36. turistica 37. coinvolgente 38. girati 39. √

C.4 40. c 41. d 42. a 43. b 44. a 45. d 46. b 47. c 48. b 49. a 50. c 51. d

D. 1 1. d 2. c 3. c 4. b 5. a 6. b 7. a 8. d 9. c

D. 2 10. no 11. sì 12. sì 13. no 14. sì 15. no 16. sì 17. no 18. sì 19. sì 20. sì

D. 3 21. intrisa di arte 22. vari e di varia 23. si reca verso il bar 24. non essendo avvezzi 25. vecchia scomoda barca 26. si fanno una passeggiata 27. non spintonano nemmeno 28. all'ombra delle chiese 29. la combriccola di vecchietti 30. a quegli obiettivi

8° test

A.1 1. b 2. a 3. c 4. d 5. b 6. a 7. d 8. b 9. c 10. a

C.1 1. aperto 2. nel 3. dopo 4. porta 5. tra 6. quale 7. rispetto 8. anche 9. lontano 10. alla/alle 11. mettendo 12. chi 13. zero

C.2 14. aspettavo 15. si sono seduti 16. ha chiuso 17. divertirmi 18. fece 19. stavo vivendo/vivevo 20. piacerebbe 21. avremmo fatto 22. ci sarà 23. eravate stati/siete stati 24. avremmo risposto 25. è rimasto

C.3 26. ha 27. specializzanda 28. durante 29. distrarti 30. sempre 31. √ 32. turno 33. √ 34. gli 35. √ 36. bisogna 37. con 38. un 39. staccare

C.4 40. c 41. c 42. b 43. a 44. d 45. d 46. c 47. a 48. b 49. a 50. b 51. d

D. 1 1. a 2. d 3. c 4. a 5. d 6. d 7. a 8. b 9. c

D. 2 10. sì 11. sì 12. sì 13. no 14. no 15. sì 16. sì 17. no 18. sì 19. sì 20. no

D. 3 21. versioni differenti di attribuzione 22. una sostanza pletorica 23. specifica il dizionario 24. che esclusivizza 25. maniera estremamente sintetica 26. cultura al quadrato 27. quantità notevole di segni 28. a pieno titolo 29. fra i più antichi 30. si sono svolti capitoli

Fonti delle fotografie

Test 1 - pagina 31: https://www.wired.it/scienza/ecologia/2018/11/26/grafici-cambiamento-climatico/

Test 2 - pagina 59: https://www.reddit.com/r/Berserk/comments/62gs2o/i_hope_guts_quest_for_vengeance_does_not_lead_to/

Test 3 - pagina 87: https://www.worldpharma.it/blog/perchegrave-la-medicina-estetica-le-principali-motivazioni-che-spingo-no-i-pazienti-137

Test 4 - pagina 115: https://www.psicosocial.it/frasi-sul-tempo-e-la-vita/

Test 5 - pagina 143: https://www.lanaturanelcuore.it/tecniche-di-rilassamento-e-antistress/

Test 6 - pagina 171: https://images.app.goo.gl/r3YxwQofGugWoYGG9

Test 7 - pagina 199: http://www.felicitapubblica.it/2021/02/10/space-x-a-breve-turisti-a-spasso-nello-spazio/turismo-spaziale-1/
https://www.donnamoderna.com/benessere-mente/imparare-godere-solitudine

Test 8 - pagina 227: https://pixabay.com/it/illustrations/soldi-piovere-dollaro-ipotizzare-1268883/
http://generativita.it/it/storie/unimpresa-con-al-centro-luomo/